Fü(h)r Dich selbst –

Mit dem richtigen Mindset zum Erfolg

Jonathan Sierck

Fü(h)r Dich selbst –

Mit dem richtigen Mindset zum Erfolg

Für meine Eltern, die meine drei Brüder und mich

ermutigen und dabei unterstützen nach unseren

Träumen zu greifen. Ihr seid einfach die Besten und ich bin

euch unendlich dankbar für alles, was ihr für uns tut!

EDITION OCTOPUS

Jonathan Sierck, » Fü(h)r Dich selbst –Mit dem richtigen Mindset zum Erfolg«
© 2014 der vorliegenden Ausgabe: Edition Octopus im Verlagshaus
Monsenstein und Vannerdat OHG Münster.
www.edition-octopus.de

© 2014 Jonathan Sierck
Alle Rechte vorbehalten

Satz und Grafik: OCTOPUS GmbH & Co. KG, Bochum
Umschlaggestaltung: OCTOPUS GmbH & Co. KG, Bochum
Druck und Einband: MV-Verlag

ISBN 978-3-95645-320-5

Vorwort

„Genug weiß, wer zu leben weiß."

Balthasar Gracian

Die Frage, wie wir mit uns selbst umgehen wollen, ist eine der zentralsten Fragen des Lebens. Und sich selbst führen zu können ist eine Kunst, die es ein Leben lang zu meistern gilt. Sie ist extrem facettenreich und kann von den verschiedensten Positionen aus angegangen werden.

Mir geht es in diesem Buch darum, einen sehr fundierten praxisorientierten Ansatz der Selbstführung zu schaffen. In einer Abwechslung aus theoretischer Reflexion, praktischer Umsetzung und gezielten Fragestellungen wollen wir gemeinsam daran feilen, dieses Thema für dich greifbar zu machen. Wir werden dabei vier Säulen der Selbstführung herausarbeiten und den direkten Bezug zu deinem Leben herstellen. Diese vier Säulen sind Selbstkenntnis, Selbstkontrolle, Selbstmanagement und Selbstdisziplin. Zusammengenommen liefern uns die Konzepte der jeweiligen Säulen ein umfassendes Konstrukt der Selbstführung. Im Zentrum dieses Konstrukts stehst du. Gemeinsam werden wir systematisch Säule für Säule errichten. Dadurch legen wir ein tiefes Fundament des gesamten Konzepts der Selbstführung.

Die Kunst, die wir hier behandeln werden, gerät interessanterweise zunehmend in Vergessenheit. Wir lernen zwar weitestgehend, wie wir uns in einer Gesellschaft einzugliedern haben, aber der Faktor des selbstbestimmten Lebens gerät dabei aus den Augen. Obwohl wir von früh auf jede Menge Anweisungen von unserem Umfeld bekommen, bleiben wir ein Leben lang unserer eigener Chef in der Lebensführung. Wir mögen berufliche Vorgesetzte haben, aber die persönliche Lebensausrichtung, unser Denken, unsere Entscheidungen und die Art und Weise unserer Handlungen bleiben uns allein überlassen. Der Haken an der Sache ist, dass wir so gut darin geschult sind, Anweisungen zu befolgen, dass wir nicht darüber nachdenken, was es tatsächlich bedeutet, sein eigener Chef zu sein und selbstbestimmt zu leben. Die Mittel, ein Leben in Selbstbestimmtheit und innerer Zufriedenheit zu führen, stehen uns Tag für Tag zur Verfügung. Und doch bleiben sie so häufig ungenutzt. Entweder wollen wir sie nicht sehen oder wir halten es für bequemer, vorgegebene Mittel zu nutzen, um nicht herausfinden zu müssen, wie die eigenen am besten funktionieren. Das Ironische an der Sache ist, dass wir alle danach streben, Herr des eigenen Selbst zu sein, uns aber dabei etwas vormachen oder bitterlich scheitern. Die Chancen stehen gut, dass wir längst gekündigt hätten, wenn unser Vorgesetzter mit uns umgehen würde, wie wir es selbst mit uns tun. Nur können wir uns nicht selbst kündigen.

Wir reden oft unqualifiziert mit uns selbst, werfen eigene Prinzipien und Vorsätze über den Haufen, verschwenden Unmengen an wertvoller Zeit und sind uns sogar dessen bewusst. Der Einklang zwischen unseren Taten und Worten besteht zudem zu selten, wir lügen uns erschreckend viel an und glauben es auch noch. Wenn du dieses Buch liest, dann stehen die Chancen gut, dass dir eine Menge daran liegt, der beste eigene Chef im Leben zu sein, der du sein kannst. Und genau daran werden wir proaktiv arbeiten. Schließlich ist es viel zu schade, wenn wir das eigene Leben nicht in Einklang mit uns selbst und unseren Standards, Prinzipien, Ansätzen und Prioritäten führen können. Eine innere Spaltung ist schlichtweg unschön.

Mein größtes Anliegen besteht darin, dir als Weggefährte und Partner zur Seite zu stehen und dir dabei zu helfen, dich selbst so führen zu können, dass du eine innere Einheit bildest, die es dir ermöglicht, dein Leben deinen Vorstellungen entsprechend zu gestalten. Eine Sache gilt es dabei jedoch zu beachten. Über die letzten Jahre hinweg habe ich eine Unmenge an Büchern gelesen und in vielen davon wurden mir als Leser Dinge versprochen, die einfach nicht realistisch sind. Obwohl ich so gestrickt bin, dass ich lieber zu viel anwende und ausprobiere und die Aspekte, die für mich nicht funktionieren, verwerfe, habe ich zu viele leere Versprechen erfahren. Deswegen will ich von Beginn an die Erwartungen zwischen uns offen auf den Tisch legen. Wenn du dir erhoffst, Ergebnisse oder Veränderungen zu verspüren ohne etwas dafür tun zu müssen, dann ist dies das falsche Buch für dich. Die Konzepte sind zum Großteil sehr alltagsfreundlich und lebensnah geschrieben. Sie funktionieren allerdings nur für den Leser, der nicht ausschließlich schmökert und analysiert, sondern der umsetzt und praktiziert. Hinterfragen ist zweifelsohne mehr als sinnvoll, aber der springende Punkt besteht darin, vom reflektierten Lesen in die Anwendungsphase zu gelangen. Wenn wir die Dinge, die wir wissen, auch praktizieren würden, dann würden wir ein grundlegend anderes Leben führen. Bevor du dich also dazu entschließt, ein weiteres Buch zu lesen ohne an dir arbeiten und dich weiterentwickeln zu wollen, musst du dich fragen, ob es dir deine Zeit wert ist. Wenn du jedoch gewillt bist zu reflektieren, nachzudenken, dich selbst zu hinterfragen und vor allem zu handeln, dann ist dieses Buch wie für dich gemacht.

Ich möchte auch noch eine kleine Warnung aussprechen, bevor wir vertieft in die Materie einsteigen. Das Buch ist nicht für jedermann geschrieben. Wer sich schwer tut, sich an die eigene Nase zu fassen, eigene Verantwortung zu übernehmen und nicht nur mit dem Finger auf andere zu zeigen, der wird sich beim Lesen äußerst unwohl fühlen und meinen Schreibstil nicht gutheißen können. Ich schreibe für den, der gewillt und bereit ist, bei sich anzusetzen. Wer den bequemen Weg vorzieht, der wird hier nicht fündig. Wer einen systematisch strukturierten und fundierten, aber auch kritischen und herausfordernden Ansatz sucht, der ist hier richtig, und wir werden uns gut verstehen. Wir wollen nämlich lieber gemeinsam tiefe Wurzeln schlagen und ein beständiges Gerüst mit langfristiger Sicht bauen, als ein Konstrukt ohne Fundament zu schaffen. Wir werden uns ausgezeichnet verstehen, wenn es für dich in Ordnung ist, dass ich wichtige und notwendige Dinge anspreche, und nicht einfach das, was am schmeichelhaftesten klingt und sich am besten verkaufen lässt. Du kannst jedoch guten Gewissens sein, dass ich das für dein Wohlergehen sowie deinen langfristigen Nutzen tue. In diesem Buch sind wir Partner. Und als Partner werden die Dinge angesprochen, die es anzusprechen gilt.

Die Spielregeln sind simpel. Wir starten gemeinsam eine Reise, die dein selbstbestimmtes Leben als Ziel vorgesehen hat. Indem wir die Route so beschreiten, dass wir gewissenhaft vorgehen, keine Zwischenschritte auslassen und genügend Durchhaltevermögen an den Start bringen, steigt die Wahrscheinlichkeit, dass wir unser Ziel in gewünschter Manier erreichen.

In der Einführung wirst du deinen Partner noch etwas genauer kennenlernen, sofern du das möchtest. Anschließend werden in den ersten beiden Kapiteln die Grundlagen für die vier Säulen der Selbstführung gelegt, die ab dem dritten Kapitel angegangen werden.

Wir wählen das Leben, das wir führen möchten. Alles, was dazu nötig ist, ist die bewusste Entscheidung, dass wir jetzt damit beginnen möchten, und unsere alten Standards für neue Prinzipien aufzugeben bereit sind. Denn wie Einstein so schön sagt, müssen wir dafür bereit sein aufzugeben, wer wir sind, um der zu werden, der wir sein wollen. Wann du deine bewusste Entscheidung fällst, liegt einzig und allein bei dir, weil du dein eigener Lebenschef bist. Doch behalte stets im Hinterkopf, dass du bereits heute so leben kannst, wie du es dir an deinem Lebensende gewünscht hättest. Mein Appell an dich ist daher: Fang an und führ dich selbst – für dich selbst.

Dein Jonathan Sierck

August 2014

Inhaltsverzeichnis

Einleitung: Das fatale Streben nach Perfektion

Nach nichts außer Perfektion zu streben hielt ich lange Zeit für meine größte Stärke. Jedes Details musste stimmen, bevor ich mich mit etwas zufriedengeben konnte. „Es geht immer noch ein Stück besser", lautete so häufig mein innerer Monolog. Wahrscheinlich lag ich mit dieser Annahme auch richtig. Nur welchen Preis wollte ich für dieses schier unerreichbare „Projekt Perfektion" zahlen? Selten war etwas gut genug, und das nagte an mir wie ein Biber an einem Baum. Der Preis also? Innere Unzufriedenheit. Mentale Blockaden. Zögerliches Verhalten. Noch mehr Unzufriedenheit. Es war ein Teufelskreis.

Wie konnte ich jemals ein Projekt vollends durchziehen, wenn ich mir, umso weiter ich damit kam, vorwarf, dass es doch im Endeffekt noch deutlich besser ging? Ich sabotierte mich selbst. Alles, was mir besonders am Herzen lag und ich mit der Welt teilen wollte, blieb letztendlich hinter meinem Perfektionsschleier verborgen. Und ein Einlass hinter den Schleier war strengstens tabu.

Um etwas zu ändern, musste ich mir etwas eingestehen, was mir nicht unbedingt leicht fiel. (Und es hier mit dir zu teilen, fällt mir noch schwerer.) Hinter meinem Perfektionstrieb steckte eine Angst. In meinem Kopf war ich aufgrund einer Annahme gefangen, die ich mir selbst einredete: Wenn ich nicht perfekt bin, dann kann ich nicht beliebt und anerkannt sein. Und wenn ich nicht beliebt und anerkannt bin, dann werde ich zunehmend von meinen Mitmenschen ausgegrenzt. Die Angst bestand also darin, dass ich glaubte, nicht gut genug zu sein. Eine durchaus beruhigende Erkenntnis der letzten Jahre besteht darin, dass ich diese Angst mit vielen Leuten teile bzw. geteilt habe.

Wie konnte ich aus diesem Teufelskreis ausbrechen? Was musste passieren, dass ich mich von meinem eigenen Gedankenkonstrukt befreien konnte? Ich musste die Fragen, die ich mir selbst stellte, ändern. Und die brutale Frage, die ich mir jetzt stellte, kostete mich Überwindung. Ich schaute meiner Angst direkt ins Auge und fragte sie, wo sie denn herkommt. Was war der Grund dafür, dass ich mich nur angenommen fühlte, wenn ich meines Erachtens nach „perfekt" war? Diese Frage hatte einen positiven Nebeneffekt, gleichzeitig aber auch etwas Negatives. Das Positive war: Indem ich mir bessere Fragen stellte erhielt ich auch bessere (bzw. präzisere) Antworten. Das Negative war jedoch, dass ich die „bessere" Antwort nicht unbedingt hören wollte. Sie führte mich direkt zu einem Schmerzpunkt, vor dem ich lange Zeit so gut geflohen war.

Ich musste mir selbst eingestehen, dass, wenn ich vor einer Sache weglief, sie mich weiterhin verfolgen würde, bis ich den Mut fasste, mich ihr zu stellen. Ich musste lernen, damit Frieden zu finden, wenn ich aus dem Perfektions-Muster ausbrechen wollte. Und wie so häufig im Leben muss erst ein besonderes Ereignis eintreten, damit wir auch zu handeln beginnen und Dinge verändern.

Ich kann mich noch ganz genau an den Tag erinnern an dem dieses Ereignis eingetreten ist – es war ein Donnerstag. Donnerstag, der 8. Oktober, vor einigen Jahren in Kapstadt. Die Sonne hat geschienen und es war so warm, dass ich in meiner Schuluniform geschwitzt habe. Es war der Tag, an dem wir, die Schüler der 11. Klasse, unsere Reden halten sollten, woraufhin zwei Schülersprecher und dessen Komitee gewählt wurden.

Wir hatten fünf Stunden Unterricht, und in der sechsten Stunde kam die gesamte Schule zusammen, um unsere Reden zu hören und anschließend zu wählen. Die Aufregung war groß, denn in Südafrika ist es eine ziemliche Ehre, in dem Komitee sein zu dürfen. Und es macht sich auch im Lebenslauf sehr gut.

So wie jeder andere in unserer Jahrgangsstufe wollte ich gewählt werden. Ich war soweit auch beliebt, vor allem bei den Lehrern – das heißt, die Voraussetzungen waren ganz gut.

Im Unterricht konnte sich an dem Tag kaum jemand konzentrieren, alle sprachen über die Reden und darüber, wer wohl gewählt werden würde. Und dann, aus dem Nichts, kam der Kommentar von meinem Mitschüler und Freund, (ich nenne ihn hier: Lukas), der für mich einiges verändert hat. Wir saßen auf dem Pausenhof in einer Gruppe von fünf Personen, drei Mädels, Lukas und ich, als er zu mir sagte: „Du brauchst dir doch eh keine Gedanken zu machen – du wirst aufgrund deines älteren Bruders sowieso gewählt." Mein älterer Bruder also. Diesen Vergleich hatte ich zu oft gehört. Vor allen Dingen schon in einem sehr jungem Alter. Hier lag der Ursprung meiner Angst, und ich wollte ihr entkommen ohne ihr ins Gesicht sehen zu müssen.

Mein Bruder war eine Jahrgangsstufe über mir, der Schulsprecher zu dem Zeitpunkt, der abgelöst werden sollte, und wahrscheinlich der beliebteste Schüler unserer Schule. Seit ich sechs Jahre alt war und wir beide zum FC Bayern

München zu den Talente-Tagen eingeladen wurden und er daraufhin eine weitere Einladung zum Probe-Training erhielt und ich nicht, mein Vater unglaublich stolz auf ihn war und seinen Freunden davon berichtet hat, ohne dabei auszulassen, dass sein anderer Sohn nicht sonderlich glücklich in sein Zimmer gegangen ist, nachdem die beiden Briefe kamen, hatte ich das Gefühl, im Schatten meines älteren Bruders zu stehen. Der Fakt, dass, als ich in der Pubertät war, sich Frauen, die ich höchst attraktiv fand, nach meinem Bruder erkundigten und vor mir von ihm redeten, streute noch etwas Salz in die Wunde.

Falls du ältere Geschwister haben solltest, kannst du dich bestimmt mit dem ein oder anderen hier identifizieren, oder?

Nachdem ich zwei Wochen nach meinem 15. Geburtstag für zwei Jahre nach Südafrika ausgewandert bin, um dort meine schulische Laufbahn zu beenden, glaubte ich, nun darüber hinweg zu sein. Doch der Kommentar von Lukas hat an dem Donnerstag unbewusst alte Wunden aufgerissen.

Wir hatten noch drei Schulstunden, bis die Reden gehalten wurden, und alles, woran ich denken konnte war: „Ich will nicht aufgrund der Popularität meines Bruders gewählt werden, sondern wegen meines Charakters." Da ich dafür allerdings keinen Beweis erhalten konnte, hatte ich die grandiose Idee zu boykottieren und einfach zu sagen: „Ich will nicht gewählt werden – meine Mitschüler sind super, wählt bitte nicht mich."

Das Dumme war: meine Mutter war gerade zu Besuch in Südafrika und wollte die Reden hören. Und mein älterer Bruder wollte auch kommen. Also musste ich etwas unternehmen. In der Stunde, bevor die Reden gehalten wurden, bin ich schnell aufs Klo gelaufen habe meinen Bruder angerufen und ihm gesagt: „Bitte kommt nicht zu den Reden, ich werde mich nicht wählen lassen." Mein Bruder wollte natürlich sofort wissen, was los ist, aber ich hatte mit meinen Emotionen zu kämpfen. Ich wollte nicht reden, also habe ich nur noch schnell gesagt: „Ich schreibe dir eine SMS." In der SMS stand: „Es geht doch eigentlich alles nur um dich. Ich will nicht allein deinetwegen gewählt werden. Ich bin eine eigene Person und deswegen werde ich mich nicht wählen lassen."

Das Blöde war jetzt, dass ich 15 Minuten zu spät in den Unterricht kam und die Lehrerin eine Erklärung wollte. Ich war immer noch etwas aufgelöst, wollte mir aber nichts anmerken lassen. Also habe ich einfach zu ihr gesagt, „Ma'am, geben Sie mir einfach einen Verweis und fragen Sie nicht weiter, bitte." Sie hat dann auch nicht lange gefackelt und fragte: „Jonathan, komm mit mir raus.

Was soll diese Einstellung?" Aber ich wollte nicht vor ihr emotional werden, also habe ich nichts gesagt. „Was ist los?", hat sie gefragt, wie eine Mutter, weil sie gemerkt hat, dass ich etwas mit den Tränen zu kämpfen hatte. Als ich wieder nicht antwortete, hat sie mich einfach in den Arm genommen und gesagt: „Tue jetzt einfach das, was du am meisten brauchst. Wenn du aufgeregt bist, kauf dir etwas zu trinken und geh' eine Runde spazieren und dann komm wieder, bevor die Reden beginnen."

Ich wollte nicht gesehen werden, also bin ich zurück aufs Klo gegangen und habe angefangen, meinen Emotionen einmal freien Lauf zu lassen. Der ganze Frust, der sich über die Jahre aufgestaut hatte, kam raus. Das Timing hätte natürlich nicht schlechter sein können. Außerdem bin ich als Fußballer aufgewachsen, und als Fußballer kennt man keinen Schmerz, wurde uns eingedrillt. „Du Heulsuse", dachte ich mir nur.

Als wir nur noch zehn Minuten Zeit hatten, hatte ich keine Wahl außer aus dem Klo herauszukommen und zurück ins Klassenzimmer zu gehen. Dummerweise würde jeder sehen, dass ich geweint habe, ohne den Grund zu wissen, und wahrscheinlich denken, ich könnte dem „Druck" nicht standhalten. Ich habe mir zwar Wasser ins Gesicht gerieben und dachte, es somit verbergen zu können, aber meine Freunde fragten sofort: „Was ist mit dir los? Alles ok? Wenn was ist, stehen wir immer hinter dir." „Danke, es ist alles in Ordnung", meinte ich nur.

Also gingen wir in die Schulhalle, wo alle Schüler, manche Eltern, sowie meine Mutter, und alle Lehrer saßen. Der Schulleiter hat noch ein paar Worte gesagt und dann wurden nach alphabetischer Reihenfolge die Reden vorgetragen. Ich war unglaublich nervös, vor allem, als nur noch drei Leute vor mir dran waren. Und du musst dir das so vorstellen: als ein Schüler fertig war, sind alle Schüler einen Stuhl aufgerückt, und die zwei Personen, die als nächstes dran kamen, mussten sich schon an der Seite hinstellen, so dass sie zum Rednerpult gehen konnten. Von der Seite bis zum Rednerpult waren es ca. 20 Meter, die man gehen musste, und jeder hat auf dich geschaut. Als ich diese 20 Meter gegangen bin, habe ich mir gedacht, so muss es sich als Fußballprofi anfühlen, wenn man beim Elfmeterschießen einen Elfmeter verschossen hat und zu seinem Team zurücklaufen muss.

Ich stand da vorne, habe auf den Boden gesehen, weil ich es nicht gewagt habe, meinen Lehrern und Mitschülern in die Augen zu sehen, und habe einfach gesagt: „Bitte wählt mich nicht. Mein Bruder hat dieser Jahr großartige Arbeit geleistet und ich kann das nicht, also wählt bitte meine Mitschüler, die bestimmt fähiger sind." Und dann musste ich weitere 20 Meter gehen, um mich wieder hinsetzen zu können. Nach jeder Rede wurde laut geklatscht – nach meinen Worten, war Totenstille im Saal. Niemand hatte mit meinen Worten gerechnet, und viele dachten, ich würde in die Fußstapfen meines Bruders treten.

Also habe ich mich hingesetzt und niemand angesehen, und wollte nur, dass ich endlich alleine sein kann. Mein Handy in der Hosentasche hat vibriert, aber ich habe mich nicht getraut drauf zu sehen. Dann wieder und wieder. Ich habe es herausgezogen, mein bester Freund hat geschrieben: „Was ist los mit dir?" Eine Lehrerin hat geschrieben: „Das meinst du nicht ernst. Die Schule steht hinter dir. Und ich mag dich sowieso lieber als deinen Bruder." Und dann ist mein Wirtschaftslehrer aufgestanden zu mir gekommen und hat gesagt: „Komm mit mir nach draußen."

Vor der ganzen Schule sind mein Wirtschaftslehrer und ich nach draußen gegangen. Du kennst bestimmt die Szenen in den Sportfilmen, in denen der Trainer kurz vor dem entscheidenden Spiel eine Ansprache hält und die Spieler motiviert, oder? Das hat mein Wirtschaftslehrer in dem Augenblick getan. Er hat in seinem Afrikaans-Akzent gesagt: „Jonathan, sieh mal her: du bist noch so jung. Du bist in der 11. Klasse. Du schreibst gute Noten, obwohl wir hier in einer Fremdsprache für dich unterrichten. Du bist ohne Familie hier unten. Viele Mitschüler, vor allem die jüngeren, schauen zu dir auf. Und du liebst unsere Schule." Und da hatte er Recht. „Nimm dein Mut zusammen und wenn alle Reden vorbei sind, melde dich und steh nochmal auf, und erklär der Schule, was gerade passiert ist."

Dieser Moment war ein absoluter Schlüsselpunkt in meinem Leben. Es war der Moment, an dem ich für mich eine endgültige Entscheidung getroffen habe: Ich werde einfach nicht mehr länger in dem Schatten meines Bruders leben. Ich werde meine Perspektive ändern. Egal was andere zu mir sagen und welche Vergleiche ich zu hören hatte. Ich hatte meine Entscheidung gefällt. Es war auch der Moment, in dem mir klar wurde, dass ich darüber entscheide, ob ich mich selbst führen möchte oder äußere Einflüsse über mich bestimmen lassen werde.

Ich fühlte mich auf einmal ziemlich frei. Im Nachhinein kann ich auch sagen, dass dieser Augenblick eine tiefgreifende Erkenntnis mit sich gebracht hat: Wir fassen Entschlüsse und treffen Entscheidungen in einem Moment. Wenn wir etwas verändern wollen, dann passiert dies auch nur durch eine Entscheidung in einem ganz bestimmten Moment. Jedoch muss, wie hier, in vielen Fällen erst etwas passieren, bevor wir den entscheidenden Entschluss fassen, eine Sache nicht länger zu akzeptieren und etwas zu ändern.

Wir sind also wieder hineingegangen. Ich setzte mich an den Rand, und als alle Reden vorbei waren und der Schulleiter wieder nach vorne gegangen war, um die Assembly abzuschließen, habe ich mich gemeldet. Und meine Mitschüler haben sogar gerufen: „Sir, Sir. Jonathan will noch etwas sagen."

Also hat der Schulleiter mich nach vorne gerufen. Ich kann dir gar nicht sagen, wie angespannt ich in dem Augenblick war. Ich wusste auch gar nicht so recht, was ich sagen würde. Dann stand ich vor dem Mikrofon und habe mir gedacht: „Ok, noch schlimmer kann die Situation nicht werden. Ich sage jetzt einfach was ich wirklich fühle und denke."

„Liebe Schule. Was ich vorhin gesagt habe, war nicht so gemeint. Ich würde sehr gerne gewählt werden und im Komitee sitzen, das über die Schulpolitik entscheidet." Und ich habe ihnen erzählt, dass ich das Gefühl hatte, im Schatten meines Bruders zu stehen.

Ich habe mich überwunden und meinen Mitschülern, Lehrern und allen anderen Zuhörern, so wie dir jetzt, einen kleinen Einblick in mein Innenleben geschenkt und gesagt: „Ich hatte immer Angst, Schwäche zu zeigen, und habe deswegen niemals jemanden davon erzählt. Ich dachte, wenn ich Schwäche zeige, würde ich unbeliebt werden."

Dieser Tag hat mich etwas Unglaubliches gelehrt: Indem wir Schwäche zeigen, zeigen wir unsere Menschlichkeit. Und dadurch werden wir beliebt und anerkannt. Wenn wir beginnen, uns mit unseren unvermeidbaren Unzulänglichkeiten wohlzufühlen, geben wir unseren Mitmenschen das Geschenk, sich mit den eigenen Unzulänglichkeiten wohl zu fühlen.

Zum Abschluss meiner improvisierten Reden habe ich noch gesagt: „Wenn ihr glaubt, dass dieses Jahr großartig für die Schule war, dann wartet mal das nächste Schuljahr ab."

Daraufhin ist jede Person im Saal aufgestanden, hat applaudiert und gejubelt, wie wenn gerade ein Wahlkampf gewonnen wurde. Und ich habe die größte Lektion in meinem Leben gelernt: Wenn wir Menschen bewegen wollen und ihnen bei irgendetwas helfen möchten, dann müssen wir ihnen unsere Menschlichkeit und auch unsere Wunden zeigen. Wenn wir versuchen, stets den Starken, Abgebrühten und unglaublich Selbstbewussten zu spielen, dann schaffen wir keine Verbindung zu unseren Zuhörern.

Dieser Tag war der Befreiungsschlag für mich aus dem Perfektions-Teufelskreis heraus. Den Entschluss, den ich an diesem Tag gefasst habe, hat mein Leben grundlegend verändert. Von dem Tag an wusste ich auch, dass ich Speaker werde, weil ich Menschen helfen möchte, ihre Schwierigkeiten zu überwinden, ihr Potenzial abzurufen und das zu erreichen, was sie möchten. Ganz egal, was es ist.

Ich habe noch mehrmals über diesen Tag nachgedacht. Und obwohl schon einige Zeit seither vergangen ist, so wird mir eine Sache jedes Mal erneut klar: Indem ich bei mir ansetze und meine innere Stimme all den äußeren Stimmen vorziehe, kann ich mein Leben selbst in die Hand nehmen. Ich bin es schließlich, der immer wieder aufs Neue entscheiden darf, wie mit allen Ereignissen und äußeren Umständen umgegangen wird.

Ein weiterer Punkt ist mir hierbei noch wichtig. Es geht mir nicht darum, ein Streben nach Perfektion generell zu verfechten. Auch heute bin ich noch sehr stark darum bemüht, auf jedes kleine Details Acht zu geben und immer wieder meine Grenzen zu überschreiten. Der Unterschied ist jedoch, dass ich mich nicht davor scheue, meine Verwundbarkeit zu zeigen und darüber hinaus in Frieden und Dankbarkeit mit ihr leben zu können.

Da mich dieser Tag die ungeheure Kraft unseres eigenen Mindsets gelehrt hat, ist es mir seither ein tiefes Anliegen, die Materie noch deutlich besser greifen zu können, um sie mit anderen Menschen zu teilen. Ich habe seitdem über 1500 Bücher in dem Bereich gelesen und habe die wesentlichen Punkte immer wieder in anderer Form herausfiltern können. In den folgenden Kapiteln möchte ich mit dir mein eigenes Framework teilen, das dir dabei helfen wird, dich selbst zu führen, ganz gleich wohin es in deinem Leben gehen soll.

Kapitel 1:
Das menschliche Triebwerk – Überflieger nutzen es geschickter

„Verschwende keine Zeit mehr damit über die großen Geister zu sprechen und wie sie sein sollten. Werde selbst zu einem."

Marc Aurel

Was haben eindrucksvolle Persönlichkeiten in allen Bereichen und seit Tausenden von Jahren, wie zum Beispiel Albert Einstein, Abraham Lincoln, Ian Thorpe, Demosthenes, Donald Trump, Charles Atlas, Helen Keller, Wilma Rudolph, Walt Disney, Lionel Messi, Marie Curie, Giordano Bruno, Charles Dickens, Thomas Edison, Mark Twain, Isaac Newton, Henri Poincare, George Washington, Mahatma Gandhi und Nelson Mandela (und viele weitere) gemeinsam? Was verbindet diese Charaktere und aus welchem Grund sprechen wir noch heute über sie?

Ich will in diesem ersten Kapitel acht Punkte hervorheben, die das Mindset dieser Personen ausgezeichnet hat, und die in den folgenden Kapiteln immer wieder auftauchen werden. Gleichzeitig will ich in diesem Kapitel das grundlegende Verständnis dafür bilden, unsere eigenen Handlungen und Interessen besser einordnen und verstehen zu können.

Die Frage, wieso wir uns für bestimmte Themenbereiche begeistern und mit anderen Sachverhalten herzlich wenig anfangen können, ist unglaublich spannend und faszinierend. Wieso kann ich mich beispielsweise für Philosophie begeistern und mit Technik sehr wenig anfangen? Was motiviert einen Michelangelo großartiger Bildhauer zu werden, einen Da Vinci Universalgelehrter zu sein, und einen Steve Jobs Design und Technik neu zu denken?

Was hier womöglich auf der Hand zu liegen scheint – diese Menschen waren lediglich leidenschaftlich in ihrem Gebiet unterwegs – schlägt jedoch tiefere Wurzeln, als der erste Blick und die intuitive Einschätzung vermuten lassen. Ich will hier zwischen zwei wesentlichen Handlungsmotiven unterscheiden: Initialzündungen und Mangelerscheinungen.

Initialzündungen als Handlungsmotiv

Was können wir darunter verstehen? Der erste Aspekt, die Initialzündung, wird von Daniel Coyle wunderbar veranschaulicht. Es geht ihm dabei darum, dass durch ein bestimmtes Erlebnis etwas in unserem Inneren entflammt wird und wir uns zum Handeln angeregt fühlen. Dieses Phänomen lässt sich vor allem im Sportbereich häufig wiederfinden. Als Beispiel hierfür dient der ehemalige NFL-Spieler Bo Eason, der von dem Tag berichtet, als er sich dazu entschloss, eines Tages in der NFL spielen zu wollen. Sein Vater, der normalerweise unter der Woche früh morgens das Haus verließ und erst spätabends heimkehrte, war eines Tages überraschend früh zu Hause, um ein Footballspiel im Fernsehen zu verfolgen. Der damals noch sehr junge Bo war dermaßen überrascht, seinen Vater tagsüber zu Hause zu sehen, dass er sehen wollte, wieso sein Vater so früh nach Hause gekommen war. Er fand ihn vor dem Fernseher sitzend, in voller Euphorie dem Spiel gewidmet. Ein Spieler ragte besonders heraus. Er galt als Held und sein Vater war begeistert von ihm. Dieses scheinbar insignifikante Ereignis war der Ursprung für die NFL-Karriere von Bo Eason. Er schwor sich an dem Tag, alles daran zu setzen, seinen Vater genauso euphorisch zu machen, wie dieser Held es tat. Ihn konnte nichts von seinem Weg mehr abbringen.

Ayrton Senna war für viele jungen Brasilianer der Grund einer Initialzündung, sich für die Formel-1 zu begeistern und eines Tages selbst Weltmeister werden zu wollen. Das vermeintlich eindrucksvollste Beispiel für die Initialzündung ist jedoch die Insel Curacao in der Karibik, die keine 500km2 groß ist. Am 10. Oktober 1996 schlug ein junger Mann namens Andruw Jones in einem Baseball-Spiel zwischen den New York Yankees und den Atlanta Braves zwei Home-Runs, während die Kinder in seiner Heimatstadt Willemstad eifrig zusahen. Dieses Ereignis inspirierte die Kinder der Insel zu einem solchen Ausmaß, dass sie auf einmal begannen, Baseball zu spielen. Trotz der schlechten Trainingsverhältnisse auf der Insel konnten sie die besten amerikanischen Teams bezwingen und für großes Aufsehen sorgen. All das lässt sich auf den Einfluss von Andruw Jones reduzieren. Er war ein Held für die Kinder, mit dem sie sich identifizieren konnten und der ihnen als Vorbild diente. Wäre Jones nicht von der Insel gekommen und wäre er kein grundsätzlich aufrichtiger Mensch, zu dem die Kinder aufschauen konnten, wäre diese Initialzündung nie entstanden. Man muss jedoch dazu sagen, dass der Erfolg von Curacao im Baseball erst 2001 eintrat, also fünf Jahre nach der Initialzündung. (Nicht, dass du auf die Idee kommst, ich würde hier einen Ansatz von Übernacht-Erfolg vertreten.)

Als letztes Beispiel für die Initialzündung soll Jay Freireich dienen, der als einer der Pioniere im Kampf gegen Kinderleukämie zählt. Als er neun Jahre alt war, mussten seine entzündeten Mandeln entfernt werden. Ein Arzt namens Dr. Rosenbloom kam in das Apartment der Familie, um Jay zu behandeln. Für Jay war dieses Ereignis so tiefgreifend, weil er meinte, dass alle Männer, die er zu der Zeit kannte in schmutzigen Overalls steckten, aber Rosenbloom kultiviert und freundlich war und obendrein ein Anzug mit Krawatte anhatte. Nach Jays Aussagen träumte er seitdem ein berühmter Arzt zu werden, und hat nie über eine andere Karriere nachgedacht.

Zusammenfassend können wir also festhalten, dass bei Initialzündungen ein Ereignis genügt, das auf das eigene Schicksal prägend nachwirkt. Zwei Aspekte sind hierbei besonders hervorzuheben. Erstens: Der ausschlaggebende Faktor der Initialzündung bietet einen Identifikationspunkt für die Person, bei der die Zündung eintritt. Zweitens: Der ausschlaggebende Faktor der Initialzündung dient als Vorbildcharakter in seinen Handlungen und seiner Lebensgestaltung. Ayrton Senna hat zum Beispiel durch seine soziale, verantwortungsvolle Art als Vorbildcharakter gedient.

Mangelerscheinungen

Neben der Initialzündung gibt es noch einen zweiten Faktor, der auf die eigene weitere Laufbahn und Lebensausrichtung einen entscheidenden Einfluss hat. Dieser Faktor scheint mir auch tiefgreifender und nachhaltiger zu sein als ersterer. Hierbei handelt es sich um einen subjektiv wahrgenommenen Mangel.

Als Menschen sind wir darauf gepolt, die Dinge, bei denen wir einen Mangel verspüren, füllen zu wollen. Wir werden dementsprechend von unseren Mängeln getrieben. Napoleon Hill spricht in seinem Klassiker „Denke nach und werde reich" von dem Geschenk, einmal wenig Geld besessen zu haben, weil der Mangel an finanziellen Mitteln der ausschlaggebende Grund war, Wohlstand anhäufen zu wollen. Die Biographien von Donald Trump, Andrew Carnegie, und auch Warren Buffet belegen dieses Argument augenscheinlich. Bei Demosthenes war es der Mangel an Eloquenz (er stotterte unübersehbar), der ihn dazu trieb „der großartige Orator" zu werden. Wilma Rudolphs Mangel bestand darin, dass sie erst mit elf Jahren normal gehen konnte. 1960, im Alter von 20 Jahren war sie die erste amerikanische Frau, die bei den olympischen Spiel (hier in Rom) drei Goldmedaillen gewinnen konnte. Anstatt nun weitere Beispiele für dieses Konzept aufzulisten, wollen wir uns lieber der Frage widmen, was der Grund für dieses Phänomen ist und woher es kommt.

Hierzu ist es nötig, einen ziemlichen Sprung in der Geschichte zu machen und uns den Werken eines antiken griechischen Philosophen, Aristoteles, zu widmen. In seiner Auseinandersetzung mit der Physik kam er zu der Erkenntnis, dass jede Leere gefüllt werden will. Im übertragenen Sinn bedeutet das nichts anderes, als das wir danach streben, die Dinge, die unserer Ansicht nach in unserem Leben am meisten fehlen, auch zu erlangen. Wir werden davon getrieben, unsere Mängel zu beheben. Aspekte, die in unserem Leben zu fehlen scheinen, wollen wir um jeden Preis in unser Leben bringen.

Plastische Beispiele hierfür beginnen bei unseren Grundbedürfnissen und gehen bis hin zu unseren persönlichen Prioritäten. Wenn wir nichts zu essen haben, gehen wir einkaufen. Wenn wir kein Geld haben, gehen wir arbeiten. Wenn unser Auto kein Benzin im Tank hat, tanken wir. Wenn wir uns alleine fühlen, sind wir um Gesellschaft bemüht. Wenn wir uns körperlich nicht ausgelastet fühlen, machen wir Sport. Wenn wir uns selbst finden wollen, lesen wir möglicherweise spirituelle Bücher. Und wenn wir eine uns quälende Frage haben, dann suchen wir eine Antwort darauf.

Selbstverständlich gibt es hier Ausnahmefälle, und jeder Mensch füllt seine Mängel auf seine eigene Art und Weise – darauf werde ich auch noch zu sprechen kommen. Wichtig ist es hier, zu Beginn den Ansatz zu verstehen, wodurch wir getrieben werden und wie Prioritäten entstehen.

Bevor wir dieses Konzept einen Schritt weiter denken können, will ich zuerst noch klären, was mit dem Begriff „Mangel" genau gemeint ist. Wenn ich hier von Mangel spreche, dann verstehe ich darunter grundsätzlich erst einmal etwas, das wir in unserem Leben noch nicht in dem Ausmaß besitzen, in dem wir es gerne hätten. Mangel hängt hier also sehr stark von der subjektiven Wahrnehmung ab. Donald Trumps Auffassung vom Mangel an Geld, als Beispiel, unterscheidet sich wahrscheinlich sehr stark von der eines Buschmannes in der Steppe Afrikas. Und die Auffassung eines Mangels an körperlicher Nähe unterscheidet sich wahrscheinlich enorm zwischen Hugh Hefner und einem katholischen Pfarrer. Was ich also aus meiner Sicht als Mangel betrachten mag, kann für meinen Nächsten eine absolute Fülle sein. Es geht mir hier dementsprechend um deine persönliche Wahrnehmung darüber, was dir im Leben zu fehlen scheint.

Was passiert, wenn wir einen scheinbaren Mangel gefüllt haben? Diese Frage ist für die weiteren Ausführungen von entscheidender Bedeutung. Denn wenn wir von unseren Mängeln getrieben werden, bedeutet dies im Umkehrschluss, dass unsere Mängel unsere Prioritäten bestimmen. (Es sei denn unsere Prioritäten wurden durch eine Initialzündung auf einmal ins Leben gerufen, wie bei Jay Freireich.) Wenn unsere Mängel gefüllt werden, ist das ähnlich wie wenn wir eine wichtige Frage beantworten konnten: Es tut sich die nächste Frage auf. Wenn wir unseren Hunger gestillt haben, sind wir darum bemüht, den nächsten Mangel zu füllen. Wenn wir erst einmal viel Geld haben, wollen wir vielleicht, wie Bill Gates, anderen Menschen damit etwas Gutes tun. Indem sich unsere Mängel verändern, ändert sich auch der Fokus unserer Prioritäten.

Mit jedem Mangel, den wir füllen, und jeder Frage, die wir beantworten, wachsen wir als Mensch. Gleichzeitig werden wir aber auch mit neuen Fragen, neuen Mängeln und neuen Herausforderungen konfrontiert, sodass unser Wachstumsprozess nie stillsteht.

Ich stelle mir das Leben gerne wie eine Leiter vor. Jedes Mal, wenn ich einen Mangel gefüllt habe, klettere ich eine Stufe weiter nach oben. Je weiter ich nach oben komme, umso herausfordernder ist die nächste Stufe. Am Ende der Leiter befindet sich ein Lebensideal oder ein übergeordnetes Bild, das sogar noch über meinen Prioritäten steht, wofür es sich am meisten zu leben lohnt. Jeder Mensch hat seine eigene Leiter und sein eigenes Lebensideal am Ende der Leiter. (Über dieses Ideal werde ich im dritten und vierten Kapitel ausführlicher zu sprechen kommen.) Je klarer mir dieses Bild am Ende der Leiter ist, umso williger bin ich, eine Stufe nach der anderen zu überwinden. Wenn ich dieses Bild aus meinen Augen verliere, dann verlässt mich für den Zeitraum der Mut, die nächste Stufe zu erreichen.

Die Personen im ersten Paragraphen dieses Kapitels haben viele Dinge gemeinsam. Eine Gemeinsamkeit besteht darin, dass sie ihr Bild kristallklar vor Augen hatten/haben. Als ich vor ein paar Jahren Robben Island besucht habe und in die Zelle Mandelas getreten bin, habe ich mich gefragt, was diesen beeindruckenden Mann jeden Morgen hat aufstehen lassen. Sein Bild im Kopf war die Demokratie in Südafrika. Und dieses Bild hat ihn durch 27 Jahre Haft getragen.

(Auf die Frage, ob etwas bzw. was über dem Ideal am Ende der Leiter steht, wird in diesem Buch nur wenig eingegangen, genauso wie auf die Frage, ob es ein Ideal gibt, das alle Menschen teilen. Das würde nämlich den Rahmen etwas sprengen.)

Was ist also der Sinn und Zweck, Mängel zu füllen? Wieso lassen wir nicht einfach den Mangel ein Mangel sein? Auf die Frage, was einem im Leben am wichtigsten sei, höre ich häufig die Antwort, dass ein erfülltes Gefühl ein essentieller Faktor wäre. Da stellt sich mir gleich die Frage was denn ein „erfülltes Gefühl" sein soll. Und wie es mit den Fragen, die uns nicht mehr aus dem Kopf gehen so ist, habe ich mich auf die Suche nach einer Antwort gemacht. Die Suche hat mich zurück zu den Mängeln geführt. Zuerst habe ich jedoch einen Blick auf das Wort „Erfüllung" geworfen. Und irgendwann habe ich festgestellt, dass, bevor etwas erfüllt werden kann, ein Mangel herrschen muss. Wenn wir uns mit einem Aspekt in unserem Leben rundum zufrieden fühlen, dann bedarf es keiner Erfüllung mehr in diesem Bereich. Erfüllt fühlen wir uns also dann, wenn wir dabei sind, einen Mangel zu füllen. Erfüllung bedeutet somit nichts anderes als aus einem Mangel eine Fülle zu schaffen. Denn bevor etwas gefüllt werden kann, muss es, um auf Aristoteles zurückzukommen, eine gewisse „Leere" vorweisen.

Im Endeffekt fühlen wir uns sofern dann am meisten erfüllt, wenn wir die meisten Mängel in Füllen transformieren. Wir müssen aber gewarnt sein, denn mit jedem Mangel, den wir füllen, tut sich – wie bereits angesprochen – ein neuer Mangel auf, so dass wir auf unserer Leiter weiter klettern können und als Mensch in unserem Wachstumsprozess nicht zum Stillstand kommen.

Nach diesen einführenden Worten, die dazu dienen sollen, die eigenen Handlungen und Motivationstriebe besser einordnen zu können, wollen wir nun auf die acht Punkte eingehen, die das Mindset der angesprochenen Person auszeichnet.

Acht entscheidende Punkte im Mindset erfolgreicher Personen:

1. Beachtende Selbstkenntnis

Die zu Beginn des Kapitels aufgelisteten Persönlichkeiten (die Liste könnte ohne Frage noch um einiges weiter ausgeführt werden) werden nicht nur dadurch verbunden, dass sie den wahrgenommenen Mangel in ihrem Leben zu einem beeindruckenden Ausmaß füllen konnten. Sie haben über eine genaue Selbstkenntnis verfügt. Ihnen waren die eigenen Stärken sowie die eigenen Schwächen bewusst. Sie kannten sich einwandfrei aus, was die eigenen Prioritäten angeht. Und sie haben nach diesen Prioritäten gelebt. Nur weil sie die eigenen Prioritäten so klar vor Augen hatten, konnten sie andere Dinge diesen Prioritäten unterordnen. Ihr Leben den eigenen Prioritäten nach zu strukturieren und dementsprechend zu handeln war die Grundlage in ihrem Mindset, die sie erfolgreich hat werden lassen.

Im dritten Kapitel werden wir daran arbeiten, dein individuelles Prioritätensystem herauszuarbeiten. Dabei wird es wichtig sein, zwischen intrinsischen Prioritäten, zweckbedingten Prioritäten und gesellschaftlichen Erwartungen zu differenzieren.

2. Perspektiven zu den eigenen Gunsten ausrichten

Nicht nur kannten sich die Individuen entsprechend gut, sie waren sich auch sehr klar über ihr Bild am Ende der Leiter. Sie wussten, wohin ihre Reise führen soll und konnten daher auch ihre Route dementsprechend ausrichten. Der entscheidende Punkt dabei ist allerdings, dass dieses Bild ihnen ermöglicht hat, jegliche Ereignisse, Rückschläge und Lebensumstände der eigenen gewünschten Perspektive entsprechend zu betrachten. Sie waren unglaublich gut darin, diese Perspektive ihrem Bild anzupassen.

Klar hätten sich einige von ihnen den widrigen Umständen hingeben können, aber die Kunst, ihre Perspektive stets optimistisch und zielorientiert auszurichten, hat sie an den Punkt geführt, für den wir sie heute noch in Erinnerung behalten. Es geht mir hier gar nicht darum zu argumentieren, dass diese Menschen nie durch Krisen und Tiefpunkte gegangen wären, sondern darum, wie sie mit diesen umgegangen sind: sie waren aus ihrer Sicht stets etwas größer als ihr Hindernis und konnten aufgrund dieser Sichtweise nicht von ihrem Pfad geführt werden. Sie wussten, dass die Fähigkeit, die Kontrolle über die eigene Perspektive zu behalten, eine der mächtigsten Ressourcen des menschlichen Geistes ist. Ganz gleich, was in der eigenen realen Außenwelt geschieht, niemand kann an der Perspektive im Innenleben eines Menschen rütteln, sofern ihm die Befugnis dazu nicht gegeben wird.

3. Kapazität des eigenen Glaubens

Der eigene Glaube kann bekanntlich Berge versetzen. Gleichzeitig ist Zweifel die Antithese zum eigenen Glauben. Wenn es eine Sache gibt, die viele Menschen davon abhält, ans Ende ihrer Leiter zu gelangen, dann ist es ohne Frage der eigene Zweifel, der sich immer wieder in die Gedanken einschleicht. Häufig ist es sogar so, dass, je höher wir auf unserer Leiter klettern, umso mehr auch der Zweifel zunimmt, da wir spüren, wozu wir fähig sind, was wiederum beängstigend wirken kann. Eine Statistik, die ich immer wieder höre, ist, dass 70% aller Deutschen ein Buch schreiben wollen bzw. viele davon schon angefangen haben, aber immer wieder von ihrem Plan abkommen. Mal abgesehen von einem Mangel an Struktur und Selbstdisziplin, werden die meisten vom inneren Zweifel gebremst: „Wer bin ich schon, der glaubt ein Buch zu schreiben? Das würde eh niemand lesen. Und so weiter, und so weiter."

Im Mindset der angesprochenen Personen war kein Platz für Zweifel. Die enorme Kapazität ihres Glaubens und die tiefe Überzeugung an ihr Vorhaben haben sie auch durch die tiefsten Täler getragen. Kein Scheitern hat ihren Glauben brechen können. Edison ist hierfür wohl das Paradebeispiel. Von ihm wird gesagt, dass er 10.000-Mal „gescheitert" ist, bevor er die Glühbirne zum Leuchten gebracht hat. Sein Glaube und sein Geschick, die eigene Perspektive in Takt zu halten, haben ihn an sein Ziel geführt.

Der größte Unterschied zwischen Menschen, die als erfolgreich angesehen werden und jenen, die als gescheitert betrachtet werden, liegt in der Kapazität ihres Glaubens. Wenn es eine Sache gibt, die alle erfolgreichen Menschen verbindet, dann muss es diese sein.

4. Zu Entscheidungen stehen

So, wie wir stets unsere Perspektive wählen können, liegt es auch in unserer Macht, Entscheidungen zu fällen. Jeden Tag fällen wir unzählige davon, zum Großteil sogar unbewusst. Wir wählen auch in jeder Situation immer wieder unsere Perspektive. Wir entscheiden nach jedem Ereignis auf Neue, wie wir unseren Fokus ausrichten wollen.

Was hebt diese Gruppe von Menschen also erneut ab? Sie treffen ihre Entscheidungen in den meisten Fällen zügig und stehen dann auch dazu. Zögerliches Verhalten ist ähnlich wie Zweifel fehl am Platz im Mindset dieser Menschen. Sie sind entschlussfreudig, allein deshalb, weil es ihnen eine ungeheure Menge an Zeit spart, die sie dafür nutzen können, ihrem Ziel einen Schritt näher zu kommen.

5. Immer wieder aufstehen

Der irische Schriftsteller und Nobelpreisträger Samuel Beckett meinte einmal: „Versuchs wieder. Scheiter wieder. Scheiter besser." Über das Scheitern habe ich bereits gesprochen. Mir ist es hier allerdings wichtig, eine begriffliche Unterscheidung einzuführen. Obwohl sprachlich gesehen scheitern nicht ganz so extrem klingt wie versagen, haben beide Begriffe eine sehr dramatische Gemeinsamkeit: der Zustand scheint in seiner Natur dauerhaft zu sein.

Erfolgreiche Menschen können nur deswegen immer wieder aufstehen, weil sie hier eine Unterscheidung einführen. Sicherlich erleiden auch sie immer wieder Rückschläge, und ihre Pläne verlaufen nicht so wie gewünscht. Für sie ist jeder Rückschlag jedoch von temporärer Natur. Sie wissen, dass es eine sehr große Differenz zwischen Versagen und Rückschlägen gibt. Und sie haben die Entscheidung getroffen, niemals einen Rückschlag als Versagen zu akzeptieren. Jeder Rückschlag ist für sie lediglich ein Feedback, dass sie noch etwas Arbeit vor sich haben; ein Feedback, das sie noch etwas zu lernen haben, bevor sie bereit dafür sind, den ganz großen Sprung zu schaffen.

6. Fokus auf Details

Auch die größten Projekte haben einen kleinen Ursprung. Jedes Detail, das wir bei der Planung außer Acht lassen, kann in der weiteren Umsetzung zu einem Hindernis werden. Ein weiterer wichtiger Baustein auf dem Weg zum Erfolgs-Mindset ist es, den Fokus auf Details unter keinen Umständen zu unterschätzen. Wie wir die kleinen Dinge machen, so handhaben wir häufig auch die größeren Aufgaben.

Bei einer sehr wertvollen Unterhaltung mit einem Freund in Houston hat dieser mir folgenden Ratschlag gegeben: „Mach' auch die winzigsten Aufgaben mit größter Sorgfalt. Wenn du bei jeder Sache stets darum bemüht bist, sie so gut du kannst zu bewältigen, wird dieses Handeln zur Gewohnheit. Du willst auf jeden Fall sichergehen, nur Gewohnheiten von großem Nutzen zu bilden." Ich habe mich seitdem oft an seine Worte erinnert, da ich sie in mein tägliches Handeln integriert habe.

Die antiken Griechen waren sich ebenso zu ihrer Zeit schon darüber im Klaren, dass wir Tugenden am besten entwickeln, indem wir immer wieder entsprechend handeln. Martin Luther King Jr. hat diesen Ansatz sehr gut auf den Punkt gebracht, indem er sagte: „Welcher Arbeit Sie auch in Ihrem Leben nachgehen, machen Sie sie gut... Wenn Ihre Aufgabe darin besteht, die Straßen zu fegen, dann fegen Sie, wie Michelangelo malte, wie Shakespeare Gedichte schrieb und wie Beethoven komponierte. Fegen Sie die Straßen so, dass all die himmlischen und auch die irdischen Heerscharen innehalten und sagen: Er lebte als ein großer Straßenfeger und er hat seine Arbeit gut gemacht."

Wenn wir anfangen, uns bei den kleinen Dingen hängen zu lassen, dann werden sich bei größeren Aktivitäten immer mehr Fehler einschleichen. Wenn du es zu deiner Norm machst, auf die Feinheiten bei jeder Aufgabe zu achten und auch die banalsten Aufgaben so großartig wie möglich zu bewältigen, wirst du merken, dass es dir nicht mehr schwer fällt, alles weitere zum Besten deiner Fähigkeiten zu managen. Der Fokus auf Details verbindet alle in diesem Kapitel angesprochenen Persönlichkeiten.

Als Paradebeispiel in der heutigen Zeit für dieses Prinzip gilt für mich Pep Guardiola. Wenn er nicht so einen unfassbar akribischen Wert auf Details legen würde, könnte er keineswegs den Erfolg verzeichnen, der ihm zugute steht.

7. Der Spiegel-Faktor

Der vorletzte Punkt, der auch in den weiteren Kapiteln eine wichtige Rolle spielen wird, ist das Reflexionsgesetz. Dieses besagt, dass wir alle Charakterzüge, die wir in unserem Gegenüber sehen, auch in uns selbst haben, da wir sie sonst nicht erkennen könnten. Was hier etwas abstrakt klingen mag, ist eine Erkenntnis von unscheinbar hohem Wert. Ich werde diesen Wert in weiteren Ausführungen noch sehr genau behandeln. Zu diesem Zeitpunkt ist erst einmal nur die Frage entscheidend, was dieser Punkt mit einem Mindset erfolgreicher Menschen zu tun haben soll.

Die Personen, die hier zu Beginn aufgelistet wurden, werden dadurch verbunden, dass sie Dinge in anderen Menschen sehen und sich die Erlaubnis geben, auf demselben Level spielen zu dürfen. Sie sind weder zu bescheiden dafür, in sich selbst die großartigen Charakterzüge anderer Menschen zu honorieren, noch sind sie zu stolz um sich einzugestehen, dass sie auch vermeintlich „negative" Charakterzüge, die sie in anderen Menschen sehen, in sich selbst tragen. Dies gibt ihnen eine enorme Ausgeglichenheit.

Das mag jetzt noch etwas schleierhaft klingen, aber spätestens nach dem fünften Kapitel wirst du genau verstehen, wovon hier die Rede ist.

8. Verantwortungsbewusstsein

Und abschließend noch ein ganz wesentliches Prinzip, das in keinem Mindset eines erfolgreichen Menschen Mangelware ist: Verantwortung. Jede dieser Persönlichkeiten war sich im Klaren darüber, dass nur er und niemand anders zu 100% verantwortlich für die Resultate im eigenen Leben ist.

Entweder wir haben gute Gründe und Argumente, wieso etwas nicht geklappt hat, was die einfachere Lösung ist, oder wir haben Ergebnisse vorzuweisen, lautet hier die Devise. Es ist ohne Zweifel bequemer, sich Ausreden zu suchen und mit dem Finger auf andere zu zeigen. Am Ende des Tages werden wir uns jedoch mit einem Blick im Spiegel eingestehen (müssen), dass unsere Lebensumstände und alles weitere in unseren eigenen Händen liegt. Das schöne daran ist, dass wir immer nur eine Entscheidung davon entfernt sind, etwas grundlegend zu ändern. Mein Appell also noch einmal an dich: Führ dich selbst, für dich selbst.

Bevor wir jetzt gemeinsam in die Säulen des Ansatzes Fü(h)r Dich Selbst Ansatzes eintauchen, wollen wir uns im nächsten Kapitel noch kurz und knapp mit den gefährlichsten Mindset-Fallen auseinandersetzen, so dass du genau weißt, was Freund und was Feind in diesem Konzept ist.

Kapitel-Highlights:

- Initialzündungen und Mangelerscheinungen: Unsere Prioritäten und unser persönlicher Werdegang sind häufig von einem dieser beiden Aspekte geprägt. Ein einschneidendes Erlebnis oder das, was aus unserer Perspektive am meisten zu fehlen scheint, sind hier die entscheidenden Faktoren.

- Die Leitermetapher: je klarer dein Bild am Ende der Leiter, umso gewillter und widerstandsfähiger wirst du mit dem Aufstieg umgehen können. Mit jedem gefüllten Mangel steigst du eine Stufe auf.

- Acht Faktoren, die das Mindset erfolgreicher Persönlichkeiten auszeichnet:

  1. Beachtende Selbstkenntnis

  2. Perspektiven zu den eigenen Gunsten ausrichten

  3. Kapazität des eigenen Glaubens

  4. Zu Entscheidungen stehen

  5. Immer wieder aufstehen

  6. Fokus auf Details

  7. Der Spiegel-Faktor

  8. Verantwortungsbewusstsein.

Kapitel 2:
7 Mindset-Fallen, in die du lieber nicht tappen solltest

„Andere Menschen und Dinge können dich zeitweise stoppen.
Du bist der einzige Faktor, der es für immer tun kann."
Zig Ziglar

Bevor wir uns mit greifbaren Strategien im Bereich der Selbstführung und eines Erfolgs-Mindsets befassen können, steht uns noch ein wichtiger Schritt zuvor. Wir haben uns im ersten Kapitel damit auseinandergesetzt, was uns antreibt und wo unsere Prioritäten ihren Ursprung haben. Außerdem haben wir die entscheidenden Aspekte im Mindset großartiger Persönlichkeiten untersucht. Und auch wenn wir jetzt einige Freunde eines erstrebenswerten Mindsets kennen, hilft uns das noch nicht sehr viel, wenn wir nicht die Feinde kennen und diese vermeiden können. Unter Feinden verstehe ich all die Faktoren, die uns dabei hindern, auf unserer Leiter weiter zu klettern. Jeder dieser Feinde hat ein anderes Gesicht. Außerdem ist jeder Feind unterschiedlich resistent und verschieden schwer identifizierbar. Die Feinde sind hinterlistig und professionelle Verführer. Sie spalten unser eigenes Selbst, weil sie den Teil von uns, der die Leiter weiter erklimmen möchte, immer wieder testen und auszubremsen versuchen. Manche Feinde müssen wir jeden Tag aufs Neue besiegen, andere können wir mit einem Schlag bezwingen.

In diesem Kapitel ist es mir also wichtig, die 7 gravierendsten Mindset-Fallen bzw. Feinde zu diskutieren und dir vertraut zu machen, so dass du möglichst in keine von ihnen tappen wirst.

Mindset-Falle 1: Einschränkender Glaube

Es gibt wahrscheinlich nichts, was für uns so schädlich ist wie der eigene Glaube in einschränkender Form. Der eigene Glaube, und vor allem was wir glauben, wirkt sich auf unser gesamtes Leben aus. Unsere Gefühle, unsere Handlungen und somit auch unsere Resultate sind allesamt auf unseren Glauben zurückzuführen. Er kann uns dazu verleiten, über uns hinauszuwachsen und unbeschreibliche Dinge zu leisten. Er kann uns aber auch abhalten, die Dinge zu tun, die uns im Leben am allerwichtigsten sind.

Wenn ich hier vom eigenen Glauben spreche, dann meine ich damit weder etwas Spirituelles noch etwas Religiöses, sondern vielmehr unsere tiefsten Überzeugungen. Die spannende Frage, die sich uns stellt, ist, woher unsere tiefsten Überzeugungen stammen. Es gibt die interessante Redewendung: „Sag mir, mit wem du die meiste Zeit verbringst, und welche Bücher du liest, und ich sage dir, wer du bist und wo du hingehen wirst." Obwohl diese Aussage etwas kritisch ist, trägt sie doch mehr als einen Funken Wahrheit in sich. Denn es sind häufig die Menschen, die von früh an einen großen Einfluss auf uns haben (Eltern, Lehrer, Freunde, usw.), sowie die Weltansichten, die in unseren Lieblingsbüchern vertreten werden, die unsere innersten Überzeugungen nachhaltig prägen.

Zwei passende Beispiel hierzu sind die Kurzgeschichte von Jorge Bucay „Wie der Elefant die Freiheit fand" und eine Szene im Film „Das Streben nach Glück". In der Kurzgeschichte geht es darum, dass ein kleiner Junge sich fragt, wieso der große Zirkuselefant sich nicht von seiner Kette losreißt und wegrennt, trotz seiner enormen Kraft. Ein weiser älterer Herr erklärt ihm, dass der Elefant, als er noch klein war, nicht die Kraft hatte, sich von der Kette zu befreien und somit angefangen hat zu glauben, er sei zu schwach. Diesen Glauben trägt er nun seither mit sich, obwohl er sich dieses einschränkenden Glaubens entledigen könnte, wenn er es nur erneut versuchen würde. Nur durch externen Einfluss, einen Menschen mit dem er sich in dieser Geschichte umgeben hat, kann er schlussendlich seine Freiheit erreichen und seine Überzeugung brechen.

Die Szene im Film „Das Streben nach Glück" zeigt uns auf bewegende Weise, wie problematisch es ist, wenn Eltern versuchen, ihre eigenen Erfahrungen und ihre eigene Geschichte auf ihre Kinder zu projizieren. Der Hauptdarsteller, Will Smith, erkennt jedoch in dieser Szene des Films, welche Auswirkungen seine eigenen negativen Überzeugungen, gefiltert durch seine eigenen bescheidenen Umstände, auf seinen Sohn zu drohen haben und sagt deshalb: „Lass Dir von niemanden je einreden, dass Du was nicht kannst. Auch nicht von mir. Ok? Wenn Du einen Traum hast, musst du ihn beschützen. Wenn andere was nicht können, wollen sie dir immer einreden, dass du es auch nicht kannst. Wenn Du was willst, dann mach es. Basta."

Die Werke, die wir lesen, und die Überzeugungen der Menschen, mit denen wir eine Menge Zeit verbringen, färben unweigerlich auf uns ab. Der für uns essenzielle Punkt ist, wie wir damit umgehen. Denn das Gravierendste an in frühen Jahren gewonnen Überzeugungen ist, dass wir beginnen, unsere eigene Realität durch eine entsprechende Brille selektiv wahrzunehmen. Auf unbewusste Weise halten wir ständig nach Dingen Ausschau, die unsere Überzeugungen noch bekräftigen. Wir werden uns vor allem im folgenden Kapitel vertiefend mit der eigenen Selbstwahrnehmung auseinandersetzen, aber sie spielt hier bereits eine entscheidende Rolle, wenn es darum geht, den eigenen einschränkenden Glauben zu überwinden.

Erst wenn wir erkennen, wie die Dinge, die wir glauben, sich auf unser gesamtes Leben auswirken, können wir daran arbeiten sie zu überwinden. Im ersten Schritt ist es dabei wichtig zu identifizieren und sich selbst zu hinterfragen, wo die Überzeugung denn letztendlich herkommt. Anschließend frage ich mich immer, ob mir diese Überzeugung dabei hilft, meinem Bild am Ende der Leiter einen Schritt näher zu kommen. In vielen Fällen muss ich mir eingestehen, dass mein Glaube mir im Weg steht und mich eher bremst als beschleunigt. Da es mir aber ein großes Anliegen ist, weitestgehend Überzeugungen zu haben, die mit meinen eigenen Prinzipien und meinem übergeordneten Bild, von dem ich gezogen und getrieben werde, auf einem Nenner sind, muss ich immer wieder einschränkende Überzeugungen überwinden und diese durch einen entgegenwirkenden Glauben ersetzen.

Aus eigener Erfahrung mit Klienten kenne ich Beispiele wie „ich bin nicht clever genug; ich bin nicht schön genug; ich bin es nicht wert" und viel mehr, oder auch „so etwas macht man nicht; so etwas funktioniert sowieso nicht; wenn ich das mache, werde ich ausgegrenzt und stehe alleine da" nur zu gut. Das Problem mit einem solchen Mindset ist, dass er nicht selbstbestimmt ist, sondern von äußeren Einflüssen gestürmt wurde. Zur Selbstführung gehört es insofern auch Herr des eigenen Mindsets zu werden, und der erste Schritt dazu ist es, die eigenen Überzeugungen genau unter die Lupe zu nehmen und sich zu fragen, ob diese behilflich und förderlich oder eher einschränkend sind.

Die Kontrolle des eigenen Mindsets schleifen zu lassen und limitierenden Überzeugungen Einlass zu gestatten ist einer der größten Feinde, mit denen wir beim Aufstieg unserer Leiter zu kämpfen haben. Er muss immer wieder aufs Neue entdeckt und vertrieben werden.

Der nächste Feind ist die Ungeduld, wenn es darum geht, Fortschritt auf der Leiter zu machen. Kurzzeitige Befriedigung und Genugtuung für den langfristigen Erfolg aufs Spiel zu setzen ist ein schwer abzuwehrender Feind. Er beherrscht die Verführungskunst wie kaum ein Zweiter. Und er verlockt uns immer wieder dazu, anders zu handeln, als wir es uns vorstellen, auch wenn wir wissen, dass es gut für uns wäre.

Ein perfektes Beispiel dazu: Wir wollen beginnen, uns bewusst und gesund zu ernähren und auch Sport machen, um unseren Körper endlich so in Form zu bringen wie gewünscht. Beim ersten Kaffeetrinken mit den Freunden sagen wir noch nein zum geliebten Kuchen, aber beim zweiten Mal, als die Oma die Lieblingstorte vorbeibringt, sagen wir uns: „Dieses eine Mal kann ich doch sündigen, das macht schon nicht so viel aus." Oder wir wollen drei Mal in der Woche laufen gehen oder das Fitness-Studio besuchen und entscheiden uns dann doch dazu, den Freund für den Kinobesuch vorzuziehen. Unsere Ungeduld macht sich hier in einem Mangel an Selbst-Disziplin (siehe Kapitel 8) bemerkbar: wie ziehen den Genuss, den wir jetzt verspüren können, der im Endeffekt viel größeren Genugtuung den inneren Schweinehund besiegt zu haben, vor.

Auf Finanz- und Unternehmensweiterbildungen höre ich immer wieder den Appell, sich nicht für das schnelle und scheinbar einfachere Geld ködern zu lassen, sondern den langfristigen Plan zu befolgen, der einem nachhaltigen Wohlstand einbringt. Der gewiefte Feind schleicht sich doch bei vielen Menschen trotzdem immer wieder ein und verführt dazu, die jetzt zu erhaltende Befriedigung dem weit entfernt zu scheinenden Ziel überzuordnen.

Der Moraltheologe Baltasar Gracián drückt sich zu diesem Thema mustergültig aus, indem er sagt: „Muß man Unzufriedenheit erregen, so sei es lieber durch die Ungeduld des Begehrens als durch den Überdruß des Genusses. Das mühsam erlangte Glück wird doppelt genossen." Es ist schwer zu leugnen, dass wir größeren Gefallen daran finden, selbstdiszipliniert gehandelt zu haben und unserem Ziel einen minimalen Schritt näher gekommen zu sein als der Verlockung nachgegeben und kurzzeitige Befriedigung erlangt zu haben.

Der Feind, gegen den wir hier ankämpfen, ist nie in vollem Maße erledigt. Er bäumt sich immer wieder auf und testet unsere Schwächen, die er nur allzu gut kennt. Indem wir ihn jedoch Tag für Tag aufs Neue besiegen, aktivieren und stärken wir unsere Abwehrmechanismen extrem. Nur durch wiederholtes Handeln und gezieltes Entgegenwirken gegenüber dem Feinde können wir ihn zähmen. Gestatten wir es ihm allerdings, nur eine kleine Chance zu erspähen, wieder an alter Stärke zu gewinnen, stürzt sich der Feind mit allem, was er hat, darauf, sie zu nutzen.

Das richtige Mindset können wir hier also nur durch anhaltende und wiederholte Ausführung erlangen. Der Feind ist zäh, weil er nie aufgibt. Er muss demnach mit den eigenen Waffen geschlagen werden.

Mindset-Falle 3: Unfairer Austausch

Im siebten Vers des siebten Kapitel des Matthäus Evangeliums, in dem es um die Gebetserhörung geht, heißt es zu Beginn: „Bittet und ihr werdet bekommen" oder in anderer Übersetzung „bittet, so wird euch gegeben". Leider werden diese Worte von zu vielen Menschen wörtlich genommen und als Lebensmaxime angewandt. Während es bestimmt einmal eine Zeit gab, in der man nach etwas gefragt hat und einem gegeben wurde, haben sich diese Zeiten geändert. Die Maxime heute lautet: Gib zuerst und anschließend wird dir etwas gegeben werden. Diese Maxime scheint vielen Menschen jedoch zu ungewiss und riskant zu sein, so dass sie lieber bei dem veralteten Ansatz bleiben. Die Mindset-Falle besteht hier darin, dass wir eine unrealistische Erwartungshaltung an den Tag legen. Wir erwarten nicht nur, dass andere Menschen einen unfairen Austausch mit uns eingehen, sondern auch, dass sie außerhalb ihrer eigenen Prioritäten handeln, was im nächsten Kapitel bei den individuellen Prioritätensystemen genauer behandelt wird.

In dem Klassiker über den Aufbau von Wohlstand von Hubert Howe Bancroft „The Book of Wealth" diskutiert dieser sehr ausführlich, wie Zivilisationen, Organisationen und Individuen seit Beginn der Menschheit dabei erfolgreich waren, enormen nachhaltigen Wohlstand zu akkumulieren. Seit mehreren Tausenden Jahren hat sich dabei eine Sache nicht verändert: der erfolgreiche Ansatz des fairen Austausches – wenn Wert geschaffen wird, ist Vergütung angesagt. Interessanterweise widersetzen sich viele Menschen diesem Konzept auf unterschiedliche Weise und sind dennoch darüber verwundert, wieso sie nicht die erwünschten Ergebnisse in ihrem Leben manifestieren können.

Unfairer Austausch bedeutet nicht nur, etwas für nichts haben zu wollen, sondern auch, sich selbst unter Wert zu verkaufen. Beide Fälle führen nämlich mindestens auf einer Seite zu Frustration, weil jemand sich nicht wertgeschätzt fühlt und kein Ausgleich besteht. Diese Mindset-Falle findet ihren Ursprung in einer falschen Erwartungshaltung. Und diese Erwartungshaltung trägt zwei Gesichter. Zum einen ist es die unrealistische Erwartung, dass wir etwas von anderen bekommen, bevor wir etwas geben. (Der etwas kontraintuitive Umkehrschluss hierzu ist, dass der Mensch, der von vornherein mehr gibt als von ihm erwartet wird, (fast) alles im Leben haben kann, was er möchte, sofern das, was er gibt, auch von Wert für andere Menschen ist. Der Grund hierfür liegt tief in der menschlichen Natur verwurzelt, dass wir jemandem, der uns von Herzen etwas Gutes tut, ebenfalls etwas Gutes tun wollen. Ähnlich wie wir in den meisten Fällen kein schlechtes Wort über die Menschen verlieren, die gut über uns sprechen.) Und zum anderen ist es die unrealistische Erwartung an andere Menschen, unseren Prioritäten nach zu handeln und ihre eigenen unterzuordnen. Wenn es eine Sache gibt, auf die wir uns verlassen können, dann ist es die, dass andere Menschen stets ihren eigenen Prioritäten treu sind.

Wer fairen Austausch betreibt, fühlt sich gleichzeitig auch gut bei der Sache und befindet sich in Ausgeglichenheit. Ein unfairer Austausch bringt uns aus dem eigenen Gleichgewicht, weil ein Teil von uns kein gutes Gefühl dabei hat. Obwohl wir hier im Vergleich zur vorherigen Falle keinen direkten Feind haben, besteht trotzdem eine Ähnlichkeit: wenn wir beginnen, aus Bequemlichkeit, Gier oder anderen Faktoren unfairen Austausch zu erzwingen, dann schleicht sich dieses Verhalten in unseren Charakter ein und überträgt sich auf das gesamte Mindset wie ein Virus. Das Prinzip des fairen Austausches hat sich seit Jahrtausenden erfolgreich bewährt. Es besteht hier kein Bedarf, das Rad neu zu erfinden.

Mindset-Falle 4: Unterordnung und Angst

Diese beiden Feinde sind tückisch. Wir müssen hier mit größter Sorgfalt ans Werk gehen, um sie in die Schranken weisen zu können. Obwohl Angst auch in einigen Fällen ein Freund sein kann, der uns das Leben zu retten vermag, ist sie alles andere als unser Freund, wenn sie uns davon abhält auf unserer Leiter Fortschritt zu machen und im Leben weiter in die Richtung zu kommen, die wir anstreben.

Emerson hat die Stärke dieses Feindes passend auf den Punkt gebracht, indem er sagte: „Angst besiegt mehr Menschen als irgendetwas anderes auf der Welt." Gleichzeitig hat er uns auch den Rat an die Hand gegeben, stets die Dinge zu tun, vor denen wir Angst haben und uns fürchten, wenn wir über sie hinwegkommen möchten. Bevor wir uns jedoch weiter mit Strategien zur Überwindung dieses erneut nicht endgültig zu besiegenden Feindes befassen, ist es wichtig, den Feind zuerst besser greifen zu können. Über die Angst an sich wurden schon unzählige Bücher geschrieben, was die Komplexität dieses Themas verdeutlicht. In der Kurzfassung hier werde ich ihm wohl oder übel auch nicht zu 100% gerecht werden können, nichtsdestotrotz will ich nur die für uns essenziellen Punkte ansprechen.

Dieser Feind ist deshalb so tückisch, weil er sich in der Zukunft befindet; ähnlich wie das Bild am Ende unserer Leiter. Er schafft es, die Illusion in unserem Geist zu kreieren, dass ein Ereignis, das vor uns liegt, mehr Risiken als Vorteile mit sich bringt. Diese unbewusste Abwägung führt dann dazu, dass wir uns vor der Sache fürchten. Es kommt allerdings noch ein weiterer Faktor ins Spiel. Die Angst hat häufig ein Gesicht; eine Person, die wir mit der Sache in Verbindung bringen. Angst vor öffentlichem Reden tritt zum Beispiel dann ein, wenn wir glauben, unsere Zuhörer seien intelligenter als wir. Schließlich fürchten sich die wenigsten erwachsenen Menschen davor, einen Vortrag vor Kindergartenkindern zu halten. Dieses Gesicht ist die Unterordnung. Diese tritt dann in Kraft, wenn wir zu bescheiden sind zu erkennen, dass wir alle Charakterzüge, die wir in einer anderen Person sehen, ebenfalls in uns selbst tragen. (Diesen Ansatz werde ich im fünften Kapitel im Detail ausführen.) Wir ordnen uns nur den Menschen unter, von denen wir glauben, dass sie erfolgreicher, gebildeter, wohlhabender oder einflussreicher sind oder besser aussehen als wir selbst. Die zwei schwerwiegendsten Probleme der Unterordnung sind, dass sie schwer festzunageln ist, weil wir sie uns nicht eingestehen wollen; und dass sie uns davon abhält, auf dem Level spielen zu können, auf dem wir es uns ersehnen zu spielen. Der eigene Stolz ist hier also ein Teil unseres Feindes. Gleichzeitig aber auch die eigene (falsche) Bescheidenheit. Unterordnung zu überwinden, indem wir die Erkenntnis (nicht nur rational, sondern auf intuitiver Ebene) ziehen, dass wir alles, was wir in unserem Gegenüber sehen, ins uns tragen, ist der Beschleunigungsfaktor Nummer Eins im Aufstieg unserer Leiter.

Wie gehen wir also am geschicktesten mit diesen beiden Feinden um, die fast wie Zwillingen zu denken sind? Ein möglicher Ansatz ist es, alle Dinge aufzuschreiben, vor denen du Angst hast. Und dann diese Liste Punkt für Punkt durch Handlung trotz Angst abzuarbeiten. Ich verspüre zum Beispiel auch ein gewisses Unbehagen bei dem Gedanken, dieses Buch, in dem ich meine eigenen Überzeugungen und Ansätze preisgebe, in die Welt zu setzen. Es wird ohne Zweifel Menschen geben, die mich hierfür in die Pfanne hauen. Aber ich tue es trotzdem, in der Hoffnung, dass es dir von großem Nutzen sein wird. Genauso geht es mir mit Videos, die ich auf YouTube veröffentliche. Auch hier gehe ich aus der Deckung und der Bequemlichkeit meiner Komfortzone heraus, weil ich meinen Mitmenschen dadurch einen Wert schaffen will.

Indem du immer wieder die Dinge tust, die auf deiner Liste stehen, wirst du merken, dass bei den meisten Dingen die Angst verfliegt. Und bei den Dingen, bei denen die Angst oder die Anspannung trotzdem bestehen bleibt, ist es meistens etwas, das dir zutiefst am Herzen liegt. Vielleicht liebst du ja, wie ich, vor Menschen zu sprechen und deine Ansichten mit ihnen zu teilen, um ihr Leben in irgendeiner Form zu bereichern. Dann wirst du auch feststellen, dass selbst nach unzähligen Auftritten und Vorträgen nie das Gefühl der Anspannung zu Beginn der Präsentation verschwindet. Aber sei dir gewiss, dass auch ein Bruce Springsteen sich stellenweise noch übergibt, bevor er auf die Bühne geht, obwohl er, sobald er auf der Bühne ist, nichts lieber macht als einfach zu performen.

Ich werde im weiteren Verlauf dieses Buches immer wieder in verschiedener Form auf diesen Feind zu sprechen kommen. Wichtig ist es, ihn zu erkennen, ihm in die Augen zu schauen und zu lernen, mit ihm umzugehen. Denn solange du hier bist, wird er dich begleiten. Er darf nur niemals mächtiger werden als dein Wille, die Leiter empor zu steigen.

Mindset-Falle 5: Verantwortung auf andere projizieren

Die fünfte Falle ist auf Unsicherheit und Bequemlichkeit zurückzuführen. Es ist nun einmal leichter, die Schuld für ein Scheitern oder einen Rückschlag bei jemand anderem zu suchen. Es lässt sich angenehmer aus der Affäre ziehen, wenn wir sofort jemanden finden, auf den wir mit unserem Finger zeigen können. Ausreden sind ein beliebtes Mittel von Menschen, die nicht dort stehen, wo sie im Inneren gerne stehen würden, sich jedoch nicht eingestehen möchten, dass sie die Ursache dafür sind, dort zu stehen, wo sie sich befinden. Es besteht kein Zweifel daran, dass es nicht leicht ist, die Angewohnheit zu entwickeln, zuerst bei sich anzusetzen, bevor externe Faktoren als Sündenbock herangezogen werden. Der Feind hier ist geschickt, weil er sich bei uns einschmeichelt und vortäuscht, unser Freund zu sein. Er redet uns ein, dass wir tadellos wären und nur andere Menschen Fehler machen würden. Er verleitet uns dazu, nach außen anstatt nach innen zu blicken. Er hält uns somit erneut davon ab, weiterzukommen und unser persönliches Wachstum voranzutreiben. Denn erst wenn wir mit dem Ansatz, dass wir für unsere eigenen Lebensumstände in allen Lebensbereichen selbst verantwortlich sind, in Einklang kommen, bewegen wir uns von der großen Masse der Schwätzer zu den Wenigen, die handeln.

Verantwortung auf andere zu projizieren nimmt uns scheinbar einige Last von den Schultern und macht unser Leben leichter und bequemer. Im Mindset jedes Überfliegers gibt es dieses Verhalten allerdings nicht. In dem hervorragenden Buch The Education of Millionaires von Michael Ellsberg zitiert dieser Joe Polish, der sagt: „Es gibt zwei Entscheidungen, die du treffen musst, um frei zu sein und deutlich effektiver zu werden. Die Erste ist, dass du auf nichts in der Welt Ansprüche hegen darfst, solange du nicht einen Wert für andere Menschen geschaffen hast. Und die Zweite ist, dass Du zu 100% verantwortlich dafür bist, Resultate zu produzieren; niemand anders. Wenn du diese beiden Ansätze verinnerlichst und lebst, wirst du weit kommen."

Wichtig ist es hier, kein Missverständnis aufkommen zu lassen. Es geht mir hier nicht darum, sich für jeden und alles verantwortlich zu fühlen. Das führt nämlich eher dazu, sich schlecht zu fühlen und sich dadurch herunterziehen zu lassen. Der entscheidende Punkt liegt darin, sich im Spiegel ansehen zu können und sich einzugestehen, dass für alles, was vor einem zu sehen ist, die eigenen Handlungen und Entscheidungen verantwortlich sind. Niemand hält uns davon ab, der Mensch zu sein, der wir sein möchten, abgesehen von uns selbst. Wir stehen uns nur zu häufig selbst im Weg oder haben uns in zu vielen Fallen verfangen und von Feinden weichklopfen lassen. Das Schöne am Leben ist, dass wir trotz allem in diesem Moment die Freiheit haben, uns dafür zu entscheiden, die Verantwortung für das eigene Leben zurückzugewinnen und der Mensch zu sein, der wir sein möchten. (In den folgenden beiden Kapiteln werde ich hierauf vertieft eingehen.) Das führt mich zu der vorletzten Mindset-Falle.

Mindset-Falle 6: An Resultaten der Vergangenheit festhalten

In vielen Fällen lassen wir uns aufgrund von Ereignissen, die in der Vergangenheit liegen, zurückhalten, in der Zukunft unser Leben den eigenen Vorstellungen entsprechend auszuführen. Wir identifizieren uns mit dem, was war, anstatt den Fokus darauf zu legen, was ist und was sein wird. Das Problem dabei ist, dass die Ausrichtung unseres Fokus eine entscheidende Rolle dabei spielt, welche Umstände wir in unserem Leben schaffen. Weil wir uns nicht von dem, was in der Vergangenheit liegt, trennen können, sabotieren wir das, was vor uns liegt, und somit uns selbst.

Der Feind, mit dem wir es hier zu tun haben, schleicht sich sehr subtil und raffiniert in unsere Gedanken ein. Er erinnert uns vor Handlungen gerne daran, dass wir vor geraumer Zeit schon einmal daran gescheitert sind. Er täuscht vor, es gut mit uns zu meinen, weil er glaubt, uns davor beschützen zu können, dass wir erneut einen Rückschlag erleiden. Ihm ist aber nicht bewusst, dass wir nur durch temporäre Rückschläge wachsen können und uns dadurch weiterentwickeln und lernen. Wenn wir diesem Feind nicht die Stirn bieten, wird es schwierig werden, auf der Leiter in Richtung unseres Bildes voranzuschreiten.

Alles, was uns bisher widerfahren ist, hat einen bestimmten Sinn gehabt. Es macht uns zu dem Menschen, der wir heute sind, und assistiert uns dabei, das zu lernen, was wir für unser eigenes Wachstum und den eigenen Fortschritt benötigen. Es gibt nichts, das uns im Weg liegt, sondern nur Dinge, die auf dem Weg liegen. Wir können selbst entscheiden wie wir mit den Dingen, die uns im Leben widerfahren sind, umgehen wollen. Ein Teil des selbstbestimmten Lebens besteht darin, es selbst in die Hand zu nehmen und sich zu fragen, wo es hingehen soll, abgesehen davon, wo es herkam. Erst wenn wir eine Richtung vorgeben und uns festlegen, wofür wir stehen wollen, können wir unsere Handlungen demnach ausrichten.

Es ist sicherlich keine leichte Aufgabe, von heute auf morgen ein Abschiedswort an die Resultate der Vergangenheit zu richten und den Blick nach vorne zu wenden, aber darum geht es auch nicht. Entscheidend ist die Frage: „Wie gehen wir mit diesem Feind am besten um?" Ähnlich wie mit der Angst ist es hier sinnvoll, eine Liste von Resultaten und Ereignissen der Vergangenheit zu erstellen, die unser Selbstbewusstsein schwächen und uns aus der eigenen Perspektive heraus schädlich, peinlich oder negativ vorkommen. Jedes einzelne Ereignis dieser Liste bringt bei genauer Hinsicht etwas ebenso Positives wie Negatives mit sich. Es dient uns dazu ausgeglichen zu sein. Indem wir uns fragen, wie wir von diesen Ereignissen profitieren konnten und wie sie uns genützt haben, ganz gleich wie negativ sie uns erscheinen möchten, beginnen wir eine klarere Perspektive zu gewinnen und legen die Grundlage dafür, Frieden mit den Ereignissen zu schließen. Wir können somit aufhören, über sie zu urteilen und sehen sie lediglich als ein Teil unserer eigenen Geschichte an, für die wir dann dankbar sein können. Indem wir unsere Vergangenheit aufklaren lassen und Einklang mit ihr finden, können wir mit der Architektur unserer Zukunft auf unvoreingenommener Basis voranschreiten.

Mindset-Falle 7: Prokrastination / Handlungsaufschub

Bei der letzten Falle ist wieder höllisch aufzupassen. Es handelt sich hier erneut um einen Feind, der Tag für Tag bezwungen werden muss. Sein Gesicht ist ähnlich wie das des Feindes der zweiten Falle, der Ungeduld. Mit ihm muss auch gleichermaßen sorgfältig umgegangen werden. Das Geschick dieses Feindes liegt darin, den Anschein zu schaffen, dass er außerhalb von uns liegt. Wir können ihn nie greifen, sondern nur spüren. Er wohnt in uns. Und er ist unglaublich hartnäckig in seiner Natur. Er testet uns und fordert und tagtäglich heraus. Er kennt unsere Schwachstellen ganz genau und zögert nicht, sie zu seinen Gunsten auszuspielen.

Was genau ist die Falle zuerst einmal? Es handelt sich hierbei um die nur zu gut bekannte Prokrastination, die in Deutschland auch Erledigungsblockade, Aufschiebeverhalten oder Handlungsaufschub genannt wird. Die Kunst, Dinge aufzuschieben und „später" zu erledigen, beherrschen die meisten Menschen extrem gut. Ich habe mir einmal vor Augen geführt, dass tägliche drei Stunden dieses Verhaltens einen erwachsenen Menschen circa zehn volle Lebensjahre kosten. Daraufhin habe ich mir geschworen, diesen Feind täglich in die Knie zu zwingen. Das Hinterlistige an diesem Feind ist, dass er uns glauben lassen will, wir seien produktiv, würden uns nur etwas Gutes tun und unser Aufschiebeverhalten sei normal. Er überzeugt uns immer wieder davon, dass wir unser anvisiertes Projekt durchziehen werden. Wir beginnen nur nicht heute damit, sondern morgen, oder am ersten Tag des nächsten Monats. Er schlägt dort am liebsten zu, wo es uns am meisten weh tut: bei den Projekten, die uns am meisten am Herzen liegen. Seine Lieblingssabotagepunkte sind, unter anderem, kreative Arbeit (Kunst, Musik, Schreiben, Filme machen, Tanzen etc.), Diäten oder Gesundheits- bzw. Fitnesspläne, (Weiter-) Bildung, Implementierung neuer Gewohnheiten, Aufbau eines Unternehmens oder Selbständigkeit jeglicher Art, und Vorsätze, die endlich gewünschte Änderungen herbei führen sollen.

Beliebte Formen, in denen dieser Feind auftritt, sind zum Beispiel fernsehen, im Internet surfen, shoppen gehen, lästern und Small-Talk, exzessives Masturbieren und/oder Sex, und ständiges Naschen von Süßigkeiten oder anderen fettigen/salzigen Produkten. Das Gefährlichste an diesem Feind ist, dass er schnell und leicht zur Gewohnheit werden kann. Diese Gewohnheit zu brechen ist jedoch deutlich schwerer, als es war, sie zu bilden. Der Feind ist jetzt nämlich in seinem Element und hat etwas Kontrolle und großen Einfluss auf uns gewonnen. Wenn er erst einmal die Position der Gewohnheit ergattert hat, gibt er diese nur ungern wieder auf. Und dass er jeden Tag, häufig gleich in der Früh beim bzw. kurz vor dem Aufstehen, wieder unsere Schwächen testet und ausprobiert, wie weit er heute gehen kann, macht ihn zu einem sehr unangenehmen Feind.

Eine weitere Eigenschaft dieses Feindes ist, dass er besonders mächtig wird, wenn es darum geht, Aktivitäten durchzuziehen, die erledigt werden müssen, bei denen wir aber auf den ersten Blick keinen direkten Zusammenhang mit unserem Bild am Ende der Leiter erkennen können. Er ist, wie deutlich wird, also in vielen Formen anzutreffen und hat Ausdauer, die für unser gesamtes Leben reicht. Der Kampf mit ihm kann nie abgeschlossen werden. Wir können ihn nur, ebenso wie die Ungeduld, zähmen und mit seinen eigenen Mitteln schwächen. Indem wir ihn immer wieder in die Schranken weisen und ihm jeden Tag aufs Neue die Stirn bieten, stärken wir unseren Schild und stumpfen sein Schwert. Trotzdem die Warnung: Geben wir ihm die Möglichkeit zum Schlag, wird er sie eiskalt nutzen.

Kapitel-Highlights:

- Das richtige Mindset hat Freunde und Feinde. Die Feinde haben verschiedene Gesichter und Kriegskünste. Wir müssen sie gut kennen, um den Kampf gegen sie immer wieder zu gewinnen.

- Es gibt sieben grundlegende Mindset-Fallen. Sie unterscheiden sich stellenweise ziemlich voneinander, wobei keine außer Acht gelassen werden darf. Die Mindset-Fallen sind:

1. Einschränkender Glaube: niemand kann dich permanent stoppen, außer dir selbst. Was du glaubst, kann dich brechen oder dich antreiben. Wähle die zweite Option.

2. Ungeduld: Auch wenn der zum Teil langwierige und hart erarbeitete Fortschritt weniger verlockend als die kurzfristige Befriedigung scheint, wird er sich auszahlen. Denn auf einem starken Fundament werden die größten und kräftigsten Gebäude gebaut.

3. Unfairer Austausch: Wenn du etwas von Wert für andere gibst, bevor du etwas im Gegenzug erwartest, wird dir die Welt zu Füßen liegen. Tappe nicht in die Falle, etwas zu erwarten, bevor du etwas gegeben hast. Fairer Austausch hat sich seit Tausenden Jahren bewährt.

4. Unterordnung und Angst: Die Zwillingsfeinde. Lerne, deine Angst zu identifizieren, ihr immer wieder ins Gesicht zu blicken und trotzdem zu handeln. Unterordnung ist häufig Ursache der Angst.

5. Verantwortung auf andere projizieren: Du bist der Kapitän deines Schiffs. Wenn du den Kurs nicht angibst und dich nicht zu 100% für ihn verantwortlich fühlst, wird ein selbstbestimmtes Leben schwierig.

6. An Resultaten der Vergangenheit festhalten: Lass dir niemals einreden, dass deine Vergangenheit mit deiner Zukunft gleichzusetzen ist. Was auch passiert sein mag, es hatte eine gute Seite und dir geholfen, ausgeglichen zu sein

7. Prokrastination / Handlungsaufschub: Ein Feind mit unzähligen Gesichtern, der in jedem von uns hausiert. Besiege ihn jeden Tag und er wird sehr zahm. Lasse ihn jedoch niemals aus dem Käfig, er wird dir in den Rücken fallen

Kapitel 3:
Säule 1: Selbstkenntnis - Selbstreflexion und Prioritätensysteme

„Wer andere kennt ist klug.
Wer sich selbst kennt ist weise.
Wer andere besiegt, hat Kraft.
Wer sich selbst besiegt, ist stark."

Laotse

Nachdem es mir in den ersten beiden Kapiteln primär darum ging, die Freunde und Feinde des eigenen Mindsets darzustellen, will ich nun damit beginnen, einen gelungenen Ansatz der Selbstführung zu konzipieren. Wenn ich ab jetzt über Selbstführung spreche, meine ich damit die Kunst, sich selbst äußerst bewusst in die Richtung seines Bildes am Ende der Leiter zu bewegen, indem die eigenen Handlungen und Intentionen von Sinn und Bedeutung geprägt vollzogen werden. Erst nachdem diese Grundlage der Selbstführung geschaffen wurde, lässt sich darüber sprechen, wie dieser Ansatz auf das Führen von anderen Menschen übertragen werden kann. Dieser Ansatz der Selbstführung bringt allerdings einige Voraussetzungen mit sich und wirft Fragen auf. Was ist das Bild am Ende meiner Leiter? Wieso ist es wichtig, mich in dessen Richtung zu bewegen? Wann kann ich meinen Handlungen und Intentionen Sinn und Bedeutung zusprechen? An diesen Fragen wollen wir uns im weiteren Verlaufe des Buches immer wieder orientieren. Die Antworten hierauf sind sehr subjektiv und müssen stellenweise von jedem Menschen selbst befriedigend beantwortet werden. Ich sehe meine Aufgabe darin, dich zu leiten indem ich dir durch gezieltes Fragestellen eine Hilfestellung bin. Ich folge hier ganz dem Ansatz von Karl Popper, der meinte, dass, wenn wir bessere Antworten wollen, wir bessere Fragen stellen müssen.

Im ersten Schritt ist es entscheidend, das Fundament der Selbstführung zu legen, um die weiteren Ausführungen sinngemäß durchführen zu können. Ein Mensch, der selbstbestimmt leben möchte, muss sich notwendig selbst kennen, indem er über sich selbst reflektiert. Es ist zwingend notwendig, dass er weiß, was ihm wichtig ist, wofür er steht, was er will und wohin er will, wieso er das will, und anschließend wie er dies mit seinen Mitmenschen und deren

Bedürfnissen vereinbaren kann. Es geht mir hier nicht darum den Menschen bis auf subatomare Partikel herunter zu brechen, und dann zu argumentieren, wir seien doch im eigentlichen Sinne nichts als Vibrationen. Sondern es steht die Frage im Vordergrund, wie ich mich in meinem täglichen Leben selbst führe, sodass ich mich weder verstellen muss noch meine eigenen Prioritäten negiere, während ich trotzdem mit meinen Mitmenschen harmonisch zusammen leben kann.

Der Ansatz der Selbstkenntnis als Grundlage für ein selbstbestimmtes Leben ist selbstverständlich nichts Innovatives. Bereits mehrere hundert Jahre vor Christus wurde am Tempel in Delphi die Inschrift „Erkenne Dich Selbst" angebracht. Dass sich dieser Appell jedoch als deutlich schwieriger erweist, als es im ersten Augenblick scheint, wird dadurch deutlich, dass die Frage nach dem „Wie?" des Appells seitdem in verschiedensten Formen immer wieder neu aufgedeckt und behandelt wurde. Anstatt jetzt den unseriösen Anspruch zu hegen, das Rätsel der Selbsterkenntnis gelüftet zu haben, will ich nur eine Facette davon tiefgreifend behandeln: persönliche Prioritätensysteme.

Ein wichtiger Bestandteil der Selbstkenntnis und Selbstreflexion besteht schlichtweg darin, seine Prioritäten zu kennen, zu wissen, wozu diese Prioritäten führen sollen und woher sie stammen. Auf den letzten Punkt bin ich bereits im ersten Kapitel eingegangen und habe zwischen Initialzündungen und Mangelerscheinungen unterschieden. Auf den mittleren Punkt werden wir im nächsten Kapitel den Hauptfokus legen. Jetzt wollen wir gemeinsam einen Ansatz für dein individuelles Prioritätensystem erstellen.

Was ist damit gemeint? Ein Prioritätensystem ist wie ein Fingerabdruck: es gibt jedes nur ein einziges Mal. Im Folgenden wollen wir herausarbeiten, wie dein Prioritätensystem aussieht. Um subjektiv sinnvolle und bedeutungsvolle Handlungen vornehmen zu können, ist dieses System eine notwendige Bedingung. Erst wenn ich weiß, was mir wirklich am Herzen liegt, kann ich meine Handlungen und Entscheidungen entsprechend ausrichten.

Es ist allerdings sehr wichtig, an dieser Stelle eine sprachliche Unterscheidung einzuführen. Im Laufenden werden wir zwischen intrinsischen Prioritäten, zweckbedingten Prioritäten und gesellschaftlichen Erwartungen unterscheiden. Je klarer wir diese voneinander abgrenzen können, umso genauer kennen wir unser Prioritätensystem. Und die genaue Kenntnis des eigenen Prioritätensystems ist deshalb so entscheidend, weil es ausschlaggebend dafür ist, in welche Richtung unser Leben verläuft. Der Grund, wieso ich hier das Wort

Priorität gewählt habe, ist, weil es in sich eine hierarchische Komponente besitzt; es beinhaltet eine gewisse Abwägung, einen Vorzug bzw. eine Vorrangigkeit, es unterscheidet den jeweiligen Stellenwert, den Dinge für uns haben. Obwohl Priorität häufig im Zeitmanagement-Berater-Jargon sehr beliebt ist, nutze ich es hier aufgrund des bedeutungsmäßigens Sinns, der diesem Wort ebenfalls zugrunde liegt. Prioritäten sind deshalb Prioritäten für uns, weil sie im eigenen Leben eine bestimmte Bedeutung haben und wir ihnen einen Stellenwert geben. Unser Alltag wird von Aktivitäten eingenommen, denen wir eine gewisse Priorität zuschreiben. Etwas kann nun von höherem oder niedrigem Stellenwert für uns sein. Um selbstbestimmt und verantwortungsvoll handeln zu können, ist es von unschätzbarer Wichtigkeit, die eigenen Prioritäten möglichst genau zu kennen. Und noch wichtiger als sie zu kennen ist es sich diese bewusst zu machen. Da wir unser Leben aber nicht zu 100% „frei Schnauze" gestalten können, müssen wir zwischen den intrinsischen und den zweckbedingten Prioritäten unterscheiden sowie den Einfluss gesellschaftlicher Erwartungen mit in Betracht ziehen. Wie diese drei Komponenten dann am geschicktesten miteinander unter ein Dach gebracht werden, werden wir uns ebenfalls genauer ansehen müssen.

Prioritäten und Selbstführung: Auswirkungen auf das eigene Leben

Unsere (intrinsischen) Prioritäten sind für den eigenen Werdegang verantwortlich. Wie wir Entscheidungen treffen, wie wir handeln, worauf wir unseren Fokus legen, welche Leute wir in unser Leben ziehen, all dies hängt von den eigenen Prioritäten ab. Ein Beispiel: der stereotypische Fußballfan liest am liebsten den Sportteil in der Zeitung, er redet mit Mitmenschen vorrangig über die neuesten Entwicklungen und Ergebnisse im Fußball, er ordnet andere Dinge dem Stadionbesuch am Wochenende unter, seine Realität wird durch seine Fußball-Brille selektiv gefiltert. Menschen, die auch Fußball mögen (vor allem wenn derselbe Verein unterstützt wird), werden als sympathisch eingestuft, und alles was diese Priorität angeht, wird als positiv abgestempelt. Nehmen wir im Vergleich dazu einen Unternehmer. Seine Welt dreht sich um Ideen. Er sucht ständig nach Möglichkeiten, einen noch größeren Mehrwert für Kunden zu schaffen. Er umgibt sich mit Leuten, die ebenfalls Ideen-Schmieder sind. Er ist daran interessiert, den Markt zu verstehen. Er will wissen, was um ihn herum geschieht. Seine Realität wird durch Möglichkeiten, die Welt ein Stück besser zu machen, dabei gutes Geld zu verdienen und anderen Menschen zu helfen, gefiltert. Dass der Fußballfan und der Unternehmer an verschiedenen Orten im Leben enden, dürfte klar sein. Dieser Vergleich ist zwar oberflächlich und bisher noch an einigen Punkten anzugreifen, eine Sache wurde aber bereits deutlich: deine intrinsischen Prioritäten sind von enormer Bedeutung für dein Leben und deine Selbstführung. Sie haargenau zu kennen ist eine große Stütze dabei, sich selbst antreiben zu können. An ihnen können wir uns immer wieder hochziehen und neue Kraft schöpfen.

Die eigenen Prioritäten sind auch der ausschlaggebende Faktor, wenn es darum geht, Entscheidungen zu treffen. Das Wort Entscheidung beinhaltet in sich eine Abwägung. Begrifflich gesehen geht es darum, sich von einer Sache zu entfernen und sich von ihr zu trennen. Ein Blick darauf, wie wir unsere Entscheidungen treffen, zeigt, dass wir nur in den allerseltensten Fällen Dinge, die mit unseren intrinsischen Prioritäten zusammenhängen, für andere Sachen aufgeben. Wenn es zum Beispiel darum geht, wie wir unsere Zeit verbringen, würden wir uns ohne äußeren Druck stets dafür entscheiden, eine Sache den intrinsischen Prioritäten unterzuordnen. Wenn ein Fußballspiel und ein Theaterbesuch auf den gleichen Termin fallen, entscheidet sich der Fußballfan so lange für das Fußballspiel, bis externe Faktoren ihn zu etwas anderem bewegen und ihn in seiner Abwägung beeinflussen. Die Frau des Fußballfans könnte beispielsweise den Wert des Theaterbesuchs steigern, indem sie ihm ein besonders feines Essen, in neuen Dessous serviert, im Anschluss verspricht. Oder etwas, das mit seinen anderen intrinsischen Prioritäten eng zusammenliegt. Wir können uns bei unseren Mitmenschen fast zu 100% darauf verlassen, dass sie einer Sache immer treu sind: den eigenen intrinsischen Prioritäten. Wie der Umgang mit Mitmenschen und deren intrinsischen Prioritäten in geschickter Weise kompatibel gemacht werden kann, spreche ich zum Ende dieses Kapitels an.

Intrinsische Prioritäten: Was bedeutet das genau?

Eine intrinsische Priorität ist erst einmal nichts anderes, als eine Sache, von deren Handlung uns niemand abbringen kann. Es ist eine Sache, für die wir keine externen Motivationsfaktoren bei der Umsetzung benötigen. Es ist etwas, das wir nicht als Mittel zum Zweck tun, sondern aufgrund der Sache selbst. Vielleicht denkst du dir gerade, dass jede Sache ein Wozu hat und wir alles als Mittel zum Zweck machen, schließlich lässt sich fast immer fragen, was das Warum einer bestimmten Handlung ist. Weil wir aber nicht unendlich weiter nach dem Warum fragen können (in der Praxis zwar schon, aber wenn wir hier weiter denken, kommen wir irgendwann an einen Endpunkt), müssen wir an einer Stelle einen finalen Punkt erreichen, an dem wir sagen, wir machen es wegen der Sache an sich und wegen nichts anderem. Es lässt sich an diesem Punkt also die Frage nach dem Wozu nicht mehr stellen. Wir machen es aus der tiefen inneren Überzeugung, dass es das Ideale, das Gute, die Fülle, das Glück (wie du es auch nennen magst) schlechthin ist.

Seit dem Denken der antiken Griechen wurde die Frage nach dieser Sache, die kein Wozu mehr besitzt, aufgeworfen und gesucht. Eine entscheidende Frage dabei war, ob es ein Ideal für alle Menschen gibt, nach dem wir alle Streben. Die Ansicht über eine mögliche Antwort dieser Frage hat sich in den letzten Jahrtausenden immer wieder verändert und wurde neu diskutiert. Bei Aristoteles war die Antwort zum Beispiel die *Eudamoneia* – die allumfassende Glückseligkeit; ein Gefühl, mit dem gesamten Leben in Einklang zu sein. Während ich diese philosophischen Ansätze als unglaublich spannend und bereichernd Erachte, sind sie mir für unseren Rahmen doch etwas zu abstrakt. Aus dem Grund spreche ich vom Bild am Ende deiner Leiter. Diesem Bild widme ich das gesamte nächste Kapitel, will aber hier noch eine Sache dazu sagen, um den nötigen Zusammenhang mit den intrinsischen Prioritäten herzustellen. Wer bei den intrinsischen Prioritäten noch nach dem Wozu fragen will, den verweise ich auf dieses Bild. Ob diesem Bild, das für jeden Menschen anders aussieht, dann noch eine Sache oder ein metaphysisches Konzept wie zum Beispiel bei Platon die Idee des Guten, übergeordnet wird, darauf werde ich nicht eingehen. Für unseren Ansatz der Selbstführung ist das angesprochene Bild vollkommen ausreichend.

Woran erkennst du eine intrinsische Priorität?

Diese Frage kriege ich berechtigterweise immer wieder von Seminarteilnehmern und Privat-Klienten gestellt. Ich stelle darauf gerne die Gegenfragen: „Welche Dinge kannst du einfach nicht nicht tun? Wovon kann dich kein Mensch abbringen? Was tust du trotz aller äußerer Stimmen?" Die Antworten hierauf sind meistens intrinsische Prioritäten. Ein besonderes Charakteristikum intrinsischer Prioritäten ist, dass wir es nicht nur wegen dem Vergnügen der Sache machen. Wir sind bereit, auch Schmerz, Rückschläge und Enttäuschungen in Kauf zu nehmen, während wir unsere intrinsischen Prioritäten verfolgen und an ihnen feilen. Dinge, die wir beim ersten Widerstand wieder abbrechen, haben mit intrinsischen Prioritäten herzlich wenig zu tun.

Um noch einmal zu verdeutlichen, was diese Form von Priorität ist, will ich dir meine eigenen kurz vorstellen: mich kann niemand davon abbringen zu lesen, zu lernen, zu recherchieren und ständig neue Konzepte zu erstellen und zu durchdenken. Mich kann niemand davon abhalten zu reisen, neue Menschen und Kulturen kennen zu lernen und schöne Orte erleben zu dürfen. Und mich kann keiner davon abhalten, meine Erkenntnisse und Methoden, zumindest jene, die ich für äußerst hilfreich halte, mit anderen Menschen in Vorträgen und Seminaren zu teilen. Das sind zum jetzigen Zeitpunkt meine Top-Drei intrinsischen Prioritäten. Es gibt sicherlich noch andere Dinge, die mir im Leben besonders wichtig sind, aber in meinem Prioritätensystem stehen diese an oberster Stelle.

Bevor wir uns ansehen, wie dein eigenes Prioritätensystem aussieht, will ich noch zweckbedingte Prioritäten und gesellschaftliche Erwartungen ansprechen, und dann führen wir diese drei Ansätze zusammen.

Zweckbedingte Prioritäten: Was bedeutet das genau?

Zweckbedingte Prioritäten unterscheiden sich von intrinsischen Prioritäten darin, dass mit ihnen entweder eine externe Motivation oder eine größere innere Überwindung verbunden ist. Dieser Art von Priorität liegt stets ein klares Wozu zugrunde. Die sehr simple Formel sieht wie folgt aus: Ich mache X, damit Y. X ist dabei die zweckbedingte und Y die intrinsische Priorität. Je klarer das Y in der Formel für uns ist, umso geringer ist die Hemmschwelle, X zu tun. Wer diese Formel verinnerlicht und gekonnt im Umgang mit anderen einzusetzen lernt, der beherrscht die Kunst, andere zu motivieren.

Zweckbedingte Prioritäten lassen sich durch einige Faktoren erkennen. Wenn wir eine Sache gerne delegieren würden, dann handelt es sich um eine zweckbedingte Priorität, weil wir eine intrinsische Priorität nur in absoluten Ausnahmen delegieren würden. Eine zweckbedingte Priorität machen wir meist aus zwei Gründen: Sie hilft uns dabei, unsere intrinsischen Prioritäten zu erfüllen oder sie bringt uns dem eigenen Bild einen Schritt näher. Wenn wir keinen Zusammenhang zwischen einer zweckbedingten Priorität und unserem Bild oder unseren intrinsischen Prioritäten erkennen können, fällt uns die Überwindung für die Handlung besonders schwer.

Verdeutlichen wir dies anhand eines Beispiels. Da ich mich selbst am besten kenne, biete ich erneut ein Beispiel aus meiner Sicht, das aber sicherlich bei dem ein oder anderen auf Resonanz stößt. Kochen ist für mich in den meisten Fällen eine zweckbedingte Priorität. Ich mache es, weil mir die eigene bewusste Ernährung sehr wichtig ist und weil ich weiß, dass ich mich danach gut fühle und viel Energie habe, was ebenfalls eine intrinsische Priorität für mich ist und auch mit meinem Bild zusammenhängt. Ich koche nicht, wie manch anderer, des Kochens willen oder weil ich meiner Kreativität freien Lauf lassen kann. Da es mir aber wichtig ist, die Dinge, die ich noch nicht delegieren kann (aus welchen Gründen auch immer), trotzdem so gut und wertvoll wie möglich zu gestalten, versuche ich, mir die Verbindung zwischen X und Y (hier ist X kochen und Y die gute Ernährung und Energie) möglichst bewusst und klar zu machen. Das hilft mir dabei, mich selbst motiviert zu halten und mich zu überwinden.

Andere weit verbreitete zweckbedingte Prioritäten sind beispielsweise: sauber zu machen oder Ordnung zu schaffen bzw. aufzuräumen, jegliche Steuerangelegenheiten, Fitness und etwaige Gesundheitsprogramme, E-Mails bearbeiten, Fachartikel und andere – subjektiv gesehen – langweilige Texte zu lesen, und vieles mehr. (Ich sage hier nicht, dass diese Sachen nicht auch intrinsische Prioritäten sein können.) Aber die bekannteste zweckbedingte Priorität, die jeder einmal durchgemacht hat und jeder zumindest an irgendeinem Punkt als solche angesehen hat, ist die Schule. Und da meine persönliche Weiterbildung heute ganz oben in meinem Prioritätensystem steht, bricht es mir das Herz, das hier zu schreiben. Nachdem ich allerdings gelegentlich in Schulen spreche und häufig Schüler in meinen Workshops sitzen, kann ich es leider nicht anders darstellen. Die meisten Kinder gehen in die Schule und lernen den Stoff, weil sie sich dadurch erhoffen, ihre intrinsischen Prioritäten, derer sich einige noch nicht bewusst sind, erfüllen zu können; selbst das ist noch sehr optimistisch ausgedrückt.

Und hier kommt der nächste Punkt ins Spiel, nämlich gesellschaftliche Erwartungen. Weil wir es in den meisten Fällen nicht mehr schaffen, den Kindern den wahren Wert der Bildung auf Augenhöhe zu vermitteln, sehen diese die Schule als Pflicht und gesellschaftliche Erwartung an. (Dieses Thema würde Raum für ein gesamtes weiteres Buch liefern.)

Gesellschaftliche Erwartungen: Was bedeutet das genau?

Werte und Erwartungen der Gesellschaft haben zweifellos ihren Platz in unserem Leben. Sie spielen auch eine wichtige Rolle für uns. Ohne sie würde enormes Chaos herrschen. Allerdings haben sie auch ihren Preis, wenn wir unser Leben zu stark nach ihnen ausrichten. Häufig ist uns gar nicht bewusst, wie sehr wir von den Erwartungen unserer Gesellschaft beeinflusst werden.

Mit gesellschaftlichen Erwartungen meine ich hier sämtliche äußere Stimmen, die Einfluss auf uns nehmen. Das variiert von der eigenen Familie und den Verwandten über den Freundeskreis und öffentliche Einrichtungen wie Schulen und Universitäten bis hin zur Politik. Der Grad des Einflusses kommt in den meisten Fällen auch in dieser Ordnung vor – von innen nach außen nimmt der Einfluss dabei zunehmend ab. Dass dieser gesellschaftliche Einfluss auch gewisse Werte und Erwartungen mit sich bringt, die für uns von entscheidender Bedeutung sind, soll hier keineswegs außer Acht gelassen werden. Er bietet uns Anhaltspunkte, Orientierung und Zugehörigkeitsgefühl, um nicht Identität zu sagen. Gleichzeitig wirkt er sich stark auf unseren Glauben (siehe Mindset-Falle 1) und unser Verhalten aus. Sich den Erwartungen der Gesellschaft aufzuopfern und immer wieder davor zurückzuweichen, den eigenen Weg einzuschlagen, ist keine Seltenheit bei Menschen. Diese fügen sich dem Gesamtwohl und fangen nie an, bzw. schieben es auf, ihr eigenes Leben zu führen (siehe Mindset-Falle 7). Das klingt etwas hart, aber die Dinge müssen hin und wieder auf den Punkt gebracht werden. Der sehenswerte Film *Der Klub der toten Dichter* spiegelt dieses Dilemma mustergültig wieder. Er zeigt, wie der Film-Charakter Neil Perry an den Erwartungen der Gesellschaft zerbricht, weil sie ihm ein Leben der Konformität vorschreibt und er seine intrinsische Priorität, das Theaterspielen, laut dem Vater nicht ausüben darf.

Am leichtesten erkennen wir an unseren Sprachmustern, dass sich gesellschaftliche Erwartungen in unser Leben eingeschlichen haben. Wenn wir uns dabei ertappen zu sagen wir sollten jetzt am besten eine bestimmte Sache tun, dann ist dies in vielen Fällen ein Indiz für den gesellschaftlichen Einfluss. „Ich sollte mehr laufen gehen. Ich sollte mehr arbeiten. Ich sollte weniger schlechtes Zeug reden. Ich sollte mehr Zeit mit meinen Verwandten verbringen. Ich sollte weniger Bier trinken. Ich sollte (k)ein Buch schreiben. Ich sollte, ich sollte, ich sollte." Auch wenn hinter diesem Sollen wertvolle Gedanken stecken können, halten sie uns davon ab, selbstbestimmt zu leben. Wir fangen dann nämlich an, den Stimmen außerhalb mehr Wert zuzuschreiben als unserer inneren Stimme. Wir vertrauen mehr auf andere als auf uns selbst, auch wenn wir uns das so nicht eingestehen würden. Input von außen kann zweifelsfrei wertvoll sein und ist sogar häufig notwendig, um die eigene Perspektive erweitern zu können. Der Preis, den wir dafür zahlen, ist jedoch in vielen Fällen zu hoch. Stimmen von außen zu hinterfragen und immer wieder zu reflektieren ob das eigene Leben oder das Leben der Erwartungen der Gesellschaft gelebt wird, ist ein kritischer Ansatz für die Selbstführung. Denn ich würde so weit gehen zu sagen, dass der Mensch, der sein Leben nach den äußeren Stimmen lebt, und es sich nicht eingesteht, ignorant ist; wer es sich eingesteht, hat zumindest den Grundstein für ein selbstbestimmtes Leben gelegt. Und nur wer sein Leben in Einklang mit der inneren Stimme lebt, kann von einer gelungenen Selbstführung im eigenen Leben sprechen.

Ein trauriger Nebeneffekt der gesellschaftlichen Erwartungen ist, dass sie unsere Leistungen und unser Performance-Level zum Großteil bestimmt. Das kann dann natürlich hilfreich sein, wenn wir uns mit Menschen umgeben, die höhere Erwartungen haben als wir es selbst tun. Denn von diesen Menschen werden wir bis zu einem gewissen Ausmaß mit hochgezogen. Aus diesem Grund wird auch immer wieder davon gesprochen, dass die fünf Personen, mit denen wir die meiste Zeit verbringen, gezielt ausgewählt werden sollten, weil sie auf das eigene Leben einen nachhaltigen Einfluss haben. Dass dieser in zwei Richtungen erfolgen kann, ist einleuchtend.

Wie sieht dein eigenes Prioritätensystem aus?

Wir setzen uns jetzt mit dem eigenen Prioritätensystem auseinander und gehen anschließend darauf ein, wie die drei angesprochenen Faktoren – intrinsische und zweckbedingte Prioritäten und gesellschaftliche Erwartungen – sinnvoll zusammengeführt werden können.

Ein Blick auf das eigene Leben und die Alltagsaurichtung sagt häufig schon einiges über unser Prioritätensystem aus. Wie bereits angesprochen sehe ich Prioritätensysteme hierarchisch an und vergleiche sie gerne mit einer Treppe, wobei ganz oben unsere höchste intrinsische Priorität steht. Je weiter wir die Treppe herabsteigen, desto mehr schleichen sich zweckbedingte Prioritäten ein. In unserem eigenen Prioritätensystem sind von der Gesellschaft übernommene Prioritäten Fremdkörper, die an eine andere Stelle gehören. Die Auswirkung von übernommenen Prioritäten habe ich bereits in der vierten Mindset-Falle kurz angerissen. Ich werde im letzten Unterpunkt dieses Kapitels sowie im fünften Kapitel vertieft darauf eingehen. An dieser Stelle geht es ausschließlich um die eigenen authentischen intrinsischen Prioritäten, die aber in dem System mit den zweckbedingten Prioritäten zusammengedacht werden müssen, weil diese wohl oder übel auch ein Teil unseres Alltags sind.

Beginnen wir also mit der Identifizierung der intrinsischen Prioritäten. In den meisten Fällen ist es schwieriger, diese zu identifizieren, wenn der gesellschaftliche Einfluss besonders stark ist und war. Hier liegt dann eine Art Schleier über den intrinsischen Prioritäten, der erst gelüftet werden muss. Wer bereits sehr selbstbestimmt lebt, für den ist es wichtig, sich die folgenden Punkte bewusst vor Augen zu führen und ein noch tieferes Verständnis der eigenen Person zu gewinnen. Ich habe bereits ein paar Bemerkungen darüber fallen lassen, wie wir die eigenen intrinsischen Prioritäten erkennen können. Dabei habe ich Aspekte angesprochen wie Entscheidungen, keine Notwendigkeit von externer Motivation, niemand kann uns davon abhalten und die Liebe zu der Sache an sich. Jetzt ist es an der Zeit, etwas konkreter zu werden und ein klares Muster herauszufiltern. Ich werde dabei lediglich darum bemüht sein, die entscheidenden Fragen zu stellen und diese zu erläutern, sodass du selbst auf dein eigenes Prioritätensystem kommst.

1. Welche drei Sachen treiben dich morgens immer wieder aus den Federn?

Bei den eigenen intrinsischen Prioritäten ist es so, dass wir morgens beim Aufstehen oder sogar abends vor dem Schlafengehen schon an sie denken, was uns dabei hilft, aus dem Bett zu kommen. Die Frage, die ich mir als Kind häufig gestellt habe, wieso ich an Schultagen gerne noch im Bett bleiben würde, am Wochenende jedoch schon früh aus den Federn gesprungen bin, hat sich mit der Entwicklung dieses Ansatzes geklärt: Am Wochenende wusste ich, dass ich die meiste Zeit mit meinen intrinsischen Prioritäten verbringen konnte. Je mehr unser Tag mit dieser Art von Priorität gefüllt ist, umso leichter fällt uns das Aufstehen. Im Umkehrschluss dazu bleiben wir meistens länger im Bett, wenn wir das Gefühl haben der Tag besteht zum Großteil aus zweckbedingten Prioritäten.

Tipp: Bei der Suche nach Antworten auf diese und die weiteren Fragen betrachte ich stets alle Lebensbereiche. Für mich gibt es acht davon: den physischen (Ernährung, Sport, Vitalität), den beruflichen (Karriere, Erfüllung), den finanziellen (Unabhängigkeit, Bildung im Finanzbereich, Einkommensgenerierung, Geld-Management), den familiären (Stabilität, Geborgenheit, Verbundenheit), den sozialen (Netzwerk, Freundschaften, Ehrenamtliches, Führungskompetenzen), den mentalen (mentale Stärke, Wissen, Intellekt, Intuition) und den spirituellen Bereich (Glaube, Verbindung, Unsterblichkeitsgedanke) sowie den Bereich persönlichen Wachstums (eigene Entwicklung, Werdegang, innere Erfüllung).

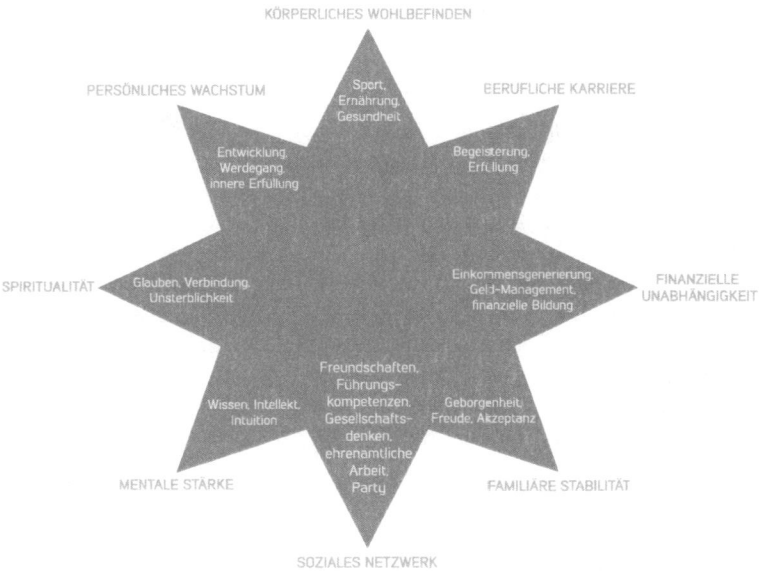

KÖRPERLICHES WOHLBEFINDEN

PERSÖNLICHES WACHSTUM

Sport,
Ernährung,
Gesundheit

BERUFLICHE KARRIERE

Entwicklung,
Werdegang,
innere Erfüllung

Begeisterung,
Erfüllung

SPIRITUALITÄT

Glauben, Verbindung,
Unsterblichkeit

Einkommensgenerierung,
Geld-Management,
finanzielle Bildung

FINANZIELLE
UNABHÄNGIGKEIT

Freundschaften,
Führungs-
kompetenzen,
Gesellschafts-
denken,
ehrenamtliche
Arbeit,
Party

Wissen, Intellekt,
Intuition

Geborgenheit,
Freude, Akzeptanz

MENTALE STÄRKE

FAMILIÄRE STABILITÄT

SOZIALES NETZWERK

Je klarer und spezifischer die Antworten auf die Fragen sind, umso besser. Anstatt soziale Aktivitäten zu antworten, versuche möglichst präzise herauszufinden, was genau dich daran aus den Federn treibt. Oder anstatt Sport zu schreiben, notiere genau die Sportart und was dich daran begeistert. Aus eigener Erfahrung weiß ich zum Beispiel, dass Fußball spielen früher eine intrinsische Priorität war, während die Laufeinheiten im Training eine zweckbedingte Priorität waren. Spezifität und Präzision sind die Schlüsselwörter bei der Beantwortung der Fragen.

2. **Welche drei Sachen kannst du schlichtweg nicht nicht machen?**

Einem begeisterten Musiker sein Instrument wegzunehmen wäre keine weise Entscheidung, denn er kann einfach nicht davon ablassen zu üben. Die überragende Verfilmung des Lebens von Bethany Hamilton (Soul Surfer) zeigt, dass es für sie auch nach dem Verlust ihres Armes nicht vorstellbar ist ohne das Surfen zu leben, trotz der enormen Komplikationen. Pablo Picasso, Michelangelo, da Vinci und alle anderen Künstler, können nicht anders als künstlerisch aktiv zu sein. Michael Jordan konnte einfach nicht anders als Basketball zu spielen. Du verstehst, worauf ich hinaus will. Welche drei Sachen sind es bei dir?

3. **Auch wenn niemand zusieht, mit welchen drei Sachen kannst du dich auf unbegrenzte Zeit beschäftigen?**

Als Kind war ich fasziniert von Insekten. Ich konnte den ganzen Tag damit verbringen, sie zu beobachten und immer wieder neue zu entdecken. Letztes Jahr habe ich eine Fortbildung in Houston besucht, bei der wir 10 Tage hintereinander für jeweils 14 Stunden die Ansätze der größten Denker der Menschheit untersucht und diskutiert haben. So etwas ist nur dann mit Begeisterung durchzuziehen, wenn es auch wirklich mit den intrinsischen Prioritäten zusammenhängt. Der ehemalige Schachweltmeister Bobby Fischer hat zum Beispiel schon in jungen Jahren auch während des Essens noch am Schachbrett Züge durchgespielt. Der doppelte Nobelpreisträger Linus Pauling konnte stundenlang im Labor an komplexen chemischen Strukturen forschen. Wenn wir unseren intrinsischen Prioritäten gemäß handeln, vergessen wir häufig jegliches Gefühl von Zeit.

4. **Mit welchen drei Sachen verbringst du am liebsten deine Zeit – auch auf lange Sicht?**

Du merkst an dieser Stelle möglicherweise, dass sich deine Antworten stellenweise wiederholen. Das ist kein Problem, sondern ein Indiz, dass wir auf dem richtigen Weg sind. Am Ende des Frage-Prozesses werde ich das genauer erklären.

An Tagen, die wir komplett frei gestalten können, unabhängig von anderen Personen und Umständen, kommen die intrinsischen Prioritäten häufig durch. Wichtig ist es hier allerdings, eine kleine Unterscheidung zu machen. Es gibt Aktivitäten, die machen wir ab und zu sehr gerne, wie zum Beispiel ins Schwimmbad gehen, Golf spielen, Schach spielen, ins Museum gehen und so weiter, diese Dinge würde ich jedoch nicht als intrinsische Priorität klassifizieren. Die intrinsische Priorität ist die Sache, die wir immer wieder machen würden, wenn wir Tag für Tag komplett frei gestalten könnten. Wenn du jeden Tag mehrere Stunden auf der Driving-Range verbringen könntest, ist Golf für dich eine mögliche intrinsische Priorität. Wenn du, wie ich, einmal in zwei Jahren Gefallen daran findest, ein paar Abschläge zu machen, dann ist es das nicht.

**5.	In welche drei Sachen investierst du das meiste Geld?**

Die Art und Weise, wie und in was wir Geld investieren, ist ein weiteres Zeichen dafür, wo unsere intrinsischen Prioritäten liegen. Viele tun sich meist deutlich leichter, Geld für eine schöne Reise locker zu machen als für eine Autoreparatur oder andere unerwartete Rechnungen. Um mich eines Klischees zu bedienen: Während viele Damen gerne in ihren Look investieren, geben einige Herren lieber Geld für Bier und Essen am Stammtisch sowie für Fußball aus. Wenn ich jährlich gut und gerne einige tausend Euro in Seminare und Weiterbildungen fließen lasse, dann nur, weil mein persönliches Wachstum und die eigene Weiterbildung von enormer Priorität ist. Wie sieht es bei dir aus?

**6.	An welche Dinge denkst du, um dein Wohlgefühl zu steigern? Nenne drei.**

Woran wir häufig und gerne denken, zeigt ebenfalls, was in unserem Prioritätensystem sehr weit oben steht. Es gibt Gedanken, an denen wir uns immer wieder hochziehen können; sie geben uns Kraft und Zuversicht. Seitdem ich angefangen habe, an diesem Buch zu schreiben, beflügelt mich immer wieder der Gedanke daran, wie du es in deinen Händen halten wirst und einen Wert daraus ziehst. Häufig sind es die Gedanken, die im Zusammenhang mit dem Fortschritt in Richtung des eigenen Bildes am Ende der Leiter stehen, die das eigene Wohlgefühl steigern. Es sind die Gedanken, die mit dem zusammenhängen, was uns am allerwichtigsten ist.

**7.	Über welche drei Dinge könntest du dich stundenlang unterhalten?**

Ich kann mich noch erinnern, wie ich als Kind die Gespräche der Erwachsenen als fürchterlich langweilig empfunden habe. Heute ist mir klar, dass jeder Mensch gerne über die eigenen intrinsischen Prioritäten spricht. (Deswegen reden so viele Leute auch so viel von sich selbst.) In sozialen Umgebungen ist es immer wieder spannend zu beobachten, wie einige Menschen gezielt versuchen, das Gespräch in die Richtung der eigenen Interessen zu lenken. Sobald die Aufmerksamkeit einer Person langsam schwindet, ist festzustellen, dass in dem Bereich keine persönlichen Prioritäten von der Person getroffen werden. Wir haben keine Probleme damit, eine aufmerksame Unterhaltung zu führen, sofern wir sie als spannend und unterhaltsam empfinden. Wenn das Gespräch allerdings um Themen zirkuliert, die uns nicht ansprechen, hören wir, wenn überhaupt, aus Höflichkeit noch zu. In Warren Buffets Biographie wird geschildert, wie er gerade als jüngerer Herr grundsätzlich den Raum verlassen hat, wenn die Unterhaltung für ihn uninteressant wurde, um sich den eigenen intrinsischen Prioritäten zu widmen. Ob das die feine Art ist, ist fraglich, aber sie demonstriert den Punkt. Worüber muss gesprochen werden, dass du unter keinen Umständen den Raum verlassen würdest?

8. Welche Handlungen hast du an einem Tag getätigt, an dem du dich abends erfüllt fühlst? Nenne drei.

Es gibt Tage an denen wir uns abends fragen, wieso wir diesen Tag durchleben mussten. Gleichzeitig gibt es auch Tage, an denen wir uns abends lebendig und voller Energie fühlen, weil wir an dem Tag viel geschafft haben und ihn einfach zum vollen Ausmaß gelebt haben. Das Motto im Film Klub der toten Dichter ist „Carpe Diem – erobere den Tag." Wie verbringst du den Tag, wenn du der Überzeugung bist, ihn erobert zu haben? Wir werden im Abschlusskapitel noch über die Kunst sprechen, Tag für Tag zu erobern. Denn indem wir täglich voller Energie, Präsenz und Lebenslust strotzen, leben wir großartige Wochen, die zu großartigen Monaten führen, uns gelungene Jahre versprechen, und zu einem großartigen Leben führen.

9. Worin hast du den größten Fokus und die meiste Disziplin? Notiere drei Punkte.

Bei der Erläuterung, was intrinsische Prioritäten sind, habe ich erwähnt, dass wir diese auch trotz Widerstand und Unbequemlichkeiten weiter ausführen. Nur wenn eine Sache uns auch wirklich am Herzen liegt, können wir die kontinuierliche Disziplin aufbringen, jeden Tag aufs Neue daran zu arbeiten. Wer Kinder hat, der weiß, dass es nicht ausschließlich mit Freude verbunden ist, sie großzuziehen. Aber eine Mutter, der die Familie und die Erziehung der Kinder von höchster Priorität ist, würde nicht auf die Idee kommen, ihre Kinder einen einzigen Tag hängen zu lassen. Sie wird auch einen beachtlichen Fokus in dem Bereich haben. Sei es die Entwicklung des Kindes, oder was es isst und wie es sich verhält, es ist Verlass darauf, dass die Mutter fokussiert darauf achtet.

Andererseits können viele Kinder, die sich in der Schule möglicherweise schwer tun mit dem eigenen Fokus, anschließend stundenlang mit geballter Konzentration vor der Playstation mit Freunden „zocken". Und die Teilnehmergruppe des angesprochenen Zehn-Tage-Seminars in Houston, das ich letztes Jahr besuchen durfte, legt nur deswegen einen beachtlichen Fokus, 14-Stunden täglich, an den Tag, weil es für sie kaum etwas Faszinierenderes gibt.

Die Antwort auf die Frage, wo unser Fokus liegt und wo wir die meiste Disziplin besitzen, liefert weiteres Feedback über die eigenen intrinsischen Prioritäten.

10. Welche drei Dinge lernst oder liest du wirklich gerne?

Mein jüngster Bruder dient als Musterbeispiel des typischen Teenagers, über den sich aussagen lässt, er liest nicht gerne, weil er ja Filme schauen kann und das Internet ebenfalls spannende Unterhaltungsmöglichkeiten bietet. Da ich ihn jedoch gut kenne und durch sein Verhalten, seine Alltagsausrichtung, seine Unterhaltungen und andere Faktoren, seine intrinsischen Prioritäten herausfiltern konnte, habe ich ihm ein Buch über Verführung und eins darüber wie man Wohlstand aufbauen kann auf sein Bett gelegt. Meine Eltern staunten nicht schlecht, als er ein Buch in weniger als einer Woche gelesen hat, während er sich zuvor vollkommen gegen das Lesen gesträubt hatte.

Es ist immer wieder schön und spannend zu beobachten wie gerne der Mensch doch liest und lernt, wenn es mit seinen intrinsischen Prioritäten zusammenhängt. Der Inhalt der Bücher, die wir nur schwer zur Seite legen können (mal abgesehen von Krimis), zeigt sehr deutlich, wo die eigenen tiefen Interessen liegen. Wenn ich die Möglichkeit habe, in Schulen einen Vortrag zu halten, dann stelle ich immer wieder fest, was für die Schüler wichtig ist, indem ich gezielte Fragen stelle und herausfinde, was sie gerne lernen würden. Wenn ich anschließend genau darüber spreche, muss ich mir nur selten Gedanken darüber machen, dass die Aufmerksamkeit der Schüler dem Nachbarn gewidmet wird. Worüber muss es in einem Buch oder bei einem Vortrag gehen, dass du dich auf nichts anderes konzentrierst und es nicht zur Seite legen kannst bzw. du immer mehr darüber hören möchtest?

11. Welche drei Dinge erregen sofort deine Aufmerksamkeit?

Ein sehr guter Freund von mir, den ich in Zürich kennenlernen durfte, sagte damals zu mir: „Zwei Dinge nehme ich schon immer sofort wahr – einen Ball und ein Schachbrett." Darauf zu schließen, dass für ihn Fußball und Schach seit langem eine intrinsische Priorität sind, war wirklich keine Meisterleistung. Dass es hier eine Überlappung einiger Prioritäten gab (zum Beispiel lesen wir außerdem ähnliche Bücher), hat auch auf Anhieb dazu geführt, dass wir uns super verstehen.

Unsere Wahrnehmung wird sehr stark von unseren Prioritäten gelenkt. Dinge, die unserem Interesse entsprechen, ergreifen häufig unbewusst sofort unsere Aufmerksamkeit. Wer schon einmal mit einer guten Freundin in einem Einkaufszentrum war, der weiß bestimmt sofort, wovon ich spreche. Ein letztes Beispiel noch zu diesem Punkt. Ein weiterer sehr guter Freund von mir ist als Unternehmer in der Gastronomie tätig. Er berichtet mir häufig darüber, wie er sofort die Eigenschaften anderer Läden und Geschäfte wahrnimmt und genau auf deren Ausrichtung achtet. Für wen dieser Bereich keine Priorität hat, der wird wahrscheinlich noch nicht auf dieselbe Idee gekommen sein. Was ergreift deine Aufmerksamkeit bzw. was kannst du einfach nicht ausblenden?

12. Von welchen drei Dingen bist du immer wieder überwältigt und inspiriert?

Du kennst bestimmt die Momente, in denen sich die Haare an den Armen aufstellen und du eine unglaubliche Gänsehaut bekommst. Diese Momente, in denen sich in dir etwas bewegt, weil du von einer Sache oder Handlung oder Worten so gerührt bist. Dir steigt möglicherweise sogar eine Träne ins Auge, obwohl du nicht traurig bist und auch keine Schmerzen hast. Diese Momente zeigen uns erneut ziemlich deutlich, wo deine wirklichen Prioritäten liegen, die dir enorm viel bedeuten. Früher hatte ich diese Momente des Öfteren in Sportfilmen, wenn der Hauptcharakter trotz aller Widrigkeiten und obwohl er am Boden liegt, wieder aufsteht und bis zum Ende seiner Kräfte kämpft und gewinnt. Ich halte seit mehreren Jahren diese Augenblicke in meinem Journal fest, weil ich sie als ein Zeichen sehe. Sie zeigen mir, dass ich mich auf dem richtigen Pfad befinde, weil sie mir dann widerfahren, wenn ich entsprechend meiner Prioritäten handle.

Was genau ist es an den Dingen, die dich inspirieren, das dich im Innersten bewegt? Wenn du zum Beispiel von einer bestimmten Persönlichkeit inspiriert bist, was genau ist es dann, das dich inspiriert? Versuche weiterhin, die Fragen so präzise wie möglich zu beantworten.

13. Welche drei Ziele verfolgst du trotz Widerstand, Rückschlag und Gegenwind?

Die vorletzte Frage hängt mit den eigenen Ambitionen zusammen. Ich höre häufig von Menschen, die berichten, seit einiger Zeit ein großes Ziel zu haben, aber noch nicht damit begonnen haben daran zu arbeiten. Oder Menschen, die ein Ziel haben, aber nach kurzer Zeit in ihrer ursprünglichen Überzeugung und dem Streben danach nachlassen und es schlussendlich ganz sein lassen. Diese Ziele hatten in den seltensten Fällen etwas mit den eigenen intrinsischen Prioritäten zu tun, es sei denn, wir haben uns von der scheinbaren Größe des Ziels überwältigen lassen und deswegen die Handlung aufgeschoben. (Im siebten Kapitel werde ich explizit auf den Umgang mit derartigen Fällen eingehen.) Meistens ist es aber so, dass, wenn uns eine Sache wirklich wichtig ist und am Herzen liegt, wir diese durchziehen und das Ziel mit einer schier unzerbrechlichen Hartnäckigkeit verfolgen. In der mitreißenden und wirklich empfehlenswerten letzten Vorlesung von Randy Pausch (YouTube: Randy Pausch Last Lecture – Achieving Your Childhood Dreams) spricht er von Widerständen auf dem Weg zur erfolgreichen Zielumsetzung. Dabei sagt er, dass „Steinwände", also Widerstände, nicht existieren, um uns zu stoppen, sondern weil sie uns testen, wie sehr wir eine Sache wirklich wollen, und jene aussortiert, die sich nur etwas vormachen.

Von den Zielen, die mit den eigenen Prioritäten zusammenhängen, kann uns niemand abbringen. Wir verfolgen sie, was auch kommen mag. Welche deiner drei Ziele sind dieser Natur?

14. Welche drei Dinge würdest du unter keinen Umständen delegieren?

Die Dinge, die uns wirklich am Herzen liegen, würden wir nur in ganz wenigen Ausnahmen an andere Menschen delegieren. Eine Mutter, der die Erziehung der Kinder am allerwichtigsten ist, würde kaum eine Nanny bitten, die Erziehung zu übernehmen. Ein Sportler würde niemand anderes als sich selbst im Wettkampf sehen wollen. Die großen Denker würden keinen Ghostwriter bitten, ihre Gedanken in Worte zu fassen und auf Papier zu bringen. Der leidenschaftliche Künstler oder Musiker bittet keine andere Person seine Werke zu gestalten. Was würdest du keineswegs delegieren?

Wenn du zu jeder Frage drei Antworten gefunden hast, müsstest du jetzt 42 Antworten vor dir liegen haben. Du wirst auch gemerkt haben, dass einige Antworten sich wiederholen oder in ziemlich ähnlicher Form mehrmals aufgetreten sind. Dieses Muster dient uns nun dazu, den ersten Schritt zu gehen, um dein Prioritätensystem zu erstellen. An oberster Stelle steht dabei die Antwort, die am häufigsten vorgekommen ist. Du kannst, um dir den Prozess zu vereinfachen, bei der ersten Frage ansetzen und zählen, wie oft die erste Antwort aufgetaucht ist. Wenn mehrere Antworten mit der gleichen Sache zusammenhängen kannst du diese unter einen Oberbegriff fassen. Gehe deine Antworten so lange durch, bis du jede einzelne Antwort einem Oberbegriff zuordnen konntest. Anschließend kannst du die Häufigkeit der Antworten der jeweiligen Obergriffe hierarchisch strukturieren, beginnend mit dem Obergriff, der die meisten Antworten erhalten hat. Diese hierarchische Ordnung dürfte dir einen guten ersten Überblick über dein Prioritätensystem geben.

Wir wollen das jetzt aber noch ein paar Schritte weiterdenken, weil unser Leben nun mal nicht nur von intrinsischen Prioritäten gefüllt ist, sondern auch von Dingen, die schlichtweg dazu gehören und auch erledigt werden müssen. Es stellt sich jetzt die Frage, wie zweckbedingte Prioritäten in dieses Konstrukt passen. Bevor wir jedoch über den Umgang mit ihnen sprechen können, ist es wichtig, auch sie zuerst zu identifizieren. Hierzu ist es erneut entscheidend, durch gezieltes Fragestellen vorzugehen. Versuche auf diese Fragen jeweils 3-5 Antworten zu finden.

1. Welche Dinge musst du immer wieder tun, zu denen Überwindung notwendig ist?

Während uns niemand dazu zwingen muss, die Dinge zu machen, die in unserem Prioritätensystem an oberster Stelle stehen, brauchen wir für andere Aktivitäten ein gewisses Maß an Überwindung. Wir machen sie nicht der Sache wegen, sondern wegen dem Um zu. Welche Aktivitäten gehören in deinem Alltag dazu, zu denen du dich überwinden musst?

2. Aufgrund welcher Dinge kommst du schwerer aus dem Bett?

Es gibt diese Tage, an denen wir nur mit Mühe aus dem Bett kommen. Abgesehen von einer verkaterten Nacht oder einem Schlafmangel ist es spannend herauszufinden, unter welchen Umständen wir uns schwer damit tun, aus dem Bett zu kommen. Schließlich können wir es kaum erwarten aufzustehen, wenn wir die Dinge machen dürfen, für die wir uns wirklich begeistern können. Der Gedanke an welche Aufgaben lässt dich im Bett lieber noch einmal umdrehen?

3. Bei welchen Dingen benötigst du häufig externe Motivationsfaktoren oder eine starke Verknüpfung zu deinen intrinsischen Prioritäten?

Wer Kinder hat, der weiß, dass ohne den eigenen Einfluss die Kinder nur selten von alleine für eine Schulaufgabe lernen. Einige Eltern versuchen das dadurch zu ändern, indem sie den Kindern eine Verknüpfung zu den intrinsischen Prioritäten herstellen. „Wenn du die und die Noten erreichst, dann kriegst du XY von uns." Oder sie wählen die andere Route und versuchen sie zu motivieren, indem sie ihnen mit dem temporären Verlust der intrinsischen Prioritäten drohen. Ich erinnere mich nur allzu gut daran, dass früher Mannschaftskollegen aufgrund schulischer Leistungen und mangelnden Engagements nicht ins Fußballtraining durften. Nur bei zweckbedingten Prioritäten ist äußere Motivation oder der Bau einer Brücke zu den intrinsischen Prioritäten notwendig. (Dass externe Faktoren uns dabei helfen können, die intrinsischen Prioritäten noch besser und mit noch mehr Elan zu gestalten, soll damit nicht angezweifelt werden.) Bei welchen Dingen, die du zu tätigen hast, brauchst du externe Motivationsfaktoren?

4. Welche Dinge würdest du nur allzu gerne delegieren?

Es gibt gewisse Dinge, die würden wir nur allzu gerne auf den Schultern anderer Menschen platzieren. Mein bereits erwähntes Beispiel dazu war kochen. Delegation hat ohne Frage seinen Platz und kann für die eigene Produktivität von großem Nutzen sein, allerdings sind einige Menschen finanziell nicht in der Lage, sämtliche zweckbedingte Prioritäten zu delegieren. Ansonsten hätten wahrscheinlich deutlich mehr Menschen Putzfrauen, Köche, persönliche Assistenten, Chauffeure und so weiter. Wenn du nur 3-5 Dinge in deinem Leben delegieren könntest, welche wären es?

5. **Welche Handlungen tätigst du rein als Mittel zur Erfüllung deiner intrinsischen Prioritäten?**

Manche Dinge machen wir ausschließlich, weil sie uns dazu dienen, unsere intrinsischen Prioritäten zu erfüllen. Ich kenne viele Menschen, die nur sehr ungern ein Fitnessprogramm bewältigen, denen aber der physische Bereich ihres Lebens und die eigene Figur sehr wichtig sind. Andere Menschen halten nur äußerst ungern Präsentationen, besuchen aber dennoch Rhetorik-Kurse oder bemühen sich zumindest, ihre Techniken zu verbessern, weil sie sich dadurch versprechen, in ihrer Karriere vorwärts zu kommen und mehr Geld zu verdienen. Was machst du lediglich deshalb, weil es dir hilft, deine intrinsischen Prioritäten zu erfüllen?

6. **Welche Texte und Dinge musst du lesen und lernen, für die du wenig Begeisterung empfindest?**

Sowie wir manche Bücher und Werke vor Begeisterung nur schwer zur Seite legen können, gibt es Texte, die wir vor uns her schieben und am liebsten nicht lesen würden. Gleichermaßen lernen wir bestimmte Dinge auch einfach ungern. Warren Buffet hat sich lange Zeit gegen den technischen Fortschritt gewehrt und wollte einfach nicht lernen, einen Computer zu bedienen. Erst als ihm das Online-Bridgespielen (intrinsische Priorität) als Option eines Computers aufgezeigt wurde, hat er sich dazu bewegen lassen zu lernen, damit umzugehen. Wie sieht es bei dir aus? Was liest und lernst du, nur weil es sein muss?

7. **Was hast du an einem Tag erledigen müssen, an dem du dich abends erschöpft und matt fühlst?**

An Tagen, an denen wir viele zweckbedingte Prioritäten erledigt haben, fühlen wir uns entweder k. o. und versprühen wenig Esprit oder wir fühlen uns erleichtert, dass es aus dem Weg geräumt wurde. Es ist jedenfalls ein anderes Gefühl, als jenes, das wir verspüren, wenn der Tag mit intrinsischen Prioritäten gefüllt war. Es mag auch sein, dass du dich nicht unbedingt erschöpft oder matt fühlst, aber dennoch feststellst, dass der Tag deutlich besser hätte verlaufen können. Welche Faktoren oder Handlungen waren dann ausschlaggebend dafür?

8. Welche täglichen oder wöchentlichen Handlungen und Aufgaben frustrieren dich am meisten?

Die abschließende Frage zu den zweckbedingten Prioritäten geht noch einmal explizit auf die Dinge im Leben ein, die wir doch gerne vermeiden würden, weil sie uns frustrieren. Überflutete E-Mail-Posteingänge, bestimmte Meetings, gewisse Unterhaltungen mit manchen Menschen, spezifische Aufgaben von Projekten und viele weitere Punkte sind sehr gängige Frustrationspunkte. Wie sieht es da bei dir aus? Welche Aufgaben, die du zu tätigen hast, frustrieren dich am meisten?

Es kann jetzt sein, dass du in deinem Leben bereits so weit bist, dass du den Großteil der zweckbedingten Prioritäten delegieren konntest und deswegen nicht auf jede Frage 3-5 Antworten gefunden hast. Dies ist zwar alles andere als die Norm, aber falls es auf dich zutrifft, kannst du mit weniger Antworten weiter arbeiten. Ansonsten ist es wichtig, dass jede Frage sorgfältig und durchdacht beantwortet wurde und du jetzt in etwa 30 Antworten vor dir liegen hast. Dann kannst du anschließend demselben Prozess folgen, wie bei den intrinsischen Prioritäten: Du suchst nach passenden Oberbegriffen und ordnest alle Antworten systematisch den Oberbegriffen zu. Anschließend kannst du die Oberbegriffe erneut hierarchisch ordnen. Diesmal ist es nur so, dass die Antworten, die am häufigsten vorkamen, ganz unten in deinem Prioritätensystem anzusiedeln sind und wir insofern die Anordnung von unten nach oben handhaben.

Nachdem wir jetzt einen weiteren Schritt getätigt haben, um dein individuelles Prioritätensystem zu erstellen, muss noch ein letzter Faktor in Betracht gezogen werden, bevor wir ein gesamt Konstrukt erarbeiten können. Dieser Faktor betrifft die bereits angesprochenen gesellschaftlichen Erwartungen. Es ist wichtig zu erkennen, inwieweit unser eigenes Prioritätensystem von gesellschaftlichen Erwartungen beeinflusst wird und wurde, sodass wir einen weiteren Schritt in Richtung eines selbstbestimmten Lebens gehen können. Dazu ist es erneut entscheidend, zuerst die gesellschaftlichen Erwartungen in unserem Leben zu identifizieren. Ein potenzieller Fremdkörper muss schließlich erst erkannt werden, bevor über seine Entfernung gesprochen werden kann. Hierzu werde ich dir deswegen wieder gezielte Fragen stellen, sodass wir auch die letzte Komponente gemeinsam aufarbeiten können.

1. Bei welchen Handlungen hast du das Gefühl, du solltest sie tun?

Bei gesellschaftlichen Erwartungen ist es in den meisten Fällen so, dass wir nur von jenen Personen und Instanzen beeinflusst werden und somit gewisse Prioritäten übernehmen, denen wir uns unterordnen bzw. von denen wir glauben, sie seien besser, klüger, mächtiger, einflussreicher, etc. als wir. Wir versuchen dann, etwas mehr wie die andere Person zu sein oder zumindest dessen Erwartungen zu entsprechen, und passen unsere Handlungen demnach an. Dies ist meist kein bewusster Prozess und deswegen auf subtile Art gefährlich. Denn es entsteht hier ein Konflikt zwischen dem eigenen Interesse und den gesellschaftlichen Erwartungen, der uns zwischenzeitlich spaltet. Wir wollen uns selbst treu sein, verlieren aber ein wenig den Bezug zu uns selbst, weil wir niemanden enttäuschen wollen. Wie bereits angesprochen erkennen wir diesen Konflikt häufig an den eigenen Sprachmustern und vor allem dem Imperativ sollte. Wobei ertappst du dich immer wieder? Wann hast du das Gefühl, du solltest eine bestimmte Sache erledigen?

2. Welche Dinge tust du aufgrund der Meinung anderer über dich?

Das Prinzip hier ist ein ähnliches. Nur Leute, die wir beeindrucken wollen, mit denen wir uns vergleichen oder die wir uns überordnen, üben den Einfluss auf uns aus, dass wir aufgrund ihrer Meinung über uns handeln. Zu Beginn von Partnerschaften ist dies ein gängiges Muster. Wir negieren in dem Fall oft die eigenen intrinsischen Prioritäten ein wenig und ordnen sie den Interessen des Partners unter. Wir würden nicht auf die Idee kommen, unser Handeln für Menschen anzupassen, denen wir uns unbewusst überordnen.

Dieses Muster kommt auch nicht selten in Familiendynamiken vor. Der Sohn, der bestimmte Handlungen ausübt, nur um das Wohlwollen des Vaters zu erlangen, ist hierfür ein Paradebeispiel. Religiöse Instanzen sind ein weiteres extrem gängiges Beispiel für diesen Ansatz. Wir ordnen uns hier einer moralischen Instanz unter und passen unser Handeln dementsprechend an.

Es bedarf genauer Selbstreflexion und Selbsthinterfragung, um diese Frage präzise zu beantworten. Der Grund dafür ist, dass wir uns nicht gerne eingestehen, dass wir nicht selbstbestimmt, sondern aufgrund äußerer Einflüsse bestimmte Handlungen tätigen.

3. Welche Ziele hast du im Kopf, bei denen du nicht in den Handlungsakt übertrittst?

Unsere Ziele sind ein weiteres Indiz für den Einfluss gesellschaftlicher Erwartungen. Wir übernehmen Ziele anderer Personen gerne, wenn wir diese über uns stellen. Das Problem bei übernommenen Zielen ist, dass wir diese nicht zwingend wollen, weil es nicht die eigenen sind, und insofern nicht langfristig am Ball bleiben. Es kann sein, dass wir zu Beginn sehr euphorisch diesem Ziel nachgehen, aber die Euphorie schneller verfliegt, als sie aufgetreten ist. Dieses Phänomen beobachte ich immer wieder in der Speaker-Branche: Ein Kursteilnehmer ist nach einem Seminar total begeistert und will unbedingt eine Zusammenarbeit mit dem Speaker und ist bereit, alles dafür zu tun. In wenigen Fällen mag dies auch zutreffen, aber häufig springt die Person nach einem relativ kurzen Zeitraum wieder ab und verfolgt die eigenen Ziele weiter und wird sich selbst wieder treu.

Wenn du seit langem ein Ziel hast, aber nicht anfängst, es systematisch zu verfolgen, ist es an der Zeit, dich zu fragen, wessen Ziel dies tatsächlich ist. Diese Ziele zu identifizieren bietet ein weiteres Puzzlestück auf der Suche nach dem exakten Einfluss gesellschaftlicher Erwartungen.

4. Zu welchen Handlungen fühlst du dich unbewusst genötigt, obwohl du sie nicht sonderlich gerne machst?

Dinge, die wir immer wieder tun, obwohl sie keine zweckbedingte Priorität sind, und wir sie auch nicht als Intrinsische klassifizieren können, zeigen erneut den Einfluss gesellschaftlicher Erwartungen auf. Unser Handeln wird hier unbewusst von dem Streben danach, mehr wie eine bestimmte andere Person zu sein, oder zumindest dieser Person zu imponieren. Wir sehen dieses Verhalten häufig in Cliquen. Viele Cliquen haben einen Anführer/Leader und einige Follower. Diese handeln häufig aus dem Interesse heraus, den Leader zu beeindrucken, obwohl die Handlung nichts mit den eigenen intrinsischen Prioritäten zu tun hat.

Es lässt sich hier eine schöne Parallele zwischen dem eigenen Prioritätensystem, das hierarchisch aufgebaut ist, und den Hierarchien innerhalb einer Gesellschaft ziehen: Dinge, die weiter unten in der subjektiven Wahrnehmung innerhalb des Systems bzw. der Hierarchie stehen, werden stets für Dinge, die weiter oben stehen, aufgegeben oder zumindest zurückgestellt.

Es ist wichtig, sich selbst hier nichts vorzumachen. Nur wenn wir die Dinge so anpacken, wie sie wirklich sind, können wir tiefgreifende und notwendige Veränderung schaffen. Falscher Stolz hilft hier nicht weiter. Wie sieht es bei dir aus? Wozu fühlst du dich getrieben, obwohl du es nicht als intrinsische Priorität ansiehst?

5. **Bei welchen Dingen vergleichst du dich (ungewöhnlich) viel mit anderen?**

Vergleiche spielen bei dem Einfluss gesellschaftlicher Erwartungen ebenfalls eine aufklärende Rolle. Materielle Vergleiche sind in jeglichen Altersgruppen besonders beliebt. Status, körperliche Figur, Intellekt, Einfluss, Familie sowie Karriere sind ebenfalls sehr gängige Vergleiche. Auch hier spielt unbewusste Über- und Unterordnung eine essenzielle Rolle. Die meisten Menschen haben sich in irgendeiner Phase ihres Lebens schon einmal gewünscht, ein anderer Mensch zu sein oder zumindest dessen Fähigkeiten zu besitzen. Nun ist es jedoch so, dass dieser Wunsch sich ausschließlich auf Menschen bezieht, denen wir uns unterordnen – es sei denn, wir haben ein verborgenes Motiv für eine Abweichung hierfür. Wir wünschen uns nicht, der einsame Mensch zu sein, der unter der Brücke lebt, sondern wir würden lieber der beliebte, einflussreiche, wohlhabende, glückliche Familienmensch sein.

Vergleiche entstehen besonders dann, wenn wir den Bezug zu den eigenen intrinsischen Prioritäten und der darauf ausgerichteten Handlung, weitestgehend verloren haben. Vergleiche erkennen wir erneut durch das Wort sollte und wenn wir uns in einem bestimmten Bereich als Versager betrachten. Manche Menschen verdienen ein Vermögen, haben aber dennoch das Gefühl, erfolglos zu sein, weil sie sich mit Donald Trump vergleichen. Ich durfte schon einige wunderschöne Frauen kennenlernen, die sich jedoch selbst als hässlich wahrgenommen haben. Klar: Schönheit liegt im Auge des Betrachters, jedoch kommt eine bildhübsche junge Dame (aus meiner Sicht) nicht auf die Idee, unattraktiv zu sein, ohne sich mit den Frauen aus Magazinen oder jemand anderem zu vergleichen. Wo liegen deine herausstechenden Vergleiche? Wo wärst du gerne jemand anders?

6. **Bei welchen Handlungen hörst du mehr auf äußere Stimmen als auf deine innere? / Wo trittst du in Konflikt mit dir selbst und deinen eigentlichen Prioritäten?**

Bei dieser Frage geht es mir nicht darum zu bestreiten, dass es sinnvoll ist, sich in manchen Situationen externen Rats und der Reflexion zu bedienen. Vielmehr geht es darum herauszufinden, in welchen Momenten und bei welchen Angelegenheiten du deine innere Stimme stummschaltest und den äußeren Stimmen folgst. (Auf die innere Stimme werde ich in Kapitel 5 noch genauer eingehen.)

Du kennst bestimmt die Situationen, in denen du mit Unbehagen einer Sache zustimmst oder eine Handlung vollziehst, obwohl du damit in Konflikt mit dir selbst und deinen eigenen Prioritäten trittst. Was ist das Objekt dieser Situationen?

7. **Wobei denkst du dir des Öfteren Ausreden und „Notlügen" aus, um der Sache zu entfliehen/zu entgehen?**

Bei der letzten Frage, die dazu dienen soll, den Einfluss gesellschaftlicher Erwartungen zu identifizieren, geht es darum zu erkennen, wo wir ihm aus dem Weg gehen möchten. Ein klares Zeichen dafür ist, dass wir uns in solchen Fällen am ehesten Ausreden einfallen lassen würden. Wir proklamieren, dass wir dort bereits eine andere Vereinbarung hätten und versuchen dadurch die Sache zu vermeiden. Bei unseren intrinsischen Prioritäten würden wir nicht auf die Idee kommen, uns eine Ausrede einfallen zu lassen, um ihr entgehen zu können. Wir suchen höchstens Ausreden dafür, eine Sache nicht machen zu müssen, sodass wir unseren intrinsischen Prioritäten entsprechend handeln können.

Hier besteht ein schmaler Grad zur Unterscheidung der zweckbedingten Prioritäten. Für diese würden wir zwar ebenfalls gerne Ausreden suchen, um ihnen entweichen zu können, aber wir tun sie trotzdem deshalb, weil sie uns dazu dienen, unsere intrinsischen Prioritäten zu erfüllen und unserem Bild am Ende der Leiter näher zu kommen. Bei den gesellschaftlichen Erwartungen besteht dieser Zusammenhang nicht. In welchem Bereich bist du der Künstler der Ausreden?

Auch bei den Antworten auf diese Fragen dürfte ein Muster entstanden sein. Je nach dem Grad des Einflusses der gesellschaftlichen Erwartungen auf das eigene Leben variiert die Stärke dieses Musters. Ich habe bewusst keine Angabe gemacht, wie viele Antworten auf diese Fragen gesucht werden sollten, sodass du dir wirklich ausführlich Gedanken darüber machen konntest. Gehe alle Antworten noch einmal durch und versuche auch hier, sie in Oberbegriffe einzuordnen und hierarchisch zu strukturieren. Bei den gesellschaftlichen Erwartungen war es vorerst einmal wichtig, sie zu identifizieren.

Wir wollen im nächsten Schritt ein Konzept erarbeiten und herausfinden, wie diese drei Komponenten am besten zusammengeführt werden können.

Wie bringe ich die drei Komponenten auf einen Nenner?

Ohne Zweifel besteht das eigene Leben im Idealfall zum Großteil aus intrinsischen Prioritäten. Den Alltag weitestgehend mit den Dingen zu füllen, die im eigenen Prioritätensystem an den obersten Stellen stehen, ist die Kunst, sich möglichst erfüllt zu fühlen. Und je mehr unser Leben gefüllt von intrinsischen Prioritäten ist, umso weniger fürchten wir uns vor Montagen und erwarten gebannt den nächsten Urlaub. Denn wenn wir so leben, haben wir das Gefühl, in unserem Wachstumsprozess voranzuschreiten und auf unserer Leiter zu klettern. Diesen Gedanken will ich noch weiter ausführen. Indem wir unser Leben auf die eigenen intrinsischen Prioritäten ausrichten, bewegen wir uns unvermeidlich in Richtung unseres Bildes am Ende der Leiter, das im nächsten Kapitel im Mittelpunkt steht. Wir verspüren die Überzeugung, dass unser Handeln einen Sinn hat und es sich in die Richtung entwickelt, die wir anstreben. Gleichzeitig sind wir produktiver und effektiver in unseren Handlungen, da wir ein klares Wozu vor Augen haben. Und am wichtigsten ist es wahrscheinlich, dass wir keinen inneren Konflikt verspüren, da unsere Worte unseren Taten entsprechen und wir uns selbst treu sind. Wir leben in Einklang und Authentizität mit den eigenen Prioritäten und sind auf dem besten Weg zur Selbstverwirklichung der eigenen Vorstellungen. Grafisch sieht dieser Ansatz folgendermaßen aus:

Nun besteht jedoch in den meisten Fällen ein komplexeres Konstrukt, da eben die anderen beiden Komponenten noch eine Rolle spielen. Die folgende Grafik soll dazu dienen, sich einen Überblick der drei Komponenten zu verschaffen:

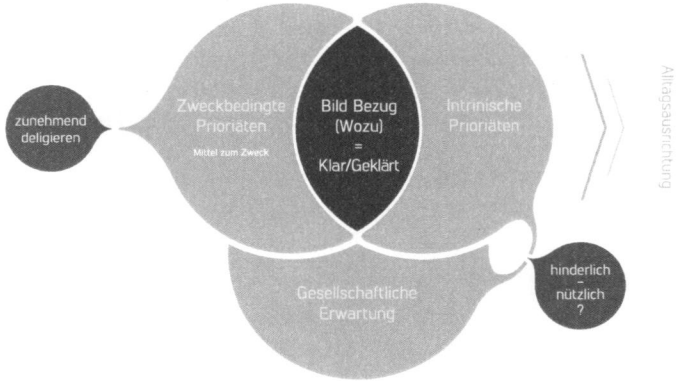

Diese Grafik ist die zweite von dreien, die ich dir erläutern möchte. Sie stellt ein Szenario dar, mit dem sich einige Menschen identifizieren können. Dieses Szenario ist nach dem beschriebenen Idealfall das Optimum und ein realistischer und erstrebenswerter Ansatz. Es zeigt, dass das eigene Leben bereits sehr selbstbestimmt geführt wird und man die Komponente der gesellschaftlichen Erwartungen gut in den Griff bekommt. Das Leben beinhaltet zwar zweckbedingte Prioritäten, es besteht aber der direkte Zusammenhang zu den intrinsischen Prioritäten. Das bedeutet, das Wozu dabei ist geklärt und wir erledigen diese Aktivitäten ohne großen Widerwillen. Die Aussicht darauf, die Komponente der zweckbedingten Prioritäten immer kleiner werden zu lassen, indem wir sie Schritt für Schritt delegieren, bietet häufig zusätzliche Motivation, sie besonders gut auszuführen.

Welche Rolle spielen die gesellschaftlichen Erwartungen in diesem Ansatz? Wir stehen dabei in der Beobachterrolle: wir kennen unser eigenes Prioritätensystem und können uns die Frage stellen, ob der gesellschaftliche Einfluss uns bei der Verwirklichung und dem Fortschritt in Richtung unseres Bildes dienlich bzw. nützlich ist oder ob er hinderlich ist. Je nach Ansicht können wir dann entscheiden, ob wir uns des gesellschaftlichen Einflusses entledigen oder zu welchem Ausmaß wir ihn in unsere Alltagsstrukturierung und Lebensausrichtung miteinbeziehen. Ich will hier kurz noch einmal verdeutlichen, was genau mit gesellschaftlichen Erwartungen gemeint ist. Es ist der Einfluss unseres Umfeldes auf unsere eigene Lebensausrichtung. Ein Beispiel: „Sollte ich studieren oder nicht? Sollte ich eine andere Tätigkeit ausüben? Sollte ich meinen Lebensstil ändern oder lieber doch nicht?"

Innerhalb des Ansatzes, der von dieser Grafik veranschaulicht wird, sind wir in unserer Selbstführung sehr fortgeschritten und stehen in einer durchaus beneidenswerten Position. Unser Leben besteht bereits aus einem großen Teil intrinsischer Prioritäten und wir arbeiten daran, den Bereich der zweckbedingten Prioritäten stetig zu verringern. Über die gesellschaftlichen Erwartungen nehmen wir die empfehlenswerte Rolle des intensiven Beobachters ein.

Nun gibt es allerdings noch einen dritten Ansatz, der auf den Großteil der Menschen zutrifft. Die Grafik zu diesem Ansatz sieht so aus:

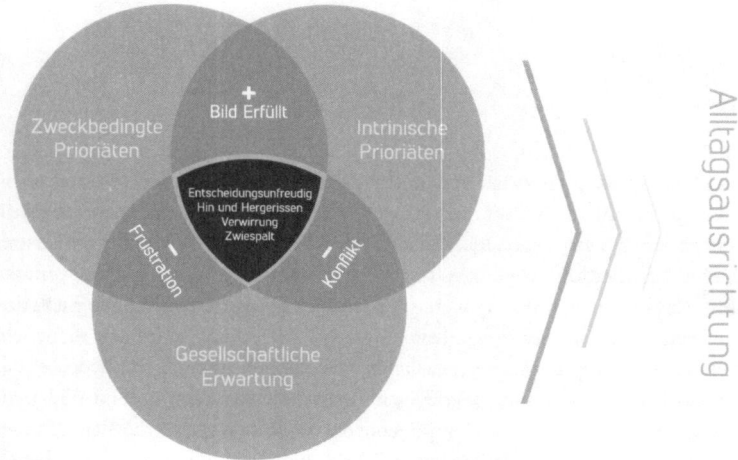

Hierbei sehen wir jetzt, dass alle drei Komponenten eine gewisse Rolle im eigenen Leben spielen. Je nachdem, wie groß die einzelnen Komponenten dabei sind, fühlen wir uns entweder frustriert, stehen in einem inneren Konflikt oder fühlen uns weitestgehend erfüllt. Das Zitat aus dem beeindruckenden Werk Walden von Henry David Thoreau: „Die meisten Menschen führen ein Leben in stiller Verzweiflung.", trifft genau dann zu, wenn die zweckbedingten Prioritäten und die gesellschaftlichen Erwartungen den Großteil der Lebensausrichtung einnehmen und wir die intrinsischen Prioritäten weitestgehend außen vor lassen. Das eigene Leben ist dann nämlich größtenteils fremdbestimmt und folglich nur minimal selbstbestimmt. Der Hauptcharakter in dem, sehr lesenswerten, Werk *Der Tod des Iwan Iljitsch* von Leo Tolstoi hat ein entsprechendes

Leben geführt. Demnach stellt er sich am Ende seines Lebens auch die dramatische und erschütternde Frage: „Und wenn wirklich mein Leben nicht das richtige gewesen ist?" Daraus können wir nur lernen, es anders zu machen, um uns nicht derartige Frage stellen zu müssen.

Wenn die Komponente des gesellschaftlichen Einflusses zu groß wird, dann bringen wir uns damit in einen Konflikt mit uns selbst. Und wenn alle drei Komponenten ähnlich verlagert sind, dann fühlen wir uns stellenweise hin- und hergerissen und verspüren eine innere Entscheidungsunfreudigkeit: Heute wollen wir das, morgen lieber jenes und übermorgen keines von beiden. Wie gehen wir also mit diesem dritten Ansatz um? Der wichtigste und erste Schritt dabei ist, sich die brutale Selbstehrlichkeit einzugestehen, dass das eigene Leben vergleichbare Züge trägt und wir eine Veränderung wollen. Erst dann können wir uns immer mehr in Richtung des zweiten Ansatzes bewegen, bevor wir versuchen, in die sehr kleine Elite des ersten Ansatzes zu gelangen. Die weiteren Kapitel werden dazu dienen, bei dem Wie Hilfestellung zu leisten. Wichtig wird es vorerst sein, im nächsten Kapitel das genaue Warum zu klären.

Zusammenfassend lässt sich hierzu folgender Gedanke festhalten: Wir müssen uns hier nichts vormachen. Das eigene Leben gemäß dem ersten Ansatz zu leben ist zweifelsfrei eine Herausforderung, die nicht einfach zu meistern ist. Nur die wenigsten Menschen führen deswegen auch ein entsprechendes Leben. Dort hin zu gelangen oder es zumindest mit langfristiger Hingabe zu versuchen ist allerdings sehr erstrebenswert. Es ist die Selbstverwirklichung und Selbstbestimmung auf höchstem Niveau. Auf dem Weg dorthin ist es wichtig, sich selbst treu zu bleiben, indem man sich durch Selbstreflexion immer besser kennenlernt. Und es ist auch wichtig, die zweckbedingten Prioritäten mit größter Sorgfalt zu erledigen, denn sonst ist es unmöglich, den Weg zu beschreiten. (Das achte Kapitel, in dem es um Selbstdisziplin geht, wird diesen Gedanken vertiefend aufgreifen.) Die unermüdliche Geduld sowie gleichzeitig das Bild am Ende der Leiter stets vor Augen zu behalten sind die Schlüsselpunkte für den stetigen Fortschritt.

Sind Prioritäten fix oder lassen sie sich auch ändern?

Es dürfte bereits aus einigen Bemerkungen klar geworden sein, dass Prioritäten nicht starr und unveränderbar sind. Im Laufe des eigenen Lebens verändern sich alle drei Komponenten, bei manchen sehr radikal und bei anderen gemächlich. Ein Prioritätenwandel kann mehrere Ursachen haben. Neue

Erkenntnisse, plötzliche Ereignisse, Veränderung der Lebensumstände und vor allem das Füllen von wahrgenommenen Mängeln sind Gründe für die Veränderung im eigenen Prioritätensystem. Allerdings kann auch gezielt in das Prioritätensystem eingegriffen werden, zum Beispiel wenn wir feststellen, dass eine Diskrepanz zwischen den Zielen, die wir ernsthaft verfolgen, und dem eigenen Prioritätensystem herrscht. Auf diesen Eingriff werde ich in Kapitel 7 genauer eingehen, wenn wir uns mit der Kunst der effektiven Ziel(um)setzung befassen.

Ein Prioritätenwandel bringt stets Konsequenzen mit sich, vor allem, was die Beziehungen zu Mitmenschen betrifft. Denn wie wir Entscheidungen treffen, wie wir unsere Zeit jetzt am liebsten verbringen, wofür wir Geld ausgeben, worüber wir reden möchten und weitere Faktoren verändern sich durch den Prioritätenwandel. Ein passendes Beispiel hierfür ist, wenn wir an einen Punkt in unserem Leben kommen, an dem wir beginnen, uns selbst und unsere Handlungen zu hinterfragen und herauszufinden, wer wir sein wollen, wer wir sind, und wofür wir stehen möchten. (Gerne auch als Midlife-Crisis bezeichnet.) Hier werden auch die eigenen Prioritäten hinterfragt und nicht selten entscheidend verändert. Wer früh damit beginnt sich selbst zu hinterfragen, sich Gedanken über die eigenen Prioritäten zu machen, sich klar zu werden, wofür man stehen möchte, wohin man will und wieso man das möchte, der geht einem entsprechenden Sinn-und-Bedeutung-von-allem-hinterfragen-Konflikt mit sich selbst in extremer Form aus dem Weg. Die Frage nach dem allgemeinem Wozu geht dadurch jedoch nicht verloren; wobei diese auch jeder gewissermaßen für sich selbst zu klären hat.

Je intensiver die eigene Selbstreflexion ist und je besser wir uns selbst kennen, umso leichter sind Veränderungen im Prioritätensystem einzuordnen. Viel hängt dabei auch von der Klarheit des eigenen Bildes am Ende der Leiter ab.

Prioritäten meiner Mitmenschen: Wie gehe ich damit um?

Da es hier primär um Selbstführung und nicht die Führung anderer geht, werde ich diesen Punkt nur kurz aufgreifen. Das Wichtigste bei dieser Frage ist die Erkenntnis, dass Prioritätensysteme nicht richtig oder falsch sein können. Niemand hat Recht aufgrund seines Prioritätensystems und niemand muss sich wegen des eigenen Prioritätensystems schuldig oder schlecht fühlen. Wer diese Erkenntnis verinnerlicht und gleichzeitig auch lebt, der hat den Großteil dieser Frage bereits beachtlich auf praktischer Ebene umgesetzt. Die größte Herausforderung ist hierbei nämlich, dass wir die Welt durch unsere Perspektive und durch unser eigenes Prioritätensystem filtern. Dadurch laufen wir jedoch Gefahr, andere Menschen entsprechend zu beurteilen. Das Problem an solchen Werturteilen besteht darin, dass wir uns unbewusst anderen Menschen überordnen und unser Prioritätensystem als höhere Instanz betrachten. Gleichzeitig kann dies jedoch auch genau andersherum passieren: Wir sehen das Prioritätensystem einer anderen Person als besser an und ordnen und diesem Menschen unter. Beide Ansätze bringen schwerwiegende Folgen mit sich.

Über Unterordnung habe ich schon ausführlich in Bezug auf den Einfluss gesellschaftlicher Erwartungen an uns gesprochen. Auch in der Mindset-Falle 4 ist sie schon aufgetaucht. Und im fünften Kapitel wird sie wieder eine Rolle spielen. Wenn wir uns anderen Menschen unterordnen, halten wir uns dabei selbst davon zurück und behalten uns die Erlaubnis vor, dass wir auf demselben Level wie sie spielen und fungieren können. Aber noch gravierender als das ist, dass wir versuchen, ihre Prioritäten zu übernehmen und somit aufhören, der Einmaligkeit unserer eigenen Person zu vertrauen und sie zu negieren versuchen. Durch Unterordnung hören wir auf uns selbst treu zu sein. Es geht hier nicht darum, keine äußeren Einflüsse und Instanzen mehr wertzuschätzen und sich wie der König der Welt zu fühlen. Es geht vielmehr darum, dem eigenen Prioritätensystem treu zu sein, während die einmaligen Systeme von anderen Menschen genauso wertgeschätzt werden, wie wir uns wünschen, dass unser eigenes wertgeschätzt wird. Denn wenn wir beginnen, uns anderen überzuordnen und deren Prioritätensysteme verurteilen, dann kann keine Beziehung auf Augenhöhe und von gegenseitiger Wertschätzung entstehen.

Menschen, wie Charles Schwab, denen wir den höchsten Grad von Menschenkenntnis und Motivationskunst zugesprochen haben, waren sehr gut darin, dem anderen Menschen das Gefühl zu geben, wichtig zu sein. Sie wussten, dass wir uns häufig mehr als alles andere wünschen, aufgrund unseres Prioritätensystems und der Person, die wir sind, akzeptiert und honoriert zu werden. Und genau dementsprechend haben sie gehandelt und somit die ehrliche Sympathie mehrerer tausend Mitmenschen gewonnen.

Die Kunst ist es also durch genaue Beobachtung und wirkliches Zuhören zu erkennen, wo die intrinsischen Prioritäten des Gegenüber liegen und diese mit höchster Achtung wertzuschätzen. Ein gekünsteltes Vorgaukeln von Interesse wird häufig schnell durchschaut und hat meist den gegenüberliegenden Effekt. Wenn wir zu einer anderen Person sagen, dass sie etwas tun sollte, dann projizieren wir unsere Prioritäten auf sie. Wenn wir es zu uns selbst im inneren Monolog sagen, dann haben wir Prioritäten anderer Menschen übernommen.

Weder Unterordnung noch Überordnung führt jedoch zu einem zwischenmenschlichen Bezug, der durch gegenseitige Wertschätzung heraussticht. Nur durch gegenseitige Honorierung und authentische Hochachtung vor dem individuellen Prioritätensystem anderer Menschen kann das erreicht werden.

Abschließende Worte:

Das eigene Prioritätensystem bildet die Grundlage für den eigenen Werdegang. Die eigene Selbstreflexion ist eine Kunst, die es ein Leben lang zu meistern gilt. Für die eigene Selbstführung ist sie ein zentraler Bestandteil. Wer sich selbst führen möchte, der muss sich auch gut selbst kennen. Ein gängiges Problem mit dem eigenen Prioritätensystem ist, dass häufig ein Konflikt zwischen dem Bild am Ende der Leiter und den Dingen, die im Prioritätensystem ganz oben stehen, besteht. Das geläufigste Beispiel hierfür ist das Thema der finanziellen Unabhängigkeit. Bei den meisten Menschen ist diese Bestandteil des eigenen Bildes, jedoch keine Priorität. Wir machen uns also hin und wieder etwas vor und sind dann enttäuscht, dass wir nicht die Ergebnisse erzielen, die wir gerne hätten. Nur wenn eine Kongruenz zwischen dem Bild am Ende der Leiter und dem eigenen Prioritätensystem besteht, kann das Bild in der Realität etabliert werden. Genau hier liegt der Knackpunkt, wieso wir selten dort ankommen, wo wir gerne hingelangen würden. Wir wollen nach New York, aber gleichzeitig sind wir nicht gewillt, unsere Priorität des Joggens aufzugeben und mit dem Fliegen zu beginnen. Wir wollen aber auch nicht das Bild (New York) ändern. Wie wir diesen Zwiespalt überwinden werden wir in Kapitel 7: Die Kunst der effektiven Ziel(um)setzung lernen. Mir war es jedoch wichtig, es bereits hier anzusprechen, um es für dich präsent zu machen, bevor wir jetzt auf das Bild am Ende der eigenen Leiter eingehen.

Kapitel-Highlights:

- Jeder Mensch hat ein individuelles Prioritätensystem. Es gibt weder richtige noch falsche Prioritätensysteme.

- Wir unterscheiden zwischen intrinsischen und zweckbedingten Prioritäten sowie gesellschaftlichen Erwartungen. Unser Ziel dabei ist es, den Anteil der intrinsischen Prioritäten im eigenen Leben stetig zu erweitern.

- Je besser wir unser genaues Prioritätensystem kennen, umso besser können wir uns selbst führen.

- Die eigenen Prioritäten sind ausschlaggebend für den weiteren Werdegang des eigenen Lebens.

- Prioritäten sind wandelbar und verändern sich im Laufe des Lebens. Je geringer die Diskrepanz zwischen dem eigenen Prioritätensystem und dem Bild am Ende der Leiter ist, umso höher ist die Wahrscheinlichkeit der Verwirklichung.

- Indem wir das Prioritätensystem anderer kennen, können wir sie wertschätzen und unsere Kommunikation demnach anpassen.

- Prioritätensysteme bilden die Grundlage des Selbstführungsansatzes.

Kapitel 4:
Die Kraft einer klaren Lebensvision

„Die Welt macht Platz für den Menschen, der weiß, wohin er geht."

Ralph Waldo Emerson

Es wurde bereits mehrfach Bezug auf das metaphorische Bild am Ende der eigenen Leiter genommen. Wir wollen uns jetzt genauer damit beschäftigen, weil es direkt auf den eigenen Prioritätensystemen aufbaut. Wir haben im letzten Kapitel gezielt daran gefeilt, dein individuelles Prioritätensystem durch präzises Fragestellen zu identifizieren. Dieses System ist jedoch stets auf etwas noch Höheres ausgerichtet: Ein Bild, an dem wir uns jederzeit hochziehen können; eine Vorstellung wie unser Leben aussehen wird, wenn wir den eigenen Weg weitergehen und uns selbst treu bleiben.

Es ist von höchster Relevanz eine Idee zu haben, wohin es gehen soll, wenn wir dort auch ankommen möchten. Napoleon Hill spricht in einem meiner absoluten Lieblingswerke Die Gesetze des Erfolgs von einem definitiven Ziel. Er fällt dabei Aussagen wie: „Der Mensch, der genau weiß, was er im Leben will, hat bereits einen großen Schritt in Richtung seines Ziels getan. Ein Schiff ohne Ruder und ein Mensch ohne Ziel gehen früher oder später unter. Die Welt macht demjenigen Platz, der weiß, wohin er will und seinen Weg geht. Wenn Sie kein höheres Ziel haben, treiben Sie auf den sicheren Untergang zu." Für ihn war die Grundlage im Mindset einer erfolgreichen Person, dass diese genau wusste, was sie will und wieso sie es will. Er argumentiert, meines Erachtens sehr richtig, dass wir erst wissen müssen, was wir genau wollen und auch wieso wir es wollen, bevor wir unsere Gedanken, unsere Handlungen und unsere Entscheidungen entsprechend ausrichten können.

Ich möchte hier allerdings noch einmal einen Schritt zurückgehen, sodass wir dieses Konstrukt weiterhin sehr systematisch aufbauen können. Bisher war stets die Rede vom Bild am Ende der Leiter. Obwohl ich dies sehr passend finde und es auch sehr gut vorstellbar ist, werde ich jetzt beginnen, synonym von der eigenen Lebensvision zu sprechen. Der Grund hierfür ist, dass eine Vision nichts anderes bedeutet als: jemandes Vorstellung, besonders in Bezug auf ein in der Zukunft liegendes entworfenes Bild. Ein entscheidendes Charakteristikum einer Vision ist die Klarheit. Es wird unser Anliegen sein, die eigene Lebensvision so klar wie möglich zu gestalten. Wobei wir hier auch realistisch bleiben werden. Denn die eigene Lebensvision entwirft man nicht mal eben in einer halben Stunde. Wir werden darum bemüht sein, ein starkes Fundament zu legen, so dass du immer weiter darauf aufbauen kannst.

Wie wichtig eine klare Lebensvision sein kann, möchte ich dir noch kurz anhand der Geschichte von Beck Weathers verdeutlichen. Der amerikanische Pathologe ist einer von wenigen Überlebenden der großen Mount-Everest-Tragödie aus dem Jahr 1996. In den letzten Zügen vor dem Erklimmen des Gipfels bekam er so massive Augenprobleme, dass sein Sichtfeld auf kaum mehr als einen Meter eingeschränkt war. Nach Absprache mit dem Expeditionsleiter, Rob Hall, vereinbarten die beiden, dass Rob ihn nach seinem eigenen Aufstieg mit den anderen Teilnehmern zurück zum Lager geleiten würde. Beck sollte an der Stelle, wo er sich befand, auf ihn warten. Weil er sein Versprechen an Rob nicht brechen wollte, ließ er die Möglichkeit aus, mit den Bergsteigern, die den Gipfel bereits früher erreicht hatten, zurück ins Lager abzusteigen. Das Tragische an der Sache war, dass Rob Hall verzweifelt versuchte, den Klienten Doug Hansen auf den Gipfel zu führen, obwohl sie den vorgegebenen Zeitrahmen bereits weit überzogen hatten. Während Beck auf die Rückkehr von Rob wartete, hatte dieser keine Chance mehr, den Abstieg vom Gipfel ins Lager zu schaffen. Rob und Doug verunglückten beide tödlich. Beck hatte es zwar mit ein paar anderen Bergsteigern etwas näher in Richtung des nächsten Lagers geschafft, aber aufgrund eines enormen Sturms und der Erfrierung einiger Gliedmaßen wurde er schließlich zurückgelassen. Die anderen Bergsteiger versuchten in großer Verzweiflung noch zu retten, wer und was zu retten war, hatten für Beck, der bewusstlos war, aber keine Überlebenschancen eingerechnet. In dem bewegenden Buch Bis zum Äußersten von David Breashears schildert Beck, wie er es trotz dieser unvorstellbaren Umstände geschafft hat, sein eigenes Leben zu retten. Er spricht davon, wie er eine klare Vision seiner Familie und seinem Leben vor Augen hatte, dann seine eingefrorene Hand vor sich wahrgenommen hat, was ihn umgehend zu geschärftem Bewusstsein brachte. Er hat sich daraufhin geschworen aufzustehen und zu laufen, und wenn er hinfällt, wieder aufzustehen, solange, bis er im Lager angekommen war oder vom Berg fiel. Er hat die ganze Nacht draußen bei einem unerbittlichen Sturm in Höhen von über 8000m verbracht und dementsprechend hielt es niemand für real, als er am folgenden Nachmittag im Lager eintraf. Wie er es geschafft hat, liegt jenseits des menschlichen Erklärungsvermögens, jedoch wurde er selbst, als er im Lager ankam und in ein Zelt gebracht wurde, vernachlässigt, weil ihm immer noch keine Überlebenschance eingerechnet wurde. Die klare Vision hat ihn auch durch die folgende Nacht getragen und er wurde zum Erstaunen aller auf eigenen Füßen von drei anderen Bergsteigern begleitet und in das nächste Lager geleitet, wo er erste ärztliche Unterstützung erhielt. Die anderen Bergsteiger sprachen sogar davon, wie die Kraft, der Humor und der Wille von Beck sie selbst gestärkt und ihnen Mut gegeben haben. In Höhe von 6400m wurde Beck schließlich durch eine der spektakulärsten Helikopterbergungen der Berggeschichte gerettet und konnte trotz einiger Amputationen tatsächlich überleben und seine Familie wiedersehen.

Diese mitreißende Geschichte habe ich mir selbst, seitdem ich David Breashears Buch gelesen habe, immer wieder vor Augen geführt, weil ich sie unglaublich inspirierend finde und sie mir zeigt, welche Auswirkungen die eigene klare Vision auf mich sowie auf andere haben kann. Was passiert, wenn wir keine Vision haben, verdeutlicht die Textstelle der Bibel Sprüche 29,18: „Wo keine Vision ist, geht ein Volk zugrunde." Im Vergleich dazu meinte Nietzsche: „Wer sein Warum im Leben gefunden hat, der verträgt sich mit fast jedem Wie." Das Warum hierbei ist die klare Lebensvision und das Wie kann die Form von zweckbedingten Prioritäten einnehmen.

Klare Lebensvision: Was genau ist damit gemeint?

Wenn hier von klarer Lebensvision die Rede ist, dann verstehe ich darunter die eigenen Maßstäbe, die erfüllt werden müssen, sodass wir von unserem Leben sagen würden, es ist rundum gelungen. Die Lebensvision ist insofern für jeden Menschen sehr unterschiedlich. Im Endeffekt gibt es so viele verschiedene Lebensvisionen, wie es Menschen gibt. Anstatt jetzt im ersten Schritt nach objektiven Maßstäben für eine sinnvolle oder bedeutsame Lebensvision zu fragen, wollen wir zuerst einen Zusammenhang zu unserem Konzept der Selbstführung erstellen.

Bei einer klaren Lebensvision geht es nicht nur darum, wo wir hinwollen, sondern auch, wofür wir stehen möchten und wer wir anstreben zu sein. Um uns selbst führen zu können, ist es wichtig, auf den Erkenntnissen des letzten Kapitels aufzubauen und uns nun zu fragen, inwiefern sich das individuelle Prioritätensystem und die eigene Lebensvision überlappen. Hierzu ist es notwendig herauszufinden wie die eigene Lebensvision aussieht. Wie beim Prioritätensystem sind Detailarbeit und Spezifität von höchster Bedeutung bei der Entwicklung und der Auseinandersetzung damit, wie die eigene Lebensvision aussieht. Ich erwarte jedoch keineswegs von dir, dass du dir deiner eigenen Lebensvision zu 100% gewiss und bewusst bist. Deswegen empfehle ich dir, dort anzusetzen, wo du Gewissheit hast, dass du es wirklich willst, und von diesem Ausgangspunkt die Vision gedeihen zu lassen.

Ein Vergleich mit einem Architekten ist hier sehr passend. Er hat ein grobes Bild im Kopf, wie sein neues Projekt aussehen soll, und beginnt anschließend, es in immer feinere Details herunterzubrechen und so zu planen. Wenn es anschließend jedoch um die erfolgreiche Umsetzung geht, darf kein Detail mehr außer Acht gelassen worden sein. Wenn er in seinem Plan eine Decke falsch eingezeichnet hat oder sie gar vergessen hat, wird dies später zu einem Hindernis. Bei dem erfolgreichen Anstreben und der Implementierung unserer Lebensvision fällt es uns umso leichter, genau das zu erhalten, was mir möchten, wenn wir eine kristallklare Vorstellung von dem haben, was wir wirklich wollen und auch davon, wieso wir es möchten.

Deine Standards – wofür willst du stehen?

Sich zu fragen und damit auseinanderzusetzen, welche Standards man sich selbst setzen will und wofür man stehen möchte, ist entscheidend dafür, sein Leben demnach auszurichten. Erst wenn ich weiß, nach welchen Spielregeln ich mein eigenes Leben führen möchte und welche Dinge und Handlungen ich mir selbst gegenüber nicht akzeptiere, kann ich entsprechend leben. Hierbei geht es allerdings um noch mehr als nur mich selbst. Auch die Standards, die ich im Umgang mit meinen Mitmenschen für mich festlege, sind wichtig für meine eigene Lebensvision. Ich führe das sofort etwas konkreter aus, zuvor will ich noch einen Vergleich zur Verdeutlichung ziehen.

Wir machen im Endeffekt nichts anderes als ein Schauspieler, der sich auf seine Rolle vorbereitet, mit nur einem Unterschied: der Schauspieler bekommt sein Skript vorgelegt – und wir schreiben unser Skript selbst. Der Punkt in diesem Vergleich ist folgender: Wenn der Schauspieler sich auf seine Rolle vorbereitet, dann geht er das Skript durch, um seinen Charakter besser zu verstehen und greifen zu können. Er achtet darauf, was der Charakter selbst sagt und wie andere über ihn sprechen bzw. wie das Verhältnis zu den anderen Charakteren aussieht. Anschließend beginnt er zunehmend, die Rolle des Charakters zu verinnerlichen, um sie dann glaubwürdig performen zu können. Wir machen unbewusst nichts anderes. Durch unsere Worte und Taten entscheiden wir, wer wir in unserem Skript sein möchten und werden durch den Umgang mit unseren Mitmenschen geformt und beeinflusst. Wir haben jedoch die Möglichkeit, diesen Prozess bewusster zu gestalten und vom Reagieren ins Agieren überzutreten. Wir können uns fragen, wie unser Charakter in unserem Skript aussehen soll, wieso er so aussehen soll, und dann anfangen, ihn selbst entsprechend zu formen. Ich habe bereits erwähnt, dass die antiken Griechen der Überzeugung waren, dass Tugenden durch wiederholte Handlung geschaffen werden. Für uns ist es also wichtig, die Tugenden oder Charakterzüge zu identifizieren, die den eigenen Standards entsprechen sollen. Hierzu ist es erneut entscheidend, durch gezieltes Fragestellen voranzuschreiten. Indem wir uns darum bemühen und uns selbst herausfordern, immer bessere Fragen zu stellen, und es wagen, auch die unbequemen Fragen aufzuwerfen, können wir ebenso eine Verbesserung in der Qualität unserer Antworten erwarten.

Für welche 3-5 Attribute möchtest du stehen?

Bei der Frage geht es nicht darum, die Vielfalt deines Charakters einzuschränken. Du hast ohne Zweifel eine Menge weiterer Qualitäten, die du hierdurch nicht ausschließt. Letztendlich besitzen wir alle jeden Charakterzug nur in verschiedenen Formen. Das mag hier etwas kontraintuitiv klingen, deswegen werde ich diesen Gedanken auch ausführlich im nächsten Kapitel diskutieren. Wichtig an dieser Stelle ist es, einen Anhaltspunkt für dich zu schaffen. Diesen wollen wir möglichst fokussiert gestalten. Wenn du nämlich deine 3-5 Attribute ausgewählt hast, kannst du diese in deinem täglichen Handeln stets im Hinterkopf haben. Sie dienen dir als Ansporn, die Brücke zwischen deinem jetzigen Standpunkt und der Vision über deine eigene Person zu schlagen. Indem du dich immer wieder an sie erinnerst, sie in dein Denken und Handeln integrierst, werden sie zunehmend Teil des Charakters, den du in deinem Skript gewählt hast.

Um dir etwas auf die Sprünge zu helfen, will ich dir ein paar Beispiele nennen: selbstbewusst, präsent, mitreißend, inspirierend, voller Lebensfreude, empathisch, aufrichtig, kreativ, ambitioniert, unermüdlich, dankbar, beharrlich, diszipliniert, pure Energie, kompetent, integer.

Wichtig ist, dass die Attribute mit dir und deinen Vorstellungen in Einklang stehen und stimmig sind. Die Resonanz passt bei dem einen Attribut mehr als bei dem anderen. Höre hier auf deine innere Stimme und wähle die 3-5, bei denen du spürst, dass sie auf den Charakter deines Skripts ausgezeichnet zutreffen.

Wieso sind dir genau diese Attribute wichtig?

Wir alle haben verschiedene Auffassungen über die Bedeutung einzelner Attribute. Kreativ oder integer zu sein bedeutet für dich wahrscheinlich etwas anderes als es für mich der Fall ist. Deswegen ist es entscheidend, noch diesen einen Schritt weiter zu gehen und zu hinterfragen, wieso du möchtest, dass dein Charakter genau diese Attribute ausstrahlt. Je tiefer du bohrst, umso näher kommst du dem Kern der Sache. Und da wollen wir hin. Stelle dir also für jedes von dir gewählte Attribut die Frage, was es genau für dich bedeutet und wieso es dir sehr wichtig ist.

Durch welche 3-5 Attribute möchtest du den Umgang mit deinen Mitmenschen prägen?

Nachdem du die grundlegenden Elemente in Bezug auf deine Person identifiziert und hinterfragt hast, wollen wir jetzt den Bezug zu deinen Mitmenschen betrachten. Der absolute Großteil von uns hat jeden Tag in unterschiedlicher Form mit anderen Menschen zu tun. Da wir es gewohnt sind, täglich andere Menschen um uns herum zu haben, tendieren wir schnell dazu, dies als Selbstverständlichkeit anzusehen, anstatt uns immer wieder über die Einzigartigkeit eines jeden Individuums zu freuen.

Der bewusste Umgang mit deinen Mitmenschen ist eine weitere essenzielle Komponente in deinem Lebensskript. Zu entscheiden, welche Attribute du dabei in den Vordergrund rücken möchtest, dient dir erneut als Stütze und Anhaltspunkt in deinem täglichen Austausch mit deiner Umgebung. Wenn dir klar ist, wie du mit deinen Mitmenschen umgehen willst, dann kannst du auch dein Denken, Fühlen und Handeln demnach anpassen. Dieser Punkt ist gerade in der heutigen Zeit der Smartphones, der virtuellen Kommunikationswelt und den unzähligen Ablenkungen zentral. Ein aufmerksames offenes Ohr und die volle Aufmerksamkeit des Gegenübers scheinen ähnlich vor dem Aussterben bedroht zu sein wie Geparden im Tierreich.

Hier wieder einige Beispiele: aufmerksam, wertschätzend, einfühlsam, respektvoll, inspiriert, inspirierend, wertvoll, bereichernd, unvoreingenommen, lebendig, natürlich, bewegend, aufrichtig, einladend, zuvorkommend.

Auch hier ist es wichtig, dass eine Kongruenz zwischen deinen Vorstellungen und den gewählten Attributen für deinen Charakter im Bezug auf dessen

Umgang mit seinen Mitmenschen besteht. Die Stimmigkeit ist für die Natürlichkeit der Umsetzung ausschlaggebend. Wenn du dich bei der Wahl deiner Attribute unwohl fühlst, wirst du sie nur schwer in dein tägliches Handeln übertragen können, und es könnte schnell aufgesetzt wirken.

<u>Wieso sind dir genau diese Attribute im Bezug auf deine Mitmenschen wichtig?</u>

Dich erneut zu hinterfragen und herauszufinden, was diese Attribute für dich bedeuten und wieso sie relevant für dich sind, dient dir dazu, dich selber besser zu verstehen. Die Selbstreflexion hilft dabei, die nötige Natürlichkeit herzustellen, weil dir somit das Motiv deiner Handlung bewusst ist.

Bei deinen eigenen Standards, die wir soeben ermittelt haben, und den Aspekten, für die du stehen möchtest, muss ein Gedanke berücksichtigt werden. Es geht dabei nicht darum zu versuchen, die Standards krampfhaft umzusetzen und sich bei Abweichungen selbst herunterzuziehen. Sie dienen viel mehr als Leitbild, an dem wir uns orientieren. Es spornt uns an, diesem gerecht zu werden. Es wäre eine Illusion zu glauben, dass es auch nur einen Menschen gibt, der einseitig sein und handeln kann. Wir sind wie Magneten. Wir haben nun einmal Attribute, die als positiv angesehen werden und Attribute, die als negativ betrachtet werden. Wie wir im nächsten Kapitel sehen werden, wäre es fatal zu versuchen, die eine Seite von dir zu unterdrücken und zu negieren.

Indem du jedoch deine Attribute niedergeschrieben hast und sie möglicherweise sogar mit dir trägst oder an deinem Schreibtisch platziert hast, kannst du sie dir stets vor Augen führen und danach streben, deinen eigenen Standards gerecht zu werden. Wenn du beispielsweise dafür stehen möchtest, dass du unglaublich präsent bist, wird es dir helfen, dich immer wieder zu fragen, wo du mit deinem Fokus bist und ob du deine volle Aufmerksamkeit der momentanen Situation widmest. Durch die Festlegung deiner eigenen Standards kannst du auch stets schnell feststellen, ob du auf dem richtigen Kurs bist oder gerade davon abweichst. Somit kannst du dich immer wieder korrigieren und zurück in die Spur bringen. Wenn du jedoch keine Standards als Anhaltspunkte hast, dann treibst du wie ein Segelschiff ohne Ziel über den Ozean und weißt nie, ob du auf Kurs bist.

Deine Lebensvision für jeden Lebensbereich

Wir wollen jetzt damit beginnen, an der Sache zu feilen, die ich häufig das Bild am Ende der eigenen Leiter genannt habe. Mit dieser Metaphorik wollte ich nichts anderes ausdrücken, als dass darin die Motive und der Kern unserer Handlungen und unseres Strebens liegen. Es ist das Bild, das uns weitermachen lässt, auch wenn sich ein Teil von uns gerne hängen lassen würde. Es ist das Bild, das uns aufstehen lässt, wenn wir uns nicht nach Handlung fühlen. Es ist das Bild, das uns den Glauben schenkt, dass unsere Existenz einen Sinn hat und sich lohnt. Die Klarheit des eigenen Bildes bestimmt, wie vollgetankt wir uns auf unserer Reise fühlen. Ohne ein Bild von dem, wir uns ziehen lassen können, verspüren wir einen Mangel an Sinn und Bedeutung. Es fehlt uns ein klares Warum, was uns die eigene Perspektive bewölkt und den intrinsischen Handlungstrieb zum Stocken bringt.

Die Frage ist allerdings, wie man sich dieses Bild oder die eigene Lebensvision vorstellen kann. Letztendlich ist es wie ein Puzzle. Wir haben jede Menge einzelner Bilder und Elemente, die sich alle zu diesem Gesamtbild zusammenfügen lassen. Oder denk an unseren Vergleich mit dem Architekten: Unsere Lebensvision ist das gesamte Gebäude, das geschaffen werden soll. Innerhalb des Gebäudes gibt es jedoch jede Menge Räume und andere kleinere Elemente, die das Gesamtkonstrukt bilden. Bei unserer Lebensvision ist es genauso. Wir haben verschiedene Bereiche und kleinere Bilder, die einer allumfassenden Lebensvision dienen. Unser Prioritätensystem spielt dabei im Idealfall die Rolle des Bauarbeiters, der die Lebensvision Schritt für Schritt umsetzt. Ich sage hier deswegen im Idealfall, weil der Bauarbeiter in einigen Szenarien nicht für das spezifische Gebäude geeignet ist. Wie wir die perfekte Harmonie zwischen Bauarbeiter und Gebäude, also Prioritätensystem und Lebensvision, herstellen können, ist erst sinnvoll zu klären, wenn wir uns darüber im Klaren sind, wie das Gebäude aussehen soll. Damit wollen wir jetzt beginnen. Unser Vorgehen bleibt dabei dasselbe. Durch gezielte und konkrete Fragestellungen wollen wir uns systematisch einen Überblick über die eigene Lebensvision verschaffen. Bei der Natur der Lebensvision ist zu berücksichtigen, dass es das Inspirierendste und Erfüllendste für dich ist, das du dir vorstellen kannst. Die Vorstellung daran sollte dich im Optimalfall Tag für Tag mit Kraft und Handlungsenthusiasmus füllen. Wichtig ist auch, dass das Bild deiner Lebensvision für dich greifbar ist. Das bedeutet, du kannst es dir sehr klar vorstellen und du bist der festen Überzeugung, diesem Bild in kleinen Schritten immer näher zu kommen.

Ich habe bereits das Beispiel von Nelson Mandela und der Demokratie als Lebensvision angesprochen. Das mag etwas zu hochgegriffen sein, aber er hat auch nur Tag für Tag dafür gekämpft seine Lebensvision zur Realität zu machen. Das Bild eines vereinten Südafrikas in seinem Kopf hat ihm den täglichen Ansporn und die Kraft gegeben weiterzumachen und in Richtung seines Bildes voranzuschreiten. Ähnlich ist es in dem wunderbaren Film Das Leben ist schön, in dem der Vater seinem Sohn den Glauben schenkt, dass der Aufenthalt im Konzentrationslager nur ein Spiel sei und der Gewinner einen echten Panzer erhalten werde. Das Bild des Panzers im Kopf lässt den Jungen die unmenschlichen Umstände mit Kraft und Mut durchstehen. Er ist sogar zu dem Ausmaß von der Vorstellung des Panzers begeistert, dass er die vom Vater vorgetäuschte Option nach Hause zu gehen dem potenziellen Gewinn des Panzers hintanstellt und weiterhin im Konzentrationslager bleibt. Für den Jungen gab es nichts Erstrebenswerteres als einen echten Panzer, und deswegen hat er dem Erreichen dieses Bildes alles andere untergeordnet. Für uns heißt das im übertragenen Sinne, dass wir Dinge, die uns dabei helfen, in Richtung unseres Bildes am Ende der Leiter zu kommen, anderen Sachen überordnen, auch wenn diese temporär verlockend sein können (Mindset-Falle 2), wenn unser Bild stark und klar genug ist. Je schwächer die eigene Lebensvision ist, umso leichter lassen wir uns von unserem Weg abbringen und umso schwächer sind der Wille und die Selbstdisziplin.

Als kleiner Junge und vor allem als Teenager habe ich zahlreiche andere Jungs kennenlernen dürfen, die alles dafür getan haben, ihrem Traum vom Fußballprofi jeden Tag einen Schritt näher zu kommen. Bei vielen wurde das Bild jedoch zunehmend schwächer, als sie getestet wurden, wie sehr sie es möchten. Als Partys und Alkohol, also kurzzeitige Befriedigung, irgendwann verlockender wurden als das schwer zu erreichende Bild, haben immer weniger weiterhin alles dafür gegeben, ihre Lebensvision zur Realität zu machen.

Für jeden sieht die eigene Lebensvision also unterschiedlich aus. Es mag sein, dass wir uns noch nicht zu 100% sicher sind, wie unser Bild am Ende der Leiter im Detail aussieht, aber das hält uns nicht davon ab, damit zu beginnen, dem Bild einen Rahmen zu geben und bereits erste Elemente einzuzeichnen. Indem wir immer weiter an unserem Bild arbeiten und weitere Details einfügen, nimmt die Stärke der Ziehkraft zu und bewegt uns immer mehr in dessen Richtung. Wir wollen jetzt eine erste Skizze zeichnen. Ich mache dabei lediglich Vorschläge, was du in dein Bild mit aufnehmen könntest, und du entscheidest dich für die Elemente, die dich inspirieren, in Resonanz mit deiner Vorstellung von einem sinnerfüllten und geglückten Leben stehen, und dich am meisten ziehen würden. Ich werde dabei die verschiedenen Lebensbereiche abdecken und dir darüber hinaus weitere Fragen stellen.

Wichtige Randnotiz: Uns beiden dürfte klar sein, dass eine Lebensvision ohne Handeln nicht in die Realität umgesetzt werden kann. Das sechste und siebte Kapitel werden vertieft auf die Umsetzungsphase eingehen, während wir hier ausschließlich die Vision erstellen werden.

Physischer Bereich: Welche Vorstellung von deinem Körper und deiner Vitalität spornt dich zum Handeln an?

Es geht hier darum zu identifizieren, wie deine eigene Physiologie im Idealfall aussehen würde; wie dein Wohlgefühl sein soll; wie du dir dein perfektes Energielevel vorstellst; welche Standards du in diesem Lebensbereich an dich selbst stellen möchtest.

Robin Sharma macht gerne die Aussage, dass die eigene Gesundheit wie eine Krone auf unserem Kopf ist, die nur von der kranken Person wahrgenommen wird. Für mich ist hier zum Beispiel klar, dass ich eine enorme Lebensenergie verspüren möchte, dass ich mich in meiner eigenen Haut extrem wohl fühle und dass ich mich fit, ausgelastet und beweglich fühle. Demnach kann ich meine Ernährung und meine sportlichen Aktivitäten ausrichten. Ich weiß genau, wie ich mein Energielevel steigern kann und was zu tun ist, wenn ich wenig Energie verspüre. Ich kann meine tägliche Routine genau meinen Vorstellungen entsprechend ausrichten und somit meinen Standards immer mehr gerecht werden. Was ist dir hier wichtig? Willst du morgens gut ausgeruht und mit einem hohen Energielevel in den Tag starten? Wie stellst du dir deinen Körper vor? Was genau willst du in diesem Bereich erreichen?

Wenn du die für dich wichtigsten Punkte identifiziert hast und am besten in ein Notizbuch geschrieben hast, wollen wir noch einen Schritt weiter gehen. Die Frage, die jetzt wichtig ist, ist, wieso du das möchtest. Die Antwort darauf bietet dir ein erstes Puzzlestück deiner Lebensvision.

Wie stark dieses erste kleine Bild deiner größeren Vision ist, wirst du daran feststellen können, ob deine Handlungen kongruent mit dem Bild sind. Ein hohes Energielevel will schließlich fast jeder haben. Aber ob ich meinen wöchentlichen Fitness- und Ernährungsplan durchziehe oder doch lieber vor dem Fernseher sitze und eine Cola trinke, zeigt mir, wie sehr ich es wirklich möchte.

Beruflicher Bereich: wie sieht deine ideale berufliche Laufbahn aus?

Wenn du dich montagmorgens aus dem Bett quälst, weil das Wochenende leider schon wieder viel zu schnell vergangen ist, dann bist du wahrscheinlich nicht hin und weg von deinem Beruf oder deiner Tätigkeit. Vielen Menschen geht es entsprechend. Es ist schließlich kein Zufall, dass die meisten Herzinfarkte (abgesehen von Weihnachten) an einem Montagvormittag passieren. Gleichzeitig setzt jedoch auch eine große Menge an Menschen die berufliche Karriere mit ihrer Lebensvision gleich. Der Fortschrittsgedanke und die Leistungsgesellschaft von heute verleiten einige Menschen dazu, sich mit dem, was sie tun, zu identifizieren und dies allem überzuordnen. Ich will nicht sagen, dass das zwangsläufig falsch oder richtig ist, sondern lediglich einen Gedankenanstoß geben, die eigene Lebensvision etwas breiter zu denken. Schließlich steht auch hinter jedem beruflichen Aufstieg noch ein sehr großes Wozu.

In diesem Bereich ist es ebenfalls wichtig zu fragen, wie viel bzw. wann du denn arbeiten möchtest; wo du arbeiten möchtest; wie du arbeiten möchtest; mit wem du arbeiten möchtest. Sicherlich ist das Leben kein absolutes Wunschkonzert, indem jeder genau das bekommt, was er will. Mir muss allerdings erst einmal klar sein, was ich denn überhaupt ganz genau möchte, bevor ich es von vornherein abschreibe. Und wenn du sagst, du würdest am liebsten nur eine Stunde am Tag oder gar nicht arbeiten, wäre es spannend herauszufinden, wie du sonst deine Zeit verbringen würdest. Möglicherweise liegt dort deine ideale berufliche Laufbahn. Timothy Ferriss erinnert uns in seinem Buch Die 4-Stunden-Woche sehr schön daran, dass wir nicht nur leben, um zu arbeiten, sondern der eigene Lifestyle auch eine Rolle spielt.

Also, etwas provokativ gefragt: Was müsstest du beruflich tun, dass du dich nicht nach deinem nächsten Urlaub sehnst? Und welche Arbeit würde dich am meisten erfüllen? Was willst du in deiner beruflichen Laufbahn erreichen? Wie genau stellst du dir diesen Bereich im Optimalfall vor?

Sobald du dir hierzu erneut einige Antworten und Gedanken notiert hast, wollen wir wieder eine Ebene tiefer gehen und fragen: Wieso willst du genau das? Was ist daran wichtig für dich?

Finanzieller/materieller Bereich: Welchen Wohlstand und Besitz willst du in deinem Leben generieren?

Der Großteil der Menschen will finanziell frei sein und sich keine Sorgen über das Thema Geld machen müssen. Das Problem dabei ist, dass das unfassbar vage und wenig aussagekräftig ist. Es fehlt die Klarheit und die Festlegung der eigenen Standards. Napoleon Hill spricht in seinem mehr als empfehlenswerten Buch Denke nach und werde reich genau darüber. Es ist wichtig, dass wir eine exakte Vorstellung davon haben was, wie viel, was wir dafür tun werden und wieso wir das haben möchten, bevor wir es auch nur annähernd erreichen können. Finanziell frei zu sein allein ist kein greifbares Bild.

Die Themen Geld und materieller Wohlstand haben häufig eine negative Konnotation. Gerade in Deutschland ist es auch eher ein Tabuthema in Gesprächen. Die Mangelerscheinung hier treibt uns jedoch immer wieder dazu, sie füllen zu wollen. Einige Menschen geben in Bezug auf diesen Bereich vor, über den Dingen zu stehen und glauben, es gebe wichtigere Dinge im Leben, was ich nicht beurteilen möchte. Aber tatsächlich ist Geld in den meisten Fällen eher ein Mittel zum Zweck als der Zweck selbst. Gleichzeitig ist es aber auch ein Gut, das uns auf dem Weg zur Umsetzung der eigenen Lebensvision eine enorme Stütze sein kann. Über die vielen Vorteile von finanziellen Mitteln will ich hier gar nicht sprechen. Solange wir jedoch den Glauben teilen, dass Geld die Wurzel allen Übels sei, wird es schwierig, jemals finanzielle Unabhängigkeit zu erlangen.

Wie sehen deine rein materiellen Vorstellungen aus? Wie viel Geld willst du genau verdienen? Welche materiellen Güter willst du besitzen? Welche Faktoren in diesem Bereich spornen dich an?

Wenn du diese Antworten für dich klar beantworten konntest, wollen wir erneut nach dem Warum fragen. Wozu willst du das? Was erhoffst du dir dadurch? Die Antworten auf diese Fragen geben dir meistens die besten Indizien über deine Lebensvision und darüber, was dich wirklich antreibt.

Zwischenmenschlicher Bereich: Wie stellst du dir deine familiären, freundschaftlichen und generellen Beziehungen vor? Wie stellst du dir dein ideales Netzwerk vor?

Auf die Frage, was man tun würde, wenn man wüsste, dass man nur noch 24 Stunden zu leben hat, haben die Teilnehmer einer Studie einstimmig geantwortet. Sie würden den Menschen, die ihnen am wichtigsten sind, danken und ihnen sagen, dass sie sie lieben.

Der Bezug zu und der Austausch mit unseren Mitmenschen ist eine Sache, die uns alle miteinander verbindet. Wir wollen wissen, dass unsere Existenz für unsere Mitmenschen einen Unterschied gemacht hat. Wir wollen im Leben anderer Personen eine Rolle gespielt haben. Aus diesem Grund ist es für den absoluten Großteil der Menschen auch entscheidend, dass ihr Handeln und ihre Tätigkeit über die eigene Person hinausgehen und dass ihr Streben von Wert für ihre Mitmenschen ist.

Im Hinblick auf deine Lebensvision ist deshalb die Frage wichtig, welche Rolle du im Leben anderer Menschen spielen willst. Welchen Einfluss willst du auf deine Mitmenschen haben, für den es sich zu leben lohnt? Wie soll dein persönliches Netzwerk aussehen? Und wie stellst du dir optimale Beziehungen jeglicher Art vor? Häufig ist die eigene Lebensvision dann am stärksten, wenn sie im Zusammenhang mit einer großen Anzahl von Menschen steht; wenn du das Gefühl hast, du tust nicht nur dir etwas Gutes, sondern deiner ganzen Bevölkerung.

Diese Fragen brauchen ohne Zweifel Zeit zum Reflektieren und Hinterfragen. Schließlich geht es hier darum, was du der Menschheit geben möchtest, sodass du das Gefühl hast, einen Beitrag geleistet zu haben, der wertvoll war. Wenn du darüber Klarheit für dich selbst geschaffen hast, wollen wir noch eine Ebene tiefer gehen und erneut fragen, was dein Motiv dafür ist. Wieso du das willst? Für einige Menschen liegt hier ein großes Puzzlestück der eigenen Lebensvision.

Mentaler Bereich: Wie sieht deine mentale Stärke im Idealfall aus?
Wie stellst du dir dein optimalen Intellekt vor?

Dieser Bereich bedarf etwas Erläuterung, sodass er etwas greifbarer wird. Wir Menschen wurden alle mit der Gabe gesegnet denken, reflektieren und evaluieren zu können. Denken ist allerdings nicht gleich denken. Wir können unseren Geist ähnlich füttern und trainieren, wie wir es mit unserem Körper tun, bis auf dass die Ergebnisse hierbei nicht sichtbar, sondern spürbar sind. Wir können unser Denken bewusst steuern und kontrollieren oder einfach auf Autopilot stellen und allen Gedanken freien Einlass gewähren. Wir haben die Wahl darüber zu entscheiden, welche Qualität von Informationen wir unserem Geist bieten möchten und wie wir ihn dabei unterstützen, seiner unbegreiflichen Schönheit gerecht zu werden. Die neurologischen Forschungserkenntnisse der letzten zwei Jahrzehnte waren augenöffnend und revolutionär. Sie haben gezeigt, dass wir nicht mit einem starren Gehirn geboren werden und diesem nicht ein Leben lang ausgeliefert sind. Unser Gehirn, und damit auch unser Denkvermögen, ist vielmehr plastisch und reagiert auf äußere Umstände, Einflüsse und Aktivitäten. Mentale Stärke ist somit wie eine Tugend erlernbar. Der eigene Intellekt kann von dir geformt werden.

Für mich persönlich hat dieser Bereich eine enorme Ziehkraft und spielt eine wichtige Rolle in meiner Lebensvision. Die Klarheit meiner Gedanken und das Begreifen von sämtlichen Zusammenhängen im Bezug auf mein Leben und mein Umfeld ist mir sehr wichtig. Vor allem interdisziplinäre Zusammenhänge erkennen zu können und das Denken großer Philosophen so gut wie möglich zu verstehen gibt mir immer wieder neue Kraft und einen Antrieb, aktiv zu sein. Für dich kann dieser Bereich eine ganz andere Bedeutung haben. Das hängt sehr stark von deinen intrinsischen Prioritäten ab.

Da diesem Bereich im Alltag meist wenig Aufmerksamkeit geschenkt wird, weil unser Denken häufig, ähnlich wie das Atmen, als Selbstverständlichkeit betrachtet wird, kann es sein, dass die Fragen nicht ganz einfach zu beantworten sind.

Meditation und andere Ansätze, den eigenen Geist bewusster kontrollieren zu können, werden jedoch immer populärer. Der eigene Fokus sowie die Konzentration spielen dabei eine entscheidende Rolle. Was ist es in diesem Bereich, das dich ergreift und dir besonders wichtig ist? Wie stellst du dir deine mentale Stärke und dein Denken vor, so dass es dich antreibt, dorthin zu kommen?

Es ist gut möglich, dass dir hier die Frage nach dem Warum mehr Klarheit verschafft. Wenn du dich fragst, wieso du zum Beispiel bestimmte Dinge wissen willst oder wieso dir ein messerscharfer Fokus wichtig ist, wird dir der Zusammenhang mit deiner Lebensvision klarer und ein weiteres Bild offenbart.

Spiritueller Bereich: Welcher Glaube oder welche Art von Verbindung mit einer höheren Wesen/Intelligenz/Struktur (wie du es am liebsten nennst) beflügelt dich und gibt dir Kraft?

In den USA glauben 97% der Menschen an irgendeine Form höherer Intelligenz und ein weiteres Existieren unseres Wesens nach dem Tod. In Deutschland gibt es dazu mehrere Studien. Durchschnittlich sind es hier zumindest auch drei Viertel der Bevölkerung, die vergleichbare Überzeugungen haben. Der Begriff der Spiritualität ist ähnlich wie der des guten Lebens – er bedeutet für jeden etwas anderes. Der eigene Glaube und das Gefühl der Verbundenheit mit einem höheren Wesen sind für sehr viele Menschen eine Quelle des Muts und der Kraft.

Es geht hier darum, deinen eigenen Ansatz, der dich zieht und dir Kraft gibt, in deine Lebensvision zu integrieren. Wie sieht dabei dein Gedankengut über den Bezug mit einer höheren Macht aus? Wie stellst du dir diesen Bereich vor oder welche Rolle spielt er für dich in deinem Leben? Und was strebst du in diesem Bereich an?

Auch hier wollen wir das Wozu ermitteln, um einen potenziellen weiteren Teil deiner gesamten Vision zu finden. Sobald du dir also über die Bedeutung dieses Bereiches für dich im Klaren bist, kannst du dich fragen, wozu dir das dient und was du dir dadurch erhoffst.

Persönlicher Wachstums-Bereich: wie sieht die Entwicklung und Entfaltung deiner eigenen Person aus, die dich am meisten antreibt?

Die eigene Selbstverwirklichung und das stetige Streben nach Wachstum sind weiterePunkte, die uns alle verbinden, ebenso wie das Zwischenmenschliche. Niemand steht morgens auf mit dem Gedanken zu schrumpfen und einen Rückschritt zu machen. In diesem letzten Lebensbereich wollen wir das Augenmerk ganz explizit auf uns als Person legen; unsere Fähigkeiten, Stärken, Schwächen, Bedürfnisse und Ambitionen. Wie stellst du dich selbst in selbstverwirklichter Form vor? Welche Kriterien und Gesichtspunkte müssen dabei erfüllt werden? Welche Erwartungen hast du auch an dich selbst? Wie willst du dich weiterentwickeln, dass du selbst ausgezeichnet damit leben kannst?

Bei den Antworten auf diese Fragen haben wir auch ein Wozu als Handlungs- und Anstrebens-Motiv. Wenn es uns äußerst wichtig ist, an unserem persönlichen Wachstum zu arbeiten und uns selbst zu verwirklichen, dann gibt es dafür einen bestimmten Grund. Und diesen Grund zu finden hilft uns dabei, ein weiteres Bild für deine gesamte Vision aufzuspüren.

Bevor wir jetzt damit beginnen, die diversen kleinen Bilder zu einer gesamten Vision zusammenzuführen, wollen wir noch einen Zwischenschritt machen und uns weitere Ansätze vor Augen führen, die dabei helfen, die Lebensvision noch weiter zu gestalten und zu verdeutlichen.

In Bezug auf den Gesamtansatz der Selbstführung wollen wir folgenden Gedanken festhalten: Selbstführung heißt auch zu wissen, wie genau die eigene Lebensvision aussieht, und dieser Vision nachzugehen. Denn dadurch, dass wir uns selbst kennen und genau wissen, was wir wollen und wieso wir es wollen, geben wir durch unser Vorbild anderen Menschen die Chance daran zu glauben, dass sie eine ähnliche Klarheit über das eigene Leben erlangen können.

Weitere Techniken, sich der Lebensvision klarer zu werden

Ich hatte bereits erwähnt, dass die eigene Lebensvision idealerweise das Motivierendste und der stärkste Antrieb im Leben ist. Dies trifft jedoch nur zu, wenn wir uns auch sehr klar über sie sind und sie für uns greifbar ist. Um dort hinzukommen, wollen wir noch ein paar wenige weitere Methoden in Betracht ziehen, die uns bei der Verdeutlichung helfen sollen.

Ein etwas umstrittener, für mich jedoch sehr sinnvoller, Ansatz ist es, das Feld von hinten aufzurollen und von dem Endpunkt auszugehen. Indem wir uns das eigene Lebensende vor Augen führen und uns fragen, was wir denn gerne am Ende über uns und unser Leben gesagt wissen wollen, können wir anfangen, genau darauf hinzuarbeiten. Die Wenigsten wollen als Griesgram oder die Person, die immer kurz davor stand, ihren Traum zu leben, aber es nie umgesetzt hat, in Erinnerung gehalten werden. Marc Aurel meinte: „Wie du am Ende deines Lebens wünschest gelebt zu haben, so kannst du jetzt schon leben." Wir können dies allerdings nur dann tun, wenn wir genau wissen, wie wir am

Ende unseres Lebens uns wünschen gelebt zu haben. Es sind hier also zwei Fragen entscheidend: Was genau willst du am Ende deines Lebens über dich gesagt wissen? Und anschließend die Frage: Wieso ist dir das wichtig? Die Antwort auf die zweite Frage dürfte dir weitere Klarheit über deine Vision bringen.

Hand in Hand mit dieser Technik geht die nächste Frage. Dabei wollen wir erneut den Blick auf das Ende unserer Existenz in diesem Körper richten. Die meisten Menschen wollen am Ende ihres Leben sagen können sie haben wirklich in vollen Zügen gelebt und zum vollen Ausmaß genutzt, was ihnen gegeben war. Was muss also geschehen sein, dass du von deinem Leben sagen würdest, es war vollkommen gelungen? Versuche weiterhin, die Antworten auf die Fragen so präzise wie möglich zu gestalten. Wieso ist dir genau das, was du dazu notiert hast, wichtig?

Wir wollen uns noch mit einer weiteren Frage auseinandersetzen. Dabei geht es darum, was du der Menschheit hinterlassen möchtest. Unser Trieb nach Unsterblichkeit nimmt die verschiedensten Formen an. Einige von uns wollen, dass unsere Kinder länger leben als wir selbst, sodass unsere Gene weiter existieren. Andere wollen durch ihre Kunst oder Fähigkeiten der Welt in Erinnerung bleiben. Auch hier variieren die Formen enorm. Jiro Ono wird die Welt als einer der größten Sushi-Meister verlassen, während Beethoven uns heute noch durch seine Musik präsent ist und die Werke und Gedanken Platons in unserem Bücherregal und unseren eigenen Köpfen lebendig gehalten werden.

Welches Geschenk willst du der Welt schlichtweg nicht vorenthalten? Welchen Einfluss willst du der Menschheit hinterlassen? Und auch auf die Antworten dieser Fragen wollen wir noch vertieft eingehen und uns ein weiteres Mal fragen, wieso genau das für dich wichtig ist.

Die Bilder zu einer Vision zusammenführen

Erst jetzt wollen wir damit beginnen, die Puzzlestücke zusammenzuführen. Wir haben unsere eigenen Standards hinterfragt und neu identifiziert. Wir haben einen umfassenden Blick auf die verschiedenen Lebensbereiche geworfen, sodass wir möglichst viele Teile und Details unserer Vision aufspüren konnten. Wir haben auf die eigene Physiologie und Energie, die berufliche Karriere, den Lifestyle, die Lebensqualität, die Finanzen und materiellen Güter, unsere Beziehungen und zwischenmenschlichen Bezüge, unseren Geist, die mentale Stärke und den Intellekt, das eigene Verständnis der Spiritualität und Verbundenheit mit einem höheren Wesen sowie die eigene Selbstverwirklichung und das persönliche Wachstum einen Blick geworfen und uns kritische Fragen gestellt. Wir haben anschließend die Perspektive gewechselt und vom Ende der körperlichen Existenz her gefragt, welchen Eindruck und welchen Einfluss wir hinterlassen wollen; welche Bereicherung und was wir der Menschheit von uns geben wollen. Dabei wirst du festgestellt haben, dass dir auch hier manche Bereiche wichtiger waren als andere und erneut beiläufig eine Art hierarchische Ordnung entstanden ist. Wir sind aber jeweils noch eine Ebene tiefer gegangen und haben nach den verdeckten Ursachen unseres Strebens und Handelns gefragt. Im Idealfall ist dabei ein roter Faden entstanden, der dir Erkenntnisse darüber offenbart hat, was du tatsächlich am allermeisten aus diesem Leben herauskitzeln möchtest, ohne nach dem weiteren Wozu zu fragen. Wir haben hier nach der Sache gefragt, die für dich erstrebenswert ist und nicht als Mittel zum Zweck dient. Wir haben versucht das zu finden, was dich im Leben wirklich zieht und bewusst sowie unbewusst anspornt. Wir haben nach dem größten intrinsischen Warum gefragt, das uns möglich war. Dieses Warum aus den Augen zu verlieren ist schneller passiert als gedacht. Nietzsche hat das ganz richtig, wenn auch etwas harsch, ausgedrückt, indem er anmerkte, dass es die weitläufigste Form der Dummheit sei, den eigenen Zweck (hier: Lebensvision) zu vergessen. Durch unseren alltäglichen Leistungsdruck und die erdrückende Menge an Informationen verlieren wir schnell das Wesentliche aus den Augen. Wir vernebeln unsere eigene Sicht für das, was wir wollen, und das, wofür wir stehen möchten. Wir schalten auf Autopilot und nehmen nicht bewusst Eingriff in unser eigenes wunderbares Gedankengut.

Bei der Verschmelzung der verschiedenen Bilder zu einem holistischen Konstrukt können wir uns das Konzept wie eine Pyramide vorstellen. Sie hat verschiedene Ebenen, gehört aber dennoch zusammen. Die Pyramide dient dir dazu, einen Gesamtüberblick zu erhalten, während die einzelnen Details weiterer Ausarbeitung bedürfen. Eine Pyramide der Lebensvision könnte beispielsweise folgendermaßen aussehen:

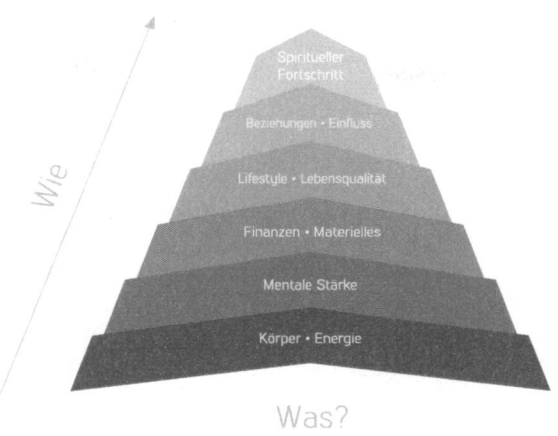

Warum?

Wie

Spiritueller Fortschritt

Beziehungen • Einfluss

Lifestyle • Lebensqualität

Finanzen • Materielles

Mentale Stärke

Körper • Energie

Was?

Das Was wird dabei in die verschiedenen Ebenen notiert. Auf das Wie werden wir noch zu sprechen kommen. Und das Warum wird umso stärker, je weiter wir bei der Pyramide nach oben gelangen. Die verschiedenen Ebenen dienen also dazu, dass wir auf einen Blick eine Staffelung in unserer Lebensvision erkennen können. Ich habe exemplarisch in der Beispielpyramide das Physische und die eigene Energie ganz unten platziert, weil sie für mich die Basis dafür bildet, dass ich die weiteren Ebenen überhaupt zu dem Ausmaß erfüllen und umsetzen kann, wie ich es möchte. Dass ich mich fit und gut in meinem Körper fühle, bildet für mich die Grundlage für den weiteren Prozess. Anschließend geht es mir darum, einen messerscharfen Fokus zu haben und Klarheit in meinem Denken zu besitzen, ebenfalls sodass ich auf meiner Pyramide weiter nach oben klettern kann. Die einzelnen Bereiche bedeuten mir zwar noch einiges mehr, aber die Pyramide hilft mir, eine Einordnung zu schaffen. Sie trägt mich Tag für Tag, weil sie mir zeigt, wo es hingehen soll, welche Schritte dabei wichtig sind und auch, wofür ich es mache. Das mag auf den ersten Blick etwas simpel, wenn nicht gar oberflächlich für ein solches Thema klingen. Wir dürfen uns hier jedoch nicht täuschen lassen. Denn wenn du deine eigene Pyramide erstellst, wirst du die Kraft der scheinbaren Simplizität spüren. Wenn du beispielsweise Lifestyle/ Lebensqualität in die vierte Ebene schreibst, dann hast du eine klare Vorstellung davon, was du damit meinst und auch wieso es dir wichtig ist. Du hast hier also die Möglichkeit, deine vielen Bilder in einem Konstrukt zusammenzuführen, das sich immer weiter zuspitzt. Und ganz oben findest du dabei dein Warum an sich, für das es keines weiteren Wozu bedarf.

Wie sieht also deine Pyramide aus?

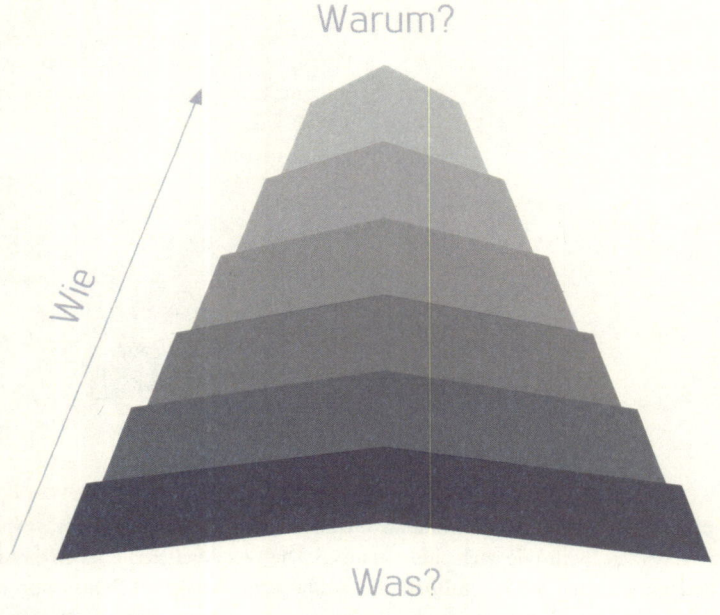

Die Frage, die jetzt noch wichtig ist, lautet: „Fehlt da noch was?" Gibt es noch einen Grund, wieso du nicht alles für diese Vision geben würdest? Falls sie dir noch zu weit weg und zu irreal erscheint, was ein großes Motiv für Unentschlossenheit und Inaktivität ist, dann sei gewiss, dass dir diese Unsicherheit in den weiteren Kapiteln genommen wird. Wenn dir sonst noch etwas fehlt, aber du noch nicht sicher bist, was es genau ist, dann frage dich weiterhin, was es sein kann. Indem du die Frage stellen konntest, wird dein Verstand unbewusst nach der Antwort suchen und dir dabei helfen, sie zu finden. Entscheidend an dieser Stelle ist, dass du die Ebenen festlegen kannst, und dass du für jede Ebene eine möglichst klare Vorstellung hast, was sie genau für dich bedeutet. Weiterhin daran feilen, sowie noch mehr Ebenen und Details einfügen, kannst du immer. Schließlich kann es auch hier sein, dass gerade in den unteren Ebenen Veränderungen und hierarchische Perspektivenwechsel geschehen. Je klarer dein Warum an der Spitze jedoch ist, umso größer ist dein innerer Trieb die Pyramide zu erklimmen.

Objektive Sinnhaftigkeit einer Lebensvision – gibt es das?

Ähnlich wie mit den Prioritätensystemen gibt es weder richtig noch falsch in Bezug auf die eigene Lebensvision. Wenn wir andere Lebensvisionen als geringfügig betrachten, projizieren wir lediglich unsere eigenen Maßstäbe auf eine andere Person anstatt sie und ihre Ambitionen wertzuschätzen. Gibt es dennoch Faktoren einer Lebensvision, die ihr mehr Sinn und Bedeutung geben? Oder gibt es sogar das Warum schlechthin, durch das wir alle verbunden werden und das wir alle anstreben?

In dem Aufsatz *Glück und Sinn: Zwei Aspekte des guten Lebens* von der US-amerikanischen Philosophin Susan Wolf sagt diese: „Sinn entsteht, wenn subjektive Anziehung mit objektiver Attraktivität zusammentrifft." Sie führt weiter aus, dass „eine Tätigkeit nur dann sinnvoll [ist], wenn man sich mit ihr beschäftigen kann, wenn man von ihr angezogen wird und wenn man sie oder einen Gegenstand, der mit ihr verbunden ist, liebt." Zu den Aspekten, die ich intrinsische Prioritäten genannt habe, meint sie: „Ein Mensch beschäftigt sich aktiv mit einer Sache, wenn er von ihr ergriffen ist, wenn sie ihn begeistert und berührt. Ganz offensichtlich beschäftigen wir uns aktiv mit denjenigen Dingen und Menschen, für die wir eine Leidenschaft entwickelt haben." Und zu den Aspekten, die in unserem Prioritätensystem ganz unten stehen, sagt sie: „Das Gegenteil einer aktiven Beschäftigung ist Langeweile und Entfremdung."

Diese Gedanken von Susan Wolf müssen wir an manchen Stellen hinterfragen, vor allem, was denn mit objektiver Attraktivität gemeint sein soll. Sie trifft allerdings einen entscheidenden Punkt, der sich auch in dem Werk *Die Kunst sich selbst auszuhalten* von Prof. Michael Bordt wiederfinden lässt, und zwar: „Wer etwas tut, das seinen eigenen Fähigkeiten oder Talenten entspricht und das für andere Menschen von Bedeutung ist, der findet Freude und Erfüllung in dem, was er tut. Eine sinnvolle Tätigkeit gehört zu einem erfüllten Leben dazu wie die Luft zum Atmen."

Es geht also beiden darum, dass das, was ich Lebensvision nenne, eine Bedeutung im Leben anderer Menschen hat und über uns als Einzelnen hinausgeht. Dieser Gedanke deckt sich zumindest schon einmal sehr stark mit dem zwischenmenschlichen Bereich und unserem Bedürfnis, eine Rolle im Leben unserer Mitmenschen gespielt zu haben. Bei der Frage nach der objektiven Attraktivität musste sich Susan Wolf jedoch selbst eingestehen, dass ein Maßstab dafür sehr schwer zu finden ist. Schließlich filtern wir alle dann doch unsere Realität durch die eigenen Erfahrungen und die eigene Wahrnehmung. Ein weiteres Kriterium für Sinnhaftigkeit, neben der Bedeutung der eigenen Lebensvision für die Mitmenschen, das auch im Zitat von Prof. Bordt deutlich wird, ist die Kongruenz der Lebensvision mit den eigenen intrinsischen Prioritäten (bei ihm Tätigkeit und Fähigkeit/Talent). Dieser Aspekt scheint besonders für das eigene Gefühl der Erfüllung und der inneren Einheit wichtig zu sein.

Ob es eine tatsächliche objektive Sinnhaftigkeit der Lebensvision an sich gibt, bleibt dennoch sehr fragwürdig. Wir können zwar gewisse Kriterien dafür diskutieren, aber einen umfassenden und greifbaren Ansatz finden zu wollen ist, ähnlich wie die Frage nach dem Sinn, objektiv beantworten zu wollen.

Ist meine Lebensvision starr oder ebenfalls flexibel zu denken?

In diesem Aspekt ähneln sich Lebensvision und Prioritätensysteme gewissermaßen. Auch die Lebensvision ist stellenweise flexibel zu denken. Allerdings ist es hier so, dass die Flexibilität weiter abnimmt, umso höher wir uns in der Pyramide bewegen. Sicherlich können sich auch die oberen Ebenen etwas verändern, aber dies ist häufig mit Identitätskrisen und großer Selbsthinterfragung verbunden. Denn unbewusst identifizieren wir uns sehr stark mit unserer Lebensvision sowie unserem Prioritätensystem, was auch in unseren Sprachmustern zu erkennen ist.

Die Lebensvision ändert sich für viele mit dem Alter, aber auch durch den gesellschaftlichen Einfluss. Faktoren wie Familie und andere Verantwortlichkeiten spielen ebenfalls eine Rolle, was einen möglichen Wandel der Lebensvision betrifft. Die Kunst sich über einen langfristigen Zeitraum dieselbe Lebensvision vor Augen zu halten und täglich von ihr inspiriert zu sein ist zwar sehr rar, trägt aber die meisten Früchte. Mit konstanter Beharrlichkeit, Überzeugung und Hingabe der eigenen Vision nachzugehen, abgesehen von äußeren Umständen, ist ein Merkmal großer Seelen. Gleichzeitig ist es aber auch eine Kunst sich einzugestehen, dass es Zeit ist, die eigene Vision zu ändern oder anzupassen, wenn sie mit neu gewonnenen Erkenntnissen nicht mehr vereinbar ist oder zu stark durch äußeren Einfluss befallen wurde.

Die eigene Lebensvision als starr zu denken, hätte insofern schwerwiegende Folgen, da dies extrem einengende Auswirkungen auf das eigene Denken hätte sowie keinen Raum für Veränderungen und Anpassungen bieten würde. Darüber hinaus würde dies einen beachtlichen Grad von Handlungs- und Entscheidungsfreiheit unmöglich machen, weil beide Faktoren auf eine feste Vision ausgerichtet wären, die sich nicht ändern ließe.

Das Zusammenspiel des eigenen Prioritätensystems und der eigenen Lebensvision ist ein absoluter Schlüsselpunkt in dem bisher erarbeiteten Konstrukt. Hierin liegt die Wurzel für sämtliche negativen Gefühle: Verwirrung, Unzufriedenheit, Frustration, innere Konflikte bis hin zur Depression. Der Grund dafür ist, dass sehr häufig eine große Diskrepanz zwischen den beiden Aspekten vorliegt, die wir aber so nicht wahrnehmen. Der Traum vom Millionär-Dasein funktioniert einfach nicht, wenn der Finanzbereich nicht in irgendeiner Form im oberen Bereich des Prioritätensystems angesiedelt ist. Der durchtrainierte und gesunde Körper winkt uns nicht durch Shoppen, schlechte Ernährung und Fernsehen im Spiegel entgegen. Der klare Fokus, die mentale Stärke und der eindrucksvolle Intellekt bilden sich nicht durch das Lesen der Bild-Zeitung. Der gewünschte Lifestyle wird nicht eintreten, wenn wir nicht einen Wert für andere Menschen schaffen, der uns die Vergütung einbringt, durch welche wir uns den Lifestyle leisten können. Der Punkt hier ist einfach: Wenn keine Kongruenz zwischen unserem Prioritätensystem und unserer Lebensvision besteht, dann kommen wir nicht dorthin, wo wir hin möchten und fühlen uns dementsprechend unzufrieden, ohne wirklich zu wissen, was die Ursache ist.

Es geht mir hier keineswegs darum, gewisse Dinge schlecht zu machen, denn dadurch würde ich mir nur selbst widersprechen, sondern vielmehr ist es mir ein Anliegen zu verdeutlichen, dass, wenn wir gewisse Ansprüche im Leben stellen wollen und unsere Lebensvision zunehmend zur Realität machen möchten, dies sicherlich nicht nur aus Zuckerschlecken bestehen wird. Wie ich Randy Pausch bereits zitiert habe, wird es Widerstände und Rückschläge geben, die uns aber nicht aufhalten wollen, sondern testen, wie sehr wir eine Sache wirklich möchten. Um den höchsten Gipfel zu erklimmen, werden wir einige Hindernisse überwinden müssen. Doch an jeder Hürde wachsen wir und werden wir unvermeidlich widerstandsfähiger.

Ein passender Vergleich hierzu ist ein Boxer. Er geht nicht in den Kampf, weil er gerne Schläge einsteckt und Schmerzen verspürt, sondern weil ihn das Bild vom Sieg vor Augen antreibt. Er nimmt den Schmerz jedoch für den Gewinn in Kauf. Das Problem für viele von uns ist, dass wir stärker dadurch motiviert werden, Schmerz zu vermeiden als Gewinn und Fortschritt zu erlangen. Wir bleiben in unserer Komfortzone, weil wir uns dort wohl und sicher fühlen. Wir fürchten, angegriffen zu werden und schwach und verwundbar zu wirken und lassen uns deswegen davon zurückhalten, in Richtung unserer Lebensvision zu marschieren. Wie wir aber noch sehen werden, ist es nie der Mangel an

Fähigkeiten oder der Mittel, der uns im Weg steht, sondern der Mangel an innerer Motivation. Und genau deswegen ist es so entscheidend, dass die Ziehkraft unserer Lebensvision stärker ist als die Gravitationskraft unseres Umfeldes und des inneren Schweinehundes.

Es bedarf einer Menge an Ehrlichkeit sich selbst gegenüber, um sich eingestehen zu können, dass das momentane Prioritätensystem und die davon ausgehenden Handlungen nicht zur Umsetzung der Lebensvision führen werden. Der Lebensvision sind zwar keine Grenzen gesetzt, außer durch das eigene Denken (und ich würde auch jedem empfehlen, nicht zu tiefzustapeln und die Lebensvision gewagt auszurichten), jedoch schießen wir uns ins eigene Knie, wenn wir der Illusion verfallen, dass wir die Lebensvision nur durch positives Denken und ein abweichendes Prioritätensystem erreichen.

Um eine gelungene Kongruenz zwischen den beiden diskutierten Konstrukten zu schaffen, habe ich das siebte Kapitel für dich erstellt.

Was hier also wichtig ist, ist, dass wir keine unrealistischen Erwartungen und Vorstellungen unserer Lebensvision gegenüber hegen. Damit meine ich, dass wir nicht erwarten können, dass andere Personen ihrem eigenen Prioritätensystem untreu werden, so dass wir unsere Lebensvision zunehmend umsetzen können. Genauso wenig können wir das von uns selbst erwarten. Wir sind unseren eigenen intrinsischen Prioritäten treuer als allem anderen und deswegen ist auch eine Diskrepanz zur Lebensvision fatal. Unsere Lebensvision liegt zwar in der Zukunft und unsere momentane Realität sieht höchstwahrscheinlich etwas anders aus, jedoch dürfen wir weder unter dem Vergleich der beiden Gesichtspunkte zerbrechen noch den Glauben verlieren, dass wir durch einen systematischen Brückenbau dorthin kommen werden. Dazu ist es notwendig, dass wir die Brücke mehr wollen, als in der eigenen Komfortzone und Welt der unbegrenzten Ausreden zu bleiben.

Die Frage an dich also: Ist dein temporäres Prioritätensystem auf deine Lebensvision ausgerichtet?

Was ist, wenn ich meine Lebensvision erreicht habe?

Bei einer Abendgala nach einer Konferenz hat mich ein Kursteilnehmer einmal gefragt, wo ich im Leben hin möchte. Nach meiner ausführlichen Schilderung hat er mich gefragt, was ich mache, wenn ich das erreicht habe, worauf ich weniger vorbereitet war. Eine ausgezeichnete Frage, habe ich mir damals gedacht – und das denke ich heute immer noch. Ich habe lange darüber reflektiert, viel gelesen und mir interessante Sichtweisen anderer Menschen eingeholt. Und schließlich bin ich über folgendes Zitat von Robert Browning gestolpert, das ich hier gerne auch im Original aufführen möchte: „A man´s reach should exceed his grasp." – „Das, was jemand anstrebt, sollte außerhalb seiner Reichweite liegen." Das hat den Nagel für mich auf den Kopf getroffen und ich möchte erläutern, warum.

Nachdem wir ein größeres Projekt fertiggestellt haben, kommt nach dem Gefühl der Freude und Erleichterung anschließend das Gefühl der Leere, wenn wir nicht etwas Neues haben, auf das wir hinarbeiten können. Wenn wir das Warum in unserem Leben im vollen Ausmaß erreicht haben, dann haben wir keinen Lebenstrieb mehr, der uns das Gefühl von Sinn vermittelt. Wir haben kein Motiv für unser Handeln und unser Dasein mehr. Viele Menschen, die in den Ruhestand gehen, ohne eine erfüllende Tätigkeit nach der Arbeitswelt zu haben, leben kein Jahrzehnt mehr, weil sie kein Warum haben. Wir brauchen etwas, das wir anstreben können, um zu leben. Und deswegen finde ich die Aussage von Robert Browning so treffend, was mich dazu bewegt hat, meine Lebensvision so zu gestalten, dass ich ihr zwar immer näher kommen kann, sie allerdings wie eine Asymptote fungiert.

Etwas plastischer auf die eigene Lebensvision bezogen bedeutet das Folgendes: Wenn es für uns zur Selbstverwirklichung gehört, dass wir vier Fremdsprachen beherrschen, dann können wir diese Meilensteine alle erreichen. Wenn wir im materiellen Bereich mehrere Immobilien und Autos besitzen wollen, so können wir auch dies erreichen. Und wenn unser Lifestyle es vorsieht, nur drei Stunden täglich arbeiten zu müssen und den Rest des Tages mit etwaigen intrinsichen Prioritäten zu verbringen, dann ist auch das machbar. Je höher wir jedoch in unserer Pyramide klettern, umso mehr sollte die Aussage von Browning greifen. Die Spitze der Pyramide liegt im Idealfall mit uns im Sterbebett. Der schmale Grad hier besteht darin, sich von der absoluten Spitze der Pyramide immer weiter anspornen und ziehen zu lassen, anstatt an ihrer schieren Unerreichbarkeit zu verzagen.

Abschließende Worte

Es besteht kein Zweifel, dass die eigene Lebensvision ein heikles Thema darstellt. Es ist mir ein Anliegen, hier noch einmal hervorzuheben, dass ich mich keineswegs mit der Aussage hinstellen möchte, deine Lebensvision finden zu können. Das ist ein Prozess, den wir alle mit uns selbst vereinbaren (müssen). Ab und zu ist es jedoch hilfreich, eine gewisse Leitplanke zu haben, die einem als Stütze dient. Durch gezieltes Fragestellen und neues Gedankengut ist es eine

Herzensangelegenheit für mich, dir, sofern du das überhaupt möchtest, als Leitplanke zu dienen. Es ist nicht mein Anspruch, dir die Antworten liefern zu können, die du in dir trägst.

Kapitel-Highlights:

- Die Ziehkraft der eigenen Lebensvision ist stärker als jeder Widerstand, Rückschlag und gesellschaftlicher Einfluss.

- Das Pyramiden-Konzept: Unsere gesamte Lebensvision lässt sich wie eine Pyramide denken. Durch gezieltes Fragestellen und Reflektieren erkennen wir die verschiedenen Ebenen.

- An der Lebensvision kann immer weiter gefeilt werden. Jedes Detail, das wir bei der Planung außer Acht lassen, kann zu einem späteren Hindernis werden.

- Je klarer wir uns der eigenen Lebensvision sind, umso besser können wir sie in die Realität umsetzen.

- Ebenso wie die Prioritätensysteme, ist die Lebensvision nicht als starr, sondern als veränderbar zu denken.

- Die Kongruenz zwischen unserem Prioritätensystem und der eigenen Lebensvision ist entscheidend.

- „A man´s reach should exceed his grasp." – "Das, was jemand anstrebt, sollte außerhalb seiner Reichweite liegen."

Kapitel 5:
Säule 2: Selbstkontrolle - Die Macht der inneren Ruhe

„Es ist die Natur der Seele, sich alle Dinge anzueignen und
sich zu eigen zu machen."

Ralph Waldo Emerson

Neben der Selbstkenntnis ist die Selbstkontrolle entscheidend für den Ansatz der Selbstführung. Selbstkontrolle bedeutet eine innere Ausgeglichenheit zu besitzen, die es ermöglicht, stets die eigenen Emotionen und Gefühle zum gewünschten Ausmaß im Griff zu haben. Es bedeutet auch, dass keine andere Person und kein Ereignis Einfluss auf das innere Wohlbefinden haben kann, sofern wir es nicht möchten. Und es bedeutet, dass wir dadurch täglich selbstzentrierter sowie zunehmend in uns selbst gefestigt werden. Für die Selbstkontrolle ist die Selbstkenntnis eine wichtige Voraussetzung. Je reflektierter wird sind und je besser wir uns selbst kennen, umso einfacher erkennen wir die Ursachen der inneren Unruhe und können an ihnen arbeiten. Innerlich aufgewühlt zu sein und von Gedankenfluten durchströmt zu werden ist ein allseits bekanntes Gefühl. Dies zu überwinden, innere Klarheit zu verspüren und aus Chaos Ordnung zu schaffen hilft uns, als Mensch zu wachsen und unseren Fokus unserer Lebensvision zu widmen.

Bevor wir vertieft in dieses Thema einsteigen möchte ich noch potenzielle Unklarheiten beseitigen. Es geht mir hier nicht darum, ein Konzept zu erarbeiten, das auf absolute Emotionslosigkeit und Gefühlsunterdrückung abzielt. Denn damit würden wir uns selbst keinen Gefallen tun. Alles, was wir zu unterdrücken versuchen, wird immer wieder in verschiedenen Formen in unserem Leben auftreten, bis wir gelernt haben, damit umzugehen und es wertzuschätzen. Es geht vielmehr darum, eine innere Ausgeglichenheit zu schaffen, die es uns ermöglicht, in unserer inneren Mitte zu bleiben und selbst darüber zu entscheiden, wie wir alle äußeren Umstände einordnen möchten. Was soll dabei mit Emotion gemeint sein? Alltagssprachlich ist häufig die Rede von Emotionen, wenn es um die eigenen Gefühle, Stimmungen und Affekte geht. Wir sprechen zum Beispiel von einer emotionalen Person, wenn diese kein Problem damit hat, den eigenen Gefühlen freien Lauf zu lassen, ob negativ oder positiv.

Ein Blick auf das Wort Emotion und dessen Ursprung zeigt, dass es aus dem lateinischen kommt, wobei *ex* aus, heraus, und *movere* Bewegung bedeutet. Begrifflich gesehen ist eine Emotion also etwas, was sich aus uns herausbewegt. Mir geht es hier jedoch nicht darum, große begriffliche Unterscheidungen einzuführen und diese zu analysieren, sondern zu zeigen, was gemeint ist, wenn im weiteren Verlauf von Emotion gesprochen wird. Subjektiv betrachtet unterscheiden wir gerne zwischen positiven und negativen Emotionen. Die einen fördern unser Wohlgefühl, während die anderen es hindern. Intuitiv würden wir dementsprechend versuchen, die eine Art der Emotion möglichst zu vermeiden, während wir die andere Art häufig erleben wollen. Eine Emotion an sich ist jedoch erst einmal weder gut noch schlecht, solange wir kein Urteil darüber fällen. Je mehr wir uns in unserer inneren Mitte und Ausgeglichenheit befinden, umso neutraler und objektiver fällt dieses Urteil aus. Mir geht es also darum, dass wir Emotionen vorrangig außerhalb unseres inneren Gleichgewichts antreffen. Das mag etwas kontraintuitiv klingen, aber die weiteren Ausführungen dieses Kapitels werden das ändern.

Selbst darüber entscheiden zu können, wie man auf jegliche Situationen und Personen reagieren möchte, ist eine Kunst von unschätzbarem Wert. Gleichzeitig können die Auswirkungen des Versagens dieser Kunst von erschütterndem Ausmaße sein und einen unwiderruflichen Konflikt mit sich bringen. Das Einbüßen von hart erarbeitetem Respekt und das Zerbrechen von Beziehungen ist nicht selten auf einen Mangel an Selbstkontrolle zurückzuführen. Das gezielte Reizen des Selbst durch andere Personen kann ebenfalls tiefgreifende Konsequenzen mit sich bringen, wenn wir nicht den Grad der Selbstkontrolle besitzen, der es uns ermöglicht, mit Provokationen souverän und ohne innere Wunden zu erleiden umzugehen. Wir tragen viel zu häufig negative Gefühle und Emotionen sehr lange mit uns herum, aufgrund anderer Personen und Ereignisse. Dadurch geben wir einem anderen Menschen die Befugnis, über unser inneres Leben zu verfügen und Einfluss darauf zu nehmen. Unser Innenleben sollte jedoch wie eine Burg sein, bei der wir entscheiden, wer und was durch ihre Tore dringt. Die Tore komplett zuzumachen wäre ähnlich selbstschädigend wie die Tore für alles offen zu halten. Einen Eindringling aus der inneren Burg zu vertreiben ist in den meisten Fällen deutlich schwerer als ihm überhaupt nicht den Eintritt zu gewähren, vor allem wenn er sich schon eine Weile in der Burg befindet. Der Buddha hat es bereits vor sehr langer Zeit treffend erkannt: „An Ärger festzuhalten ist wie Gift zu trinken und erwarten, dass der andere dadurch stirbt."

Um uns der Macht der inneren Ruhe zu befähigen, sind einige essenzielle Aspekte zu berücksichtigen. Es ist wichtig zu identifizieren, was ausschlaggebend dafür ist, dass wir keine innere Ausgeglichenheit und Ruhe verspüren. Dann ist es entscheidend herauszufinden, wie wir mit den identifizierten Aspekten umgehen, um zunehmend an innerer Ruhe zu gewinnen. Und schließlich wollen wir hinterfragen, wozu uns dieses Konzept denn dient.

Worauf reagieren wir am stärksten?

Einen großen Hinweis darauf, was uns die innere Ruhe am meisten raubt, liefern uns die Aspekte im Leben, auf die wir starke Reaktionen zeigen bzw. die Aspekte, die starke Reaktionen in uns hervorrufen. Mit Reaktionen meine ich, dass ein innerer Tumult in uns entzündet wird und wir gereizt, genervt, verärgert, sauer und verletzt auf etwas reagieren. Die Auswirkungen der Reaktion sind, dass wir emotionale Ladungen und Spannungen mit uns herumtragen, obwohl wir uns nicht direkt erklären können, was der Grund dafür ist und wo sie herkommen. Wir fühlen uns einfach reizbar und spüren, dass wir innerlich etwas aufgewühlt sind. Da wir täglich auf jede Menge Situationen und Personen unbewusst und bewusst reagieren, baut sich ein zunehmender Stau an emotionalem Ballast auf. Hier entsteht ein Teufelskreis. Je mehr innere Spannung wir aufbauen, umso reaktiver werden wir. Und dadurch, dass wir zunehmend reaktiver werden, bauen wir immer mehr innere Spannung auf. Um aus diesem Teufelskreis auszubrechen, müssen wir den Grund unserer wunden Punkte identifizieren, die ausschlaggebend für die eigene Reaktivität sind. Hierzu möchte ich etwas weiter ausholen, so dass wir ein weitläufiges Verständnis der inneren Reizpunkte entwickeln.

Jeder Mensch besitzt Eigenschaften und Charakterzüge, mit denen er sich sehr gut identifizieren kann. In den meisten Fällen sind diese aus der eigenen Sicht von positiver Natur. Wir sehen sie als erstrebenswert, charakterstärkend und gesellschaftstauglich an. Es sind die Attribute, die wir bei den eigenen Standards und bei der Frage, wofür wir stehen möchten, herausgearbeitet haben. Es sind all jene Aspekte, die wir in uns als Person angenommen haben. Wir akzeptieren, dass wir sie besitzen, und freuen uns vermutlich sogar darüber, wenn etwas Entsprechendes über uns ausgesagt wird. Insofern werde ich diese Charakterzüge und Attribute von jetzt an die angenommenen Teile unseres Selbst nennen, weil wir uns gut und gerne mit ihnen identifizieren. Einige Beispiele hierfür sind: zuvorkommend, freundlich, fröhlich, großzügig, fleißig, aufrichtig, ehrlich, sympathisch, selbstbewusst, ausgeglichen, attraktiv, ambitioniert, integer, hilfsbereit, lebensfreudig, clever, humorvoll, usw. Es sind all die Dinge, die über uns ausgesagt werden können, und wir freuen uns mehr darüber, als wir uns ärgern. Wir haben sie als Teil unseres Charakters angenommen und haben keine Probleme damit.

Nun gibt es aber auch jede Menge an Charakterzügen, bei denen das Gegenteil der Fall ist. Anstatt uns mit ihnen identifizieren zu können und sie in uns anzunehmen, projizieren wir sie gerne auf andere Menschen. „Was siehst du aber den Splitter in deines Bruders Auge, und wirst nicht gewahr des Balkens in deinem Auge?" (Mt 7,3) Es geht hierbei häufig um die Attribute, denen wir eine negative Konnotation zuschreiben und die wir demnach nicht gerne mit unserer eigenen Person in Verbindung bringen würden. Ich werde diese Charakterzüge und Attribute von jetzt an unsere verleugneten Teile nennen, weil wir uns dagegen wehren, dass sie, genauso wie die angenommenen Teile, ein Stück unseres Charakters ausmachen. Verleugnete Teile sind in vielen Fällen beispielsweise Attribute wie: faul, hinterhältig, arrogant, unfreundlich, griesgrämig, ungebildet, unsicher, herablassend, narzisstisch/egozentrisch, habgierig, rücksichtslos, gemein, usw. Es sind all jene Aspekte, die wir lieber von anderen Menschen aussagen, als sie einen Teil unseres eigenen Charakters nennen zu müssen.

Hierdurch entsteht eine Spaltung. Wir trennen durch unsere subjektive und selektive Wahrnehmung und unsere Erfahrungen die angenommenen von den verleugneten Teilen. Das Problem an der Sache ist, dass wir dadurch versuchen, uns gegen unsere Natur der Ausgeglichenheit zu wehren. Wir streben danach, ziemlich einseitige Wesen zu werden, die nur aus positiven Charakterzügen bestehen. Dieses Streben macht uns zunehmend innerlich kaputt, weil es weder nachhaltig noch natürlich ist. Wir versuchen etwas zu sein, was wir unmöglich sein können. Wir versuchen, sämtliches Negative zu unterdrücken, womit wir uns selbst aus zwei Gründen in den Rücken fallen. Erstens: Immer, wenn wir nicht positiv sind, machen wir uns selbst schlecht und werfen uns etwas vor. Und zweitens: Alles, was wir zu unterdrücken versuchen, wird zu einer tickenden Zeitbombe und kommt früher oder später immer wieder zum Vorschein, bis wir es auflösen können.

In unserem Wesen stellen wir eine Einheit aus den angenommenen und verleugneten Teilen dar. Wir urteilen noch nicht über sie und sehen sie als neutral an; wie Shakespeare in Hamlet meinte, dass es an sich weder Gutes noch Schlechtes gibt, sondern dies nur durch unser Denken entsteht. Dadurch, dass wir aber durch unser Denken Urteile fällen, kreieren wir eine Spaltung. Wir brechen aus unserer Einheit heraus und beginnen, nach Einseitigkeit zu streben. Und hier liegt der Knackpunkt für die eigene Reaktivität und auch der Schlüssel zurück zur Macht der inneren Ruhe. Je mehr verleugnete Teile wir besitzen und je weiter wir uns von der inneren Einheit entfernt haben, umso reaktiver und emotional unausgeglichener sind wir. Wir haben mehr Reizpunkte und sind deutlich mehr emotionalen Schwankungen ausgeliefert. Je mehr wir jedoch zurück zur inneren Einheit finden, umso ausgeglichener sind wir und umso mehr befinden wir uns in unserer inneren Mitte.

Was bedeutet das also genau im praktischen Sinne? Wenn eine andere Person etwas macht oder sagt, das uns einen verleugneten Teil von uns selbst widerspiegelt, dann reagieren wir meist nicht erfreut darauf, obwohl uns nicht klar ist, was der Grund unserer Reaktion ist. Indem wir anderen Menschen also gezielt ihre verleugneten Teile widerspiegeln, können wir ihnen unglaublich auf den Geist gehen. Unser Ziel ist jedoch das Gegenteil. Wir wollen Schritt für Schritt zurück zu unserer Einheit, so dass wir zunehmend zentrierter und ausgeglichener werden. Schopenhauer hat bereits erkannt und mit uns geteilt, dass wir zu unserem wahren Selbst werden, indem wir alles und alle zu einem Teil von uns machen. Diese etwas kryptische Aussage bedeutet nichts anderes, als dass was wir in unserem Gegenüber sehen, auch ein Teil von uns ist, der darauf wartet, angenommen zu werden, sodass wir unserem wahren Selbst einen Schritt näher kommen können. Oder wie ich Emerson bereits zitiert habe: „Es ist die Natur der Seele, sich alle Dinge anzueignen und sich zu eigen zu machen."

Der springende Punkt hier ist, dass wir alle Charakterzüge in den verschiedensten Formen besitzen. Jeder von uns als positiv sowie als negativ bezeichnete Charakterzug ist ein Teil von uns. Wir tun uns nur je nach Charakterzug verschieden schwer damit, es uns einzugestehen. Wenn wir alle verleugneten Teile zu angenommen Teilen transformieren, schaffen wir die perfekte Einheit in uns selbst und haben uns der Macht der inneren Ruhe vollständig befähigt. Dahin ist es jedoch ein sehr langer und nicht immer einfacher Weg.

Die verschiedenen Formen der Charakterzüge hängen ziemlich stark mit dem eigenen individuellen Prioritätensystem zusammen. Während wir bei unseren absoluten intrinsischen Prioritäten in den meisten Fällen die größte Dichte an angenommenen Teilen aufweisen, ist es bei unseren zweckbedingten Prioritäten häufig genau andersherum. Bei den intrinsischen Prioritäten sind wir zum Beispiel häufig sehr fleißig, hartnäckig, ambitioniert, diszipliniert, kompetent, gebildet, selbstbewusst usw. Bei den Dingen, die wir jedoch nicht gerne machen, tendieren wir dazu, eher faul, mürrisch, unwissend, unverlässlich, selbstzweifelnd, weniger fokussiert, usw. zu sein. Niemand ist nur faul und gemein, genauso wie niemand nur fleißig und freundlich ist. Den einseitigen

Menschen gibt es nicht. Es gibt nur eine Menge Menschen, die etwas vortäuschen zu sein, was sie nicht sein können.

Die Menschen, die also in unser Leben eintreten und uns tierisch auf die Nerven gehen, weil sie uns die eigenen verleugneten Teile widerspiegeln, tun uns im Endeffekt einen großen Gefallen. Sie helfen uns dabei, unserer inneren Einheit einen Schritt näher zu kommen, indem wir erkennen, was der Reizpunkt ist und ihn zu einem angenommenen Teil transformieren. Wenn wir es schaffen, diesen Menschen dafür dankbar zu sein, was äußerst kontraintuitiv ist, dann gehen wir mit einer deutlich entspannteren Ansichtsweise durch unser Leben. Wir freuen uns dann nämlich über die Menschen, die uns sowieso sympathisch sind, weil wir unsere eigenen angenommen Teile in ihnen wahrnehmen, und sind den Menschen, über die wir uns ärgern dankbar, weil sie uns einen verleugneten Teil unseres Selbst widergespiegelt haben.

Wie verringern wir Störfaktoren und Reizpunkte im eigenen Leben?

Die Erkenntnis, was letztendlich der Grund unserer Reaktion und der inneren Spannung ist, dient uns als erster Schritt, damit umgehen zu können. Unser Ziel ist es, tägliche Reizpunkte und Auslöser der inneren Unruhe aufzulösen und zunehmend zu verringern. Ein verleugneter Teil, den wir zu einem angenommenen Teil transformiert haben, wird nicht mehr die Reaktion in uns auslösen, wie sie es zuvor getan hat. An dieser Stelle müssen wir jedoch ein weitläufiges Missverständnis beseitigen. Es geht hier nicht darum, dass wir anschließend keine Moral mehr besäßen und alle Taten und Ereignisse als absolut neutral bewerten. Vielmehr geht es darum, dass wir die Dinge deutlich unvoreingenommener, weniger polarisierend und von einem äußerst ausgeglichenen Standpunkt aus betrachten. Die Dinge gehen uns weniger unter die Haut, außer wir möchten das, und wir tragen die Aspekte, die eine innere Unruhe in uns ausgelöst haben, viel kürzer mit uns herum – im Idealfall gar nicht.

Dabei können wir uns unser Wesen wie einen Kreis vorstellen. Unser wahres Selbst entspricht einem perfekten Kreis. Dadurch, dass wir jedoch verleugnete Teile mit uns herumtragen, trennen wir den Kreis in zwei Hälften. Die eine Hälfte sehen wir als unsere Schokoladenseite an, während wir die andere Hälfte als unsere Schattenseite betrachten. Mit der einen Seite können wir uns identifizieren und mit der anderen Seite disidentifizieren wir uns und projizieren sie auf andere Menschen. Es gibt auch Fälle, in denen Menschen eine größere Schattenseite besitzen und Menschen, deren Schokoladenseite größer ist. Erstere sind sehr volatil und unausgeglichen, von Letzteren sagen wir, sie ruhen in sich selbst. Erstere sind in ihrem Denken sehr polarisiert und Schwarz-Weiß ausgerichtet, während Letztere auch Grau denken. Wir wollen daran arbeiten, immer mehr zurück zu unserem perfekten Kreis zu finden, sodass wir die innere Ruhe und die Selbstkontrolle besitzen, die wir wählen. Wir können anschließend immer noch aus uns heraustreten und werden nicht zu emotionalen Legasthenikern. Wir besitzen nur die Kontrolle und die Entscheidungsfreiheit darüber, wann wir wie reagieren möchten, wie wir Dinge einordnen und wie sehr uns etwas unter die Haut geht. Innere Spannungen und emotionalen Ballast tragen wir nicht länger mit uns herum.

Die Frage, wie wir zurück zu unserer Einheit gelangen, führt uns neben Schopenhauer zu drei weiteren großen Denkern: Aristoteles, Thomas von Aquin und Machiavelli. Da der Gedankengang der Drei hier ein ähnlicher ist, werde ich vertieft auf Thomas von Aquin eingehen. Der erste Schritt, der uns dazu führt, die verleugneten Teile in den eigenen Kreis zu integrieren, sodass wir weniger unausgeglichen sind, ist die Erkenntnis davon. Für Thomas von Aquin besteht das Erkennen darin, die Formen anderer Dinge in sich aufzunehmen. In seinem Hauptwerk, der Summa Theologiae, spricht er davon, dass das Abbild des Erkannten im Erkennenden ist. Das bedeutet nichts anderes, als dass wir die Dinge, die wir in anderen Menschen wahrnehmen, auch in uns selbst tragen. Denn erst dadurch wird uns die Erkenntnis ermöglicht. Bei Machiavelli sieht der Gedanke so aus, dass wir aufgrund dessen, dass wir ebenfalls die beachtlichen Charakterzüge großer Menschen in uns tragen, damit beginnen sollen, ihren Pfaden zu folgen. Er spricht sich hier indirekt gegen die Unterordnung aus, die dann eintritt, wenn wir zu bescheiden sind uns einzugestehen, dass wir die Attribute großer Menschen genauso in uns besitzen. Und der Gedanke von Aristoteles ähnelt dem von Thomas von Aquin sehr stark, was daran liegt, dass sich Thomas von Aquin in seinem Denken weitgehend auf Aristoteles beruft. Es geht hier also darum, der Aussage von Emerson zu folgen und demnach auch der Natur der Seele, indem wir uns alle Teile aneignen und bewusst in uns integrieren.

Alltags- und praxisbezogen bedeutet dies nichts anderes, als dass wir damit beginnen, genau zu identifizieren, was uns tagsüber gereizt, gestört und verärgert hat. Wir stehen dabei in der Beobachterrolle unseres Selbst und versuchen so präzise wie möglich herauszufinden, wer und was uns am meisten aufregt, belastet, und innere Unruhen in uns erregt. Dabei ist es wichtig im Hinterkopf zu behalten, dass ein innerer Tumult nur ausgelöst werden kann, wenn wir nicht ins uns selbst ruhen und innere Spannungen mit uns herumschleppen. Wir sind zwar gerne der Ansicht, dass jemand anders der Grund für das innerliche Aufbrausen ist, aber eine andere Person hat nur diese Macht über uns, wenn wir aus unserer Einheit heraustreten. Die andere Person zeigt uns lediglich auf, wo sich Zündstoff in uns befindet. Sie erweist uns dadurch einen großen Dienst, denn sie hilft uns dabei zu wachsen und zu dem zu werden, was wir sein können. Sie stellt einen großen Lehrer für uns dar, den wir interessanterweise nur allzu gerne häufig in die Wüste schicken möchten. Wir ehren unsere Freunde und verbringen sehr gerne Zeit mit ihnen, aber von unseren Feinden bzw. den Menschen, die wir weniger gut leiden können, können wir eine enorme Menge lernen. Alleine indem wir beginnen, ihnen dafür dankbar zu sein anstatt sie mit Wut und Ärger strafen zu wollen, leben wir deutlich selbstbestimmter, da wir unsere Reaktionen immer mehr selbst zu steuern beginnen.

Machen wir das Ganze noch etwas plastischer. Spezifität und Präzision sind die Schlüsselwörter in diesem Prozess. Es geht darum, die genaue Ursache unseres inneren Unwohlseins zu finden. Wenn wir uns beispielsweise über einen Alkoholiker aufregen, dann ist nicht das Trinken an sich das, was uns dabei stört, sondern das potenzielle rücksichtslose Verhalten. Wenn wir von jemanden an den Pranger gestellt werden, dann tut uns etwas ganz Bestimmtes daran weh; die Unbarmherzigkeit, die Schadenfreude oder die Bloßstellung wären hier Möglichkeiten. Wenn wir uns schlecht behandelt fühlen, dann gibt es eine spezifische Sache, die uns dabei trifft und verletzt. Entscheidend ist es, diesen Aspekt zu finden, sodass wir damit arbeiten können. Häufig wird nämlich der scheinbare Grund unseres Ärgers durch ein tieferes Motiv verdeckt. Dieses zu finden ist nicht immer einfach, da wir es gerne verdrängen oder nicht an unsere inneren Wunden denken möchten, geschweige denn uns damit auseinandersetzen. Die entscheidende Frage ist also nicht, welche Handlung uns an einer Person stört, sondern vielmehr, welches Attribut oder welcher Charakterzug es ist.

Der nächste Schritt in dem Prozess, stückchenweise unserer inneren Einheit näher zu kommen, bedarf Offenheit und Selbstehrlichkeit. Denn hier geht es um das bereits diskutierte Konzept von Thomas von Aquin, Aristoteles, Machiavelli und Emerson. Wir wollen uns in diesem Schritt den verleugneten Teil, der uns an der anderen Person gestört und gereizt hat, aneignen. Dazu ist es jedoch nötig uns selbst einzugestehen, dass wir diese Eigenschaft und diesen Charakterzug zum selben Ausmaß wie die Person, die es uns gespiegelt hat, besitzen. Dass wir das nicht möchten, ist ziemlich logisch. Die verleugneten Teile mit der eigenen Person in Verbindung zu bringen kostet jede Menge innerer Stärke. Je mehr verleugnete Teile wir uns allerdings aneignen, umso leichter fällt es uns, den Kreis weiter zu komplementieren. Wichtig ist zu beachten, dass die Form des Charakterzugs sehr stark variieren kann. Wie bereits erwähnt ist das ziemlich abhängig von dem eigenen Prioritätensystem. Ein wohlhabender Mensch könnte gut argumentieren, nie geizig zu sein. Und es ist gut möglich, dass er dies in einem materiellen Sinne nicht ist. Er ist dann eventuell mit seiner eigenen Zuneigung und körperlichen Nähe, seiner Zeit, seiner Aufmerksamkeit bestimmten Personen gegenüber, oder mit seinen Komplimenten geizig. Einige Menschen wehren sich dagegen, sich eingestehen zu müssen, dass auch sie faul sind. Und es ist gut möglich, dass sie in ihrer Arbeit extremen Fleiß besitzen, die Faulheit liegt dann gerne in anderen Bereichen, wie dem Nachkommen der eigenen Fitness oder im Aufrechterhalten des sozialen Netzwerks. Andere Menschen sagen von sich aus, sie seien disziplinlos und außerordentlich unorganisiert. Obwohl dies zutrifft, besitzen auch sie Disziplin und Organisation. Diese liegen wahrscheinlich nur nicht in dem Bereich, in dem es von ihnen erwartet wird. Die Disziplin mag darin bestehen, dass sie sich jeden Morgen vor den Spiegel stellen und sich täglich Zeit dafür nehmen gut auszusehen; oder darin mehrere Male in der Woche beim Fußballtraining zu erscheinen.

Der Charakterzug ist stets da, nur die Form ist abweichend. Wenn wir uns vergleichen, dann erwarten wir von uns selbst, den Charakterzug in genau derselben Form zu besitzen. Dadurch wären wir aber unserem eigenen Prioritätensystem untreu, was nachhaltig nicht aufrechtzuerhalten ist. Zu viele Menschen betrachten sich selbst als erfolglos, weil sie sich mit einer anderen Person vergleichen und dadurch keinen Blick für den eigenen Erfolg haben. Der springende Punkt ist, dass wir sowohl die als positiv als auch die als negativ bezeichneten Charakterzüge in uns tragen, sowie die Person, in der wir sie wahrnehmen. Verleugnete Teile müssen insofern nicht immer negativer Natur sein. Wir Menschen sind häufig auch ausgezeichnet darin, uns selbst schlecht zu machen und uns zu minimieren. Wir haben in dem Muster aus eigener Bescheidenheit ebenfalls zahlreiche positive Charakterzüge zu unseren verleugneten Teilen gemacht. Diese wollen wir nur beide wieder einsammeln.

Nachdem wir den genauen Charakterzug identifiziert haben, der innere Ladungen in uns kreiert, und es geschafft haben uns einzugestehen, dass wir ihn ebenfalls in uns besitzen, wollen wir ihn uns aneignen. Die entscheidende Frage hier lautet: Wann und wo habe ich denselben Charakterzug ausgestrahlt und wer hat es miterlebt? Auch hier ist präzise Arbeit gefordert. Um uns einen verleugneten Teil tatsächlich aneignen zu können, müssen wir diese Frage so häufig mit absoluter Genauigkeit beantworten, dass wir mit fester Überzeugung und Sicherheit sagen können, dass wir diesen Teil in uns besitzen. Je nach Ausmaß der inneren Ladung kann das zwischen 25 und 100 Antworten variieren.

Wenn wir uns als Beispiel Selbstsicherheit aneignen wollen, dann ist eine präzise Antwort nicht: „Ich habe im Studium mal ein super Referat gehalten und ein paar Leute haben es gesehen." Den Grad der Genauigkeit, den wir bei den Antworten anstreben, sieht folgendermaßen aus: „Ich habe im 3. Semester meines Studiums, im Jahr 1998, ein super Referat in der Universität Freiburg gehalten, und Phillip, Holger, Sabine, Sarah und der Professor haben es gesehen." Es geht wirklich darum, uns den genauen Moment vor Augen zu führen, sodass wir es spüren können, diesen Charakterzug in uns zu tragen. Sicherlich ist eine komplett exakte Aussage nicht immer möglich, weil wir das Datum nicht mehr genau in Erinnerung haben und die Vornamen der anwesenden Personen nicht kennen. Wir wollen es nur vermeiden, Vermutungen aufzustellen und streben danach, uns den Moment so präsent wie möglich zu machen. Den anzueignenden Charakterzug kann eine Person mehrmals in uns wahrgenommen haben, oder eine Gruppe von Menschen einmal. Mit jeder weiteren Person und Situation, die wir uns hier vor Augen führen können, gewinnen wir mehr Sicherheit darüber, das verleugnete Teil in uns zu besitzen, und kommen der Aneignung immer näher.

Je nach Charakterzug und dem Grad der inneren Spannung dagegen tun wir uns leichter oder schwerer mit dem Aneignen. Sobald wir uns einen verleugneten Teil jedoch komplett angeeignet haben (dazu bedarf es noch eines letzten Schrittes), löst sich die innere Ladung auf und wir sind nicht länger empfindlich und reizbar in dieser Hinsicht. Wir haben es als einen Teil von uns integriert und können uns damit identifizieren. Wenn uns eine andere Person dieses Attribut zuschreibt, reagieren wir weder verärgert noch sonderlich euphorisch darauf. Eine letzte Sache ist in diesem zweiten Schritt noch zu beachten. Ein Charakterzug geht während unseres Lebens nicht verloren. Wir bestehen zu jeder Zeit aus einer Einheit aller Charakterzüge. Lediglich die Form verändert sich mit dem Wandel unseres Prioritätensystems. Demnach ist es bei der Aneignung sinnvoll, chronologisch vorzugehen und sich Lebensabschnitt nach Lebensabschnitt, sowie Lebensbereich nach Lebensbereich, vor Augen zu führen und sich zu fragen, wo und in welcher Form man während dieser Zeit den genauen Charakterzug besessen hat.

Im letzten Schritt geht es darum, den Charakterzug auszugleichen. Der Grund dafür ist, dass wir dadurch unsere einseitige Sichtweise in ein Gleichgewicht rücken. Wir sehen nämlich viel zu häufig gerne nur die eine Seite einer Person oder eines Ereignisses und nicht die automatische Kehrseite, die unvermeidlich vorhanden ist. Emerson formuliert diesen Gedanken so: „Jedes Süße hat sein Bitteres, jedes Bittere sein Süßes, jedes Böse sein Gutes." Und er legt uns einen großen Irrtum nahe: „Sie glauben, groß zu sein bedeute, eine Seite der Natur zu besitzen – die süße, ohne die andere Seite – die bittere." Einseitigkeit in unserem Denken führt nicht nur zu innerer Unausgeglichenheit, sondern macht es uns unmöglich, innere Ruhe zu schaffen. Erst wenn wir die Dinge in ihrem Gleichgewicht sehen, können wir inneren Frieden damit schließen und tragen die Spannung nicht länger mit uns herum. Es gibt weder einseitige Menschen noch gibt es einseitige Charakterzüge und genauso wenig gibt es einseitige Ereignisse. Da wir uns jedoch in unserem einseitigen Denken bestätigt fühlen und es uns ermöglicht, Rechtfertigung und Schuldzuweisungen nach außen zu projizieren, wollen wir einige Dinge nicht im Gleichgewicht sehen. Dadurch, dass wir sie nämlich in ihrer Einseitigkeit denken, müssen wir unsere Storys darüber, wie schlecht wir behandelt wurden und werden und dass das Schicksal gegen uns ist, nicht aufgeben. Wenn wir jedoch selbstbestimmt leben möchten und uns selbst führen wollen, dann ist es notwendig, dass wir die Dinge in ihrem vollem Spektrum sehen und nicht nur Augen für den Part haben, der unser stark urteilendes und voreingenommenes Denken bestätigt.

Einseitiges Denken lässt sich wunderbar in unserer Sprache erkennen. Die Wörter „immer" und „nie" sind verlässliche Indikatoren für schwarz-weiß Denken, wenn sie in Bezug auf menschliches Verhalten und Ereignisse benutzt werden. Wer kennt nicht die gängigen Aussagen wie zum Beispiel: „Das macht er immer. Er ist nie für mich da, wenn ich ihn brauche. Sie denkt immer nur an sich. Nie macht sie das, was sie sich vorgenommen hat." Obwohl wir glauben, dass dieses schwarz-weiße Schubladendenken eher andere Personen trifft, weil es auf sie abzielt, schaden wir uns selbst damit am meisten. Wir werden zunehmend polarisierter, wirken zunehmend unerträglich auf Andere (zumindest jene, die nicht genauso polarisiert sind) und entfernen uns von der eigenen inneren Einheit, die uns die größte innere Ruhe überhaupt bietet. Wir sabotieren uns selbst, da wir uns der eigenen inspirierenden Ausstrahlung berauben. Und genau deshalb wollen wir dem entgegenwirken und unser Denken in seine ausgeglichene Natur zurückführen.

Auf die Praxis bezogen sind dafür zwei Aspekte zu berücksichtigen. Der erste davon zielt darauf ab, den identifizierten Charakterzug zu neutralisieren. Nachdem wir ihn uns aneignet haben, fragen wir jetzt nach dem genauen Nutzen oder Vorteil dieses Attributes bzw. wenn wir den Charakterzug als positiv eingestuft haben, dann fragen wir uns nach seinen Nachteilen. Dabei wollen wir erneut so präzise wie möglich vorgehen. Nehmen wir an, uns stört das erniedrigende Verhalten unseres Lebenspartners. Dann wollen wir an eine bestimmte Situation denken, in der unser Lebenspartner so handelt, und uns fragen, welcher Nutzen und welche Vorteile dadurch für uns entstanden sind. Der Bezug zur eigenen Lebensvision und den intrinsischen Prioritäten ist hier sehr hilfreich. Wenn wir den Zusammenhang dazu herstellen können und sehen, wie es uns dabei geholfen hat, unsere intrinsischen Prioritäten besser zu erfüllen und unserer Lebensvision näher zu kommen, dann sind die Auswirkungen am kraftvollsten. Das erniedrigende Verhalten uns gegenüber könnte beispielsweise dazu dienen, dass wir als Person stärker werden, Rückgrat gewinnen und beginnen uns aufzurichten und für das zu stehen, was wir im Herzen aspirieren. Unser Partner hilft uns dann möglicherweise unbewusst dabei ein dickeres Fell zu bekommen und nicht bei ersten Widerständen aufzugeben, wenn wir nach unseren innigsten Träumen greifen. In den meisten Fällen ist es sogar so, dass, sobald wir das verdeckte Geschenk einer als negativ eingestuften Eigenschaft und Verhaltensweise erkennen, diese sich von selbst auflöst, weil sie ihren Sinn erfüllt hat. Wir haben das gelernt, was wir gebraucht haben, um weiter zu wachsen, und sind nun für neue Herausforderungen bereit. Die Herausforderungen, die sich vor uns auftürmen, dienen stets als wegweisendes Zeichen, dass wir als Mensch weiter wachsen und uns weiterentwickeln. Die Art der Herausforderung ist immer in der Form, die wir bewältigen können, uns jedoch dabei zu strecken haben. Sich mit größeren Herausforderungen auseinandersetzen zu dürfen ist insofern ein Kompliment für uns. Wenn wir keine Herausforderungen mehr im Leben gestellt bekommen, dann können wir nicht mehr wachsen.

Wir wollen uns solange nach den Vorteilen und dem versteckten Nutzen des bestimmten Charakterzuges oder Ereignisses fragen, bis wir ihn oder es in absolutem Gleichgewicht sehen und weder als positiv oder negativ einstufen. Da dieses Konzept auf den ersten Blick etwas kontraintuitiv wirken mag, ist es häufig so, dass wir uns anfangs etwas schwerer damit tun. Je mehr wir es jedoch in unser alltägliches Denken integrieren, umso meisterhafter werden wir im ausgleichenden Denken. Sobald wir die Dinge fast sofort ausgleichen können, ohne sie lange mit uns herumschleppen zu müssen, haben wir ein großes Geheimnis der inneren Ruhe gelüftet. Gröbere innere Blockaden werden uns fremd, ganz zu schweigen von inneren Spannungen. Indem wir beginnen, Eigenschaften und Ereignisse in ihrer Ausgeglichenheit und demnach so wahrzunehmen, wie sie naturgemäß sind, gewinnen wir ihnen gegenüber eine ganz neue Wertschätzung. Und wir beginnen, die Dinge und Menschen so zu lieben und anzunehmen, wie sie sind, und nicht so, wie wir etwas auf sie projizieren.

Der zweite Aspekt, der praxisbezogen zu berücksichtigen ist, ist das Auflösen unserer schwarz-weißen Sprachmuster. Auch dadurch gewinnen wir mehr Gleichgewicht in unserem Denken. Hierbei wollen wir uns folgende Frage stellen: Wo und wann hat die Person genau den gegensätzlichen Charakterzug ausgestrahlt und demonstriert und wer hat es gesehen? Auch bei dieser Frage ist es entscheidend, so viele Antworten zu finden, bis wir mit Sicherheit sagen können, dass es keine einseitigen Menschen gibt und jede Person beide Seiten der Medaille besitzt. „Immer" und „nie" werden durch die Anwendung dieses Prinzips zunehmend aus unserem Sprachgebrauch verschwinden, was den Gebrauch im Zusammenhang mit menschlichen Eigenschaften und Ereignissen betrifft.

Durch die Umsetzung dieser drei Schritte, Identifikation – Aneignung – Ausgleichung, gelangen wir immer mehr zurück zu unserer inneren Einheit. Wir minimieren die große Anzahl verleugneter Teile sowie die eigenen Reizpunkte und Spannungsfelder.

Wir schaffen unsere eigenen Umstände

Der spannendste und faszinierendste Gesichtspunkt dieses Ansatzes steht uns jedoch noch bevor. Dabei geht es darum, dass wir der Urheber unserer eigenen Lebensumstände sind. Wir ziehen genau das in unserem Leben an, was uns dabei hilft zu wachsen und ein kompletterer Mensch zu werden. Wir ziehen die Personen in unser Leben, die uns die eigenen verleugneten Teile widerspiegeln und genauso ziehen wir Ereignisse in unserem Leben an, die uns dazu dienen, ausgeglichen zu sein. Wenn wir zu euphorisch sind, werden wir durch andere Menschen oder Ereignisse schnell wieder geerdet. Wenn wir am Boden zerstört sind, dann ziehen wir Umstände in unser Leben, die uns aufbauen und zurück ins Gleichgewicht führen. Auch dieser Ansatz findet sich in ähnlicher Weise in der Bibel wieder: Im Lukas-Evangelium Kapitel 14, Vers 11 heißt es: „Denn wer sich selbst erhöht, der soll erniedrigt werden; und wer sich selbst erniedrigt, der soll erhöht werden." Durch intensives Beobachten gewinnen wir mehr und mehr Feinfühligkeit für die Einordnung unserer Umstände. Wir entwickeln ein ausgezeichnetes Verständnis über die Dinge, die sich in unserem Leben ereignen . Anstatt uns über Personen, Ereignisse und Umstände zu ärgern und den Kopf zu zerbrechen, beginnen wir darüber schmunzeln zu können, weil wir verstehen, was wir noch zu lernen haben.

Ein Paradebeispiel hierfür sind Familien und deren Dynamiken. Kinder sind Experten darin, den Eltern die eigenen verleugneten Teile widerzuspiegeln. Eigenschaften und Handlungen, die die Eltern zu unterdrücken versuchen, drücken Kinder gerne aus. Kinder sind häufig die größten Lehrer für ihre Eltern, weil sie viele ihrer verleugneten Teile ans Licht bringen. Sie helfen den Eltern zu wachsen und zunehmend zurück zu ihrer Einheit zu finden. Die Herausforderung an der Sache ist, dass folgende Aussage von Nietzsche leider in zu vielen Fällen zutreffend ist: „Man verdirbt einen Jüngling am sichersten, wenn man ihn anleitet, den Gleichdenkenden höher zu achten, als den Andersdenkenden." Wir mögen es weder, die eigenen verleugneten Teile gespiegelt zu kommen, noch mögen wir es, wenn sich jemand gegen unser Denken und Sein richtet. Wenn Eltern gekonnt mit der Aneignung verleugneter Teile umgehen können, geben sie Kindern automatisch den Freiraum einer freien, unabhängigen und unvoreingenommen Entwicklung.

Spannend zu beobachten ist auch die Dynamik, wenn es mehrere Geschwister gibt. Diese sind nämlich in ihrer Art und in ihren verleugneten Teilen gerne komplementär. Der oder die Eine ist extrovertierter, der Andere introvertierter. Der Eine ist eher der rationale und intellektuelle, während der Andere vorrangig der intuitive und kreative ist. Es bestehen perfekte Ergänzungen, sodass auch unter den Kindern die Widerspiegelung verleugneter Teile erfolgt. Insofern reiben sich Geschwister auch immer wieder untereinander. Schlussendlich tun sie jedoch nichts anderes als sich gegenseitig in ihrem Wachstumsprozess zu assistieren. Sie helfen einander dabei, ihren Kreis zu komplementieren. Sie lehren den Anderen, eine neue Dimension der inneren Ruhe zu erreichen. Und dafür dürfen wir unsere Geschwister, Kinder oder Eltern ehren und ihnen ein Leben lang dankbar sein, auch wenn es nicht immer leicht fällt.

Zwei Fragen, die sich also als äußerst hilfreich erweisen, wenn es darum geht, die innere Ruhe zu bewahren und nicht aufzubrausen, wenn wir uns über Personen oder Ereignisse ärgern möchten, sind folgende: Wieso ziehe ich diese Person oder dieses Erlebnis in mein Leben? Und was ist hier der Lernfaktor für mich? Allein durch das Stellen dieser Fragen begeben wir uns in die Beobachterrolle und distanzieren uns von inneren Explosionen und Ladungen. Wir werden vom Spieler zum Trainer und gewinnen eine weitreichende Außenperspektive, anstatt einer limitierten Innenperspektive zu unterliegen. Und dadurch werden wir zunehmend selbstbestimmter und immer weniger fremdbestimmt. Die innere Gelassenheit wird für uns immer mehr die Norm, unabhängig von äußeren Wogen.

Unausgeglichenheiten im Denken – Gedankenflut

Innere Unruhen aus Unausgeglichenheiten können sich allerdings nicht nur durch reaktives Verhalten bemerkbar machen, sondern auch durch Gedankenfluten. Diese machen sich besonders gerne vor dem Einschlafen spürbar. Wir liegen dann abends im Bett und es gehen uns noch unzählige Dinge durch den Kopf. Die Gedankenflut besteht aus unverarbeiteten und demnach unausgeglichenen Wahrnehmungen und widerfahrenen Ereignissen. Es sind all jene Dinge, die wir noch als einseitig und schwarz oder weiß empfinden und betrachten. Sobald wir in unserem Denken ausgeglichen und grau werden, nimmt auch die Gedankenflut ab. Mehr Klarheit und Strukturiertheit im Denken ist das lohnenswerte Nebenresultat davon.

Die Konsequenzen unausgeglichenen Denkens sind sehr weitreichend. Neben der scheinbar harmlosen Gedankenflut sind Aspekte wie Unterordnung, Gefühle von Angst, depressive Gedanken, emotionale Volatilität, Selbstminimierung, und sämtliche innere Spannungen ein Resultat davon. Obwohl unausgeglichenes Denken an sich nichts anderes ist, als nur die eine Seite einer Sache sehen zu wollen und keine Augen für die andere Seite zu besitzen, ist dies leichter gesagt als praktiziert. Durch die Kontrolle unserer Gedanken, die täglich geübt werden muss, können wir in unserem Denken immer ausgeglichener werden. Ein Beispiel, zunehmend Kontrolle über die Gedanken zu gewinnen, ist bewussteres Atmen. Denn wenn die Gedanken wandern und unfokussiert sind, ist es mit dem Atem ähnlich. Wenn der Atem jedoch bewusst beobachtet wird, auch wenn dies nur über einen kurzen Zeitraum einige Male täglich geschieht, sind auch die Gedanken klar und fokussiert ohne zu wandern. Unausgeglichenes Denken zu ausgeglichenem Denken umzuwandeln fasst die Konzepte dieses Kapitels hervorragend zusammen. Gleichzeitig stellt es auch den idealen Weg zur inneren Ruhe dar.

Ich möchte dieses Kapitel schließen, wie ich es begonnen habe: mit einem Zitat von Emerson: „Wenn ich mich großen Mitmenschen in den Schatten gestellt und übertroffen fühle, kann ich gleichwohl lieben; ich kann immer noch empfangen; und wer liebt, macht sich die Größe, die er liebt, zu eigen. […] Es ist die Natur der Seele, sich alle Dinge anzueignen und sich zu eigen zu machen."

Kapitel-Highlights:

- Unsere verleugneten Teile sind die Ursache für reaktives Verhalten.

- Je weniger verleugnete Teile wir besitzen, umso größer ist die innere Ruhe.

- Die Aneignung verleugneter Teile durchläuft einen Drei-Schritte-Prozess:

  1. Identifizieren

  2. Aneignen

  3. Ausgleichen.

- Was wir in unserem Gegenüber wahrnehmen, tragen wir in uns selbst.

- Wir sind der Urheber unserer eigenen Umstände. Wir ziehen das in unser Leben was uns ausgleicht und uns dabei hilft zurück zu unserer inneren Einheit zu finden.

- Durch Ausgeglichenheit in unserem Denken eliminieren wir Faktoren wie Gedankenflut und innere Spannungen.

- Wir sind wie ein Kreis, der sich danach sehnt, komplementiert und rund zu werden.

Kapitel 6:
Säule 3: Selbstmanagement - Der Produktivitätsfaktor

„Nichts ist so nutzlos, als das effizient zu erledigen,
was nicht getan werden muss."

Peter F. Drucker

In unserem Streben nach Selbstführung wollen wir jetzt, nach der Selbstkenntnis und der Selbstkontrolle, auf das Thema Selbstmanagement eingehen. Wir legen dabei das Augenmerk hauptsächlich auf die Frage, wie wir am geschicktesten in Richtung unserer Lebensvision fortschreiten können und unsere Projekte erledigen. In der Frage selbst steckt bereits ein Schlüsselaspekt, wenn es um Produktivität und Selbstmanagement geht: Wir erledigen idealerweise ausschließlich die Dinge, die uns dabei helfen, der Implementierung der Lebensvision schrittweise näher zu kommen. Dadurch wird unser Progress messbar und wir vermeiden eine der größten Attrappen des Beschäftigtseins: produzieren rein um des Produzierens willen. Denn darin sind viele von uns hervorragend. Heutzutage ist es eine große Gefahr, zu beschäftigt damit zu sein, lediglich beschäftigt zu sein oder beschäftigt zu wirken. Solange wir das Gefühl verspüren, etwas zu tun zu haben, glauben wir, auf der sicheren Seite zu sein. Damit machen wir uns aber leider nicht nur selbst etwas vor, sondern auch unseren Mitmenschen. Bereits Schopenhauer hat als Absurdität herausgestellt, dass wir Menschen viel zu oft produzieren rein um des Produzierens willen und nicht unser Streben auf ein klares Ziel richten, sondern ebenfalls streben um des Strebens willen selbst.

Wie wichtig die Klarheit der Lebensvision ist, wird hier erneut deutlich. Wenn wir kein klares Bild von dem besitzen, wo wir hin möchten, dann können wir auch nicht unsere Handlungen strategisch demnach ausrichten. Die eigene Produktivität zu messen ist an sich keine sonderlich schwere Aufgabe. Indem wir uns jeden Abend fragen, was wir heute produziert haben, das uns dabei hilft, in die Richtung unserer Lebensvision fortzuschreiten, stellen wir schnell fest, ob wir an dem Tag tatsächlich produktiv waren oder nicht. Unser Ziel in diesem Kapitel ist es, genau dorthin zu kommen; jeden Abend sagen zu können, dass wir über einen bestimmten Zeitraum produktive Arbeit geleistet haben, die dazu dient, die wichtigsten Projekte zu erledigen und der Lebensvision etwas näher gerückt zu sein. Nach dem stellenweise theoretischen letzten Kapitel werden wir hier enorm praxisorientiert vorgehen. Die Ansätze lassen sich direkt umsetzen, was sehr empfehlenswert ist. Wir werden gemeinsam einen 5-Schritte-Prozess unter die Lupe nehmen und dabei die wichtigsten Produktivitätsfaktoren kennenlernen.

Sich selbst führen zu können bedeutet auch, sich, seine Projekte und seine Zeitnutzung effektiv zu managen. Genau damit wollen wir jetzt beginnen.

Schritt 1: Bestimme die wichtigsten Projekte

Ein Hauptfaktor, der uns davon abhält, produktiv zu werden und in die Gänge zu kommen, ist, dass wir nicht wissen, womit wir beginnen sollen. Wir fühlen uns außerdem, gerade in der heutigen Zeit, überwältigt von der Zahl an Projekten, die uns zur Auswahl stehen. Dabei den Fokus zu verlieren, ist schnell geschehen. Und genau das hat schwerwiegende Konsequenzen. Der eigene Fokus ist für die Produktivität ein enorm wichtiges Element. Er ist so wichtig, dass Warren Buffet und Bill Gates ihren Fokus als den ausschlaggebenden Faktor ihrer erfolgreichen Karriere bezeichnet haben. Konfuzius hat die weise Beobachtung gemacht, dass der Mensch, der versucht, zwei Hasen zu fangen, keinen davon erwischt. Für uns ist es insofern entscheidend, im ersten Schritt die drei, maximal fünf wichtigsten Projekte in unserem Leben zum jetzigen Zeitpunkt festzulegen. Diese ändern sich selbstverständlich relativ häufig. Wenn wir ein Projekt erledigt haben, rückt das nächste an dessen Stelle. Die Projekte, die wir hier auswählen wollen, sind jene, die von allerhöchster Priorität sind. Es sind die drei Projekte, die dir in deinem Streben nach der Erfüllung der Lebensvision am meisten helfen. Sie können beruflicher Natur, aber auch körperlicher, familiärer, finanzieller, oder aus einem anderen Lebensbereich sein. Es kann auch sein, dass alle Projekte aus einem Lebensbereich stammen. Ein Projekt könnte etwas sein wie eine Sprache zu lernen, einen Marathon zu laufen, ein Buch zu schreiben, x-Pfund abzunehmen, den Umsatz um x-Prozent zu steigern, ein Haus zu bauen, ein Musikinstrument zu erlernen und unzählige weitere Möglichkeiten. Entscheidend ist es, die drei Projekte zu identifizieren, die zum jetzigen Zeitpunkt den größten Fortschritt in Richtung deiner Lebensvision versprechen.

Hier stellt sich die Frage, wie wir denn entscheiden und abwägen sollen, welchem Projekt wir am besten unsere Zeit und volle Aufmerksamkeit widmen und welchem nicht. Dies ist erst einmal sehr stark vom eigenen Prioritätensystem abhängig. Wenn ein Projekt mit den eigenen intrinsischen Prioritäten zusammenhängt, steigt dadurch nicht nur die Attraktivität des Projekts, sondern auch die Wahrscheinlichkeit, dass es durchgezogen wird. Ein weiterer Schlüsselpunkt ist die Überzeugung, dass wir mehr durch das Projekt erhalten, als wir in es investieren. Das bedeutet Faktoren wie Zeit, Geld, Opfer – die dafür gebracht werden, Energie und Anstrengung sollten von geringerem subjektiven Wert sein wie das erwartete Resultat des Projekts. Michelangelo hat unvorstellbar viel Zeit, Energie und Anstrengung in die Deckenmalereien der Sixtinischen Kapelle investiert, da es ihm das Endresultat allemal wert war. Wie unfassbar produktiv er dabei war, ist kaum in Worte zu fassen. Ein solches Projekt in dem Zeitrahmen zu stemmen war für ihn nur aufgrund des Zusammenhangs mit den intrinsischen Prioritäten möglich. Für uns ist also die Frage entscheidend, ob der Input in das Projekt kleiner ist als der subjektiv-abzuwägende Output.

Darüber hinaus spielen jedoch weitere Faktoren noch eine wichtige Rolle, wenn das Projekt durchgezogen werden soll. Neben der intrinsischen Begeisterung für das Projekt sind auch die folgenden Aspekte wichtig zu berücksichtigen:

- Gelegenheits-Abwägung: kann ich es mir leisten, jede Menge Zeit, Gedanken, Aufwand, Energie in dieses Projekt zu stemmen oder gehen mir dadurch wichtigere Dinge durch die Lappen?

- Langfristige Identifikation: Werde ich mich auch in Zukunft an der erfolgreichen Umsetzung dieses Projektes erfreuen können oder handelt es sich hierbei um eine Eintagsfliege?

- Persönlicher Nutzen: Lohnt sich dieses Projekt aus rein egozentrischer und ergebnisorientierter Sicht für mich?

- Dauer: Wie lange muss ich planmäßig auf die Früchte warten?

- Umfeld: Stehen die wichtigsten Personen in meinem Leben bei diesem Projekt hinter mir?

- Selbstbestimmung: Zu welchem Ausmaß ist die erfolgreiche Umsetzung dieses Projektes von mir alleine abhängig und wie weit darf ich die Entscheidungen treffen?

- Ressourcen: Habe ich die nötigen Mittel, um dieses Projekt zu stemmen?

All diese Faktoren sind wichtig, wenn es darum geht abzuwägen, ob das Projekt anstrebenswert ist und die gelungene Umsetzung greifbar erscheint. In einigen Fällen treffen wir die Entscheidung auch aus Selbstkenntnis und innerer Überzeugung heraus. Wir wissen vorher schon, dass, wenn wir ein bestimmtes Projekt angehen, wir es auch erfolgreich umsetzen werden, weil es uns so sehr am Herzen liegt. Wir verspüren eine enorme Anziehungskraft des Projekts und bedürfen deswegen keiner weiteren Abwägung. Bevor wir also zum zweiten Schritt übergehen können, ist es entscheidend, dass du die wichtigsten drei Projekte, an denen du momentan arbeitest, festlegen konntest.

Schritt 2: Welche Unterpunkte müssen dafür erledigt werden?

Bevor wir damit beginnen können produktiv zu werden und in die tatsächliche Umsetzung einzusteigen, müssen noch zwei weitere Schritte getätigt werden.

Im zweiten Schritt geht es darum, das Projekt in kleinere Meilensteine herunterzubrechen. Dadurch bekommen wir einen klareren Überblick darüber, was erledigt werden muss und was mit dem Projekt zusammenhängt. Gleichzeitig geht dadurch auch das Gefühl der Überwältigung etwas verloren. Wir sehen nicht mehr eine Mammut-Aufgabe vor uns, sondern kleinere Häppchen. Wenn wir den Gipfel des Mount Everest erklimmen oder an einem Iron-Man teilnehmen möchten, dann klingt das erst einmal riesig. Wenn wir es anschließend jedoch in die einzelnen Schritte herunterbrechen und in die weiteren Schritten die täglichen Aktivitäten dafür identifizieren können, wächst der innere Glaube daran, es erreichen zu können. Wenn wir beruflich mit einem neuen Projekt konfrontiert werden, dann fühlen wir uns solange überfordert, bis wir es in kleinere Einzelteile zerlegen konnten. Auch „eine Reise von tausend Meilen beginnt unter deinem Fuß", heißt es so schön bei Laotse im Tao Te King.

Wir wollen hier die 5-7 essenziellen Unterpunkte des Projektes herausfiltern und in einen Zeithorizont gliedern, der uns nicht überfordert. Denn wir sind solange zögerlich einem Projekt gegenüber, bis die einzelnen Schritte dem eigenen Zeithorizont gerecht werden. Welche 5-7 Meilensteine sind also ausschlaggebend für die erfolgreiche Umsetzung deiner Projekte? Nehmen wir zur Verdeutlichung als Beispiel hier das Projekt, das Geschick des öffentlichen Redens zu meistern. Je nachdem, mit welchem Hintergedanken an das Projekt herangegangen wird, ließen sich beispielsweise folgende Unterpunkte finden:

1. Atemtechnik beherrschen

2. Sämtliche Facetten der Stimme in Griff bekommen

3. Körpersprache meistern

4. Geschickte Strukturierung erlernen

5. Umgang mit dem Publikum zunehmend perfektionieren.

Für jeden dieser Bereiche gibt es zwar dann noch weitere Aspekte, die in Betracht gezogen werden müssen, allerdings zeigt dies genau, worauf es zu achten gilt.

Wie sieht es mit deinen Projekten aus? Welche Schritte müssen getätigt werden, um sie gelingen zu lassen?

Schritt 3: Plane und priorisiere

Erst im dritten Schritt wird es langsam etwas griffiger. Wir beginnen nun nämlich damit, einen Blick auf unseren alltäglichen Tagesplan zu werfen. Im Mittelpunkt steht dabei der Gedanke, so weit wie möglich Herr über die eigene Tagesagenda zu werden. Das bedeutet, die beste Zeit des Tages, aus persönlicher Sicht, für die wichtigsten Projekte und Aufgaben in dem entsprechenden Bereich zu nutzen, bevor wir uns in den Agenda anderer Menschen oder unserem E-Mail-Posteingang verlieren. Sich jeden Morgen oder am Abend vor dem Schlafengehen zu fragen, welche Dinge unbedingt an dem Tag erledigt werden müssen, um weiter in Richtung erfolgreicher Projektumsetzung zu schreiten, hilft uns dabei, aktiv zu bleiben und täglichen Fortschritt zu verspüren, der Balsam für die innere Motivation ist. Die Wichtigkeit des Planens kann nicht genug hervorgehoben werden. Alec Mackenzie zeigt in seinem Zeitmanagement Klassiker The Time Trap genau auf, welche Rolle das Planen im Leben erfolgreicher Manager spielt. Er lässt dabei aber nicht außen vor, dass es für jedes Individuum eine absolute Schlüsselrolle spielt. Und die Yale-Universität hat im späten 20. Jahrhundert eine Studie mit Absolventen durchgeführt, die sich die Mühe gemacht haben, jeden Lebensbereich genauso wie ihren Alltag zu planen und strukturieren und diese mit Absolventen verglichen, die ohne Plan auszukommen meinten. Die Resultate der Studie haben eine eindeutige Sprache gesprochen. 97% der Absolventen hielten es für unnötig zu planen, wo es in jedem

Lebensbereich hingehen soll und wie sie dorthin gelangen wollen. Ein Blick auf das Leben dieser zwei Gruppen nach fast zwei Jahrzehnten hat gezeigt, dass die 3%, die bewusst geplant haben, mehr in den verschiedenen Lebensbereichen erreicht haben als die anderen 97% zusammen. Benjamin Franklin hat das Ganze, etwas dramatisch, so zusammengefasst: „Wenn du scheiterst zu planen, dann planst du zu scheitern."

Welche, durchschnittlich gesehen, 5-7 Dinge sollten also abgehakt werden können, damit du behaupten kannst, es war ein guter und produktiver Tag? Diese Dinge variieren selbstverständlich. Das können Sachen sein wie Joggen gehen, einen wichtigen Telefonanruf tätigen, einen Blog-Post oder Artikel schreiben, eine Stunde lesen oder lernen, mit den Kollegen effektiv brainstormen, Musik machen usw. Die Möglichkeiten sind erneut unzählig. Der Kernpunkt ist dabei, sich bewusst hinzusetzen und die 5-7 Dinge niederzuschreiben. Denn somit erlangen wir einen Überblick über die verschiedenen Aufgaben und können diese gezielt priorisieren. Dabei bringen wir sie in die Reihenfolge der Wichtigkeit. Was ist das allerwichtigste, das an diesem Tag getätigt werden muss? Was kommt danach? Dadurch erreichen wir eine Hierarchie in unseren täglichen Aufgaben. Wann die bestimmte Aufgabe schließlich getätigt wird, lässt sich in zwei Möglichkeiten aufgliedern. Wenn es der Tagesablauf zulässt, dann können wir direkt am Morgen mit der Tätigkeit mit der höchsten Priorität beginnen und an ihr Arbeiten, bis sie erledigt ist. Anschließend können wir zur zweitwichtigsten Priorität fortschreiten, bis wir alle Aufgaben abgehackt haben. Die andere Möglichkeit besteht darin, die Zeit, von der wir der Überzeugung sind, es sei für uns die produktivste und beste Zeit, um konzentriert zu arbeiten, der höchsten Priorität zuzuschreiben; und den Tag demnach auszurichten. Der größte Haken an diesem Konzept ist psychologischer Natur. Wenn wir am frühen Vormittag bereits wissen, dass wir die wichtigste Tätigkeit erledigt haben, gibt uns dies eine enorme innere Gelassenheit.

Nachdem diese Aktivitäten erledigt wurden, können wir uns um andere Angelegenheiten kümmern, die auch getan werden müssen, aber weniger dienlich dabei sind, unsere Hauptprojekte voranzutreiben. Nun kann es natürlich für viele Menschen sein, dass der Alltag einem sehr stark aufgedrängt wird und die Tagesagenda nicht vollständig in der eigenen Macht liegt. Auch wenn dies der Fall ist, ist es trotzdem entscheidend zu planen und zu priorisieren, um stückchenweise die eigene Agenda zurückzugewinnen. Es lässt sich hier mit kleinen Dingen anfangen. Ein inspirierendes Audio für das persönliche Wachstum auf dem Weg zur Arbeit. Der erfüllende Spaziergang mit dem Partner oder den Kindern am späten Nachmittag. Die Atemübungen, um die Energie zu steigern, im Bad.

Es gibt zahlreiche Möglichkeiten mit kleinen Dingen zu beginnen und von dort aus den Prozess gedeihen zu lassen. Jedoch können auch berufliche Tätigkeiten und Aufgaben in dieses Konzept übernommen werden. Das wäre für das eigene Wohlbefinden sogar sehr förderlich, wenn der Beruf nicht rein als Mittel zum Zweck, sondern als Quelle der Inspiration und Freude dient. Aber selbst wenn er mit Überwindung zusammenhängt, kann der berufliche Alltag durch neu gewonnene Struktur und Planung deutlich erfreulicher und produktiver gestaltet werden. Wie das genau umgesetzt werden kann, zeigt uns der vierte Schritt.

Schritt 4: Blocke Zeit für die Umsetzung

Alles planen und priorisieren ist umsonst, wenn wir nicht produzieren und die Dinge erfolgreich umsetzen. Der messbare Fortschritt ist das Objekt der Produktivität. Und deswegen ist es entscheidend, die vorhandene Zeit so effektiv wie möglich zu nutzen, wenn sie als produktive Arbeitszeit festgelegt wurde. Der größte Produktivitätskiller ist der Mangel an Fokus, der durch eine Vielzahl von Ablenkungen entsteht. In der Zeit von Smartphones mit zahlreichen Apps, dem Internet und der enormen Menge an anderen Aspekten, die darum buhlen, unsere Aufmerksamkeit zu gewinnen, ist das fokussierte Arbeiten zu einer echten Kunst geworden. Wir unterschätzen bei den ablenkenden Dingen gerne ihre Auswirkungen auf unseren Fokus. Wenn wir an einer bestimmten Sache arbeiten und uns nur kurz mit etwas anderem befassen, benötigen wir stellenweise bis zu einer halben Stunde, um den ursprünglichen Fokus zurückzugewinnen; was sowieso nicht geschieht, da wir kaum eine halbe Stunde ohne erneute Ablenkung arbeiten. In dem Buch The Effective Executive von Management-Koryphäe Peter Drucker spricht dieser von der enormen Bedeutung, sich über einen längeren Zeitraum gezielt nur mit einer Sache zu befassen, sodass wirkliche Tiefe in den Gedanken entfacht werden kann und tatsächlicher Fortschritt geschieht. Und schlussendlich besteht der Großteil der Kunst der Produktivität darin, sich Zeit zu blocken, um eine bestimmte Aufgabe zu erledigen und nichts anderes zu tun. In dieser Zeit gibt es keine Ablenkungen und der Fokus ist allein einer Sache gewidmet.

Der Zeitrahmen sollte dabei mindestens 45 Minuten betragen, darf aber für den disziplinierten und stark konzentrationsfähigen Menschen auch doppelt so lange sein. In diesem Zeitblock wird das Handy auf Flugmodus gestellt und die WiFi-Verbindung des Computers ausgeschaltet. An das Arbeitszimmer kommt eine Notiz mit den Blockzeiten, zu denen keine Unterbrechungen erlaubt sind und niemand stören darf. Die Blockzeiten sind das Heiligtum der Produktivität. Selbst 3-4 Blockzeiten am Tag zu Beginn lassen den messbaren Fortschritt erstaunlich beschleunigen. Das Ziel sollte es sein, von so vielen Blockzeiten wie möglich in die nächste zu rutschen. Das Gefühl nach einem von Blockzeiten gefüllten Tag, die auch umgesetzt wurden, ist phänomenal und unglaublich befriedigend. Um jedoch die nötige geistige und körperliche Frische sowie Energie zu besitzen, sodass die Blockzeiten durchgezogen werden können, ist es wichtig, zwischen den Blockzeiten den Körper etwas in Gang zu bringen und im Idealfall eine gesunde Menge Wasser zu trinken. Ein Zyklus von 45 Minuten Blockzeit und 15 Minuten sinnvoll genutzter Pause als Richtlinie ist ziemlich anstrebenswert.

Wer Angst hat, dieses Konzept lässt einen wie ein Roboter wirken und vermehrt dazu mutieren, sowie dass einige Dinge dabei außen vor bleiben, der irrt gewaltig. Sich Blockzeiten für den E-Mail Posteingang zu verschreiben kann beispielsweise wahre Wunder wirken. Dieser Zeitblock könnte möglicherweise am frühen Nachmittag bewältigt werden, wo viele einen leichtes Energietief verspüren. Wer befürchtet, durch Blockzeiten etwas Wichtiges zu verpassen, der kann seine Pause nutzen, um das Handy oder den Posteingang zu durchleuchten. Aber selbst der Lebenspartner oder der gute Freund ist in den meisten Fällen positiv davon angetan, die uneingeschränkte Aufmerksamkeit zu verspüren. In Zeitblöcken zu denken, die darauf aus sind, den vollen Fokus für einen bestimmten Zeitraum auf eine Sache zu richten, darf nicht als zu starr und unflexibel betrachtet werden. Sie können länger oder kürzer ausgelegt werden und für die Dinge genutzt werden, bei denen es aus der eigenen Sicht sinnvoll erscheint. Der Hauptzweck von Blockzeiten ist es, Multitasking einzustellen, den Fokus auf eine Sache zu richten und über einen gewissen Zeitraum produktiv daran zu arbeiten und nichts anderes zu tun. Ablenkungen sind, wie bereits erwähnt, tabu während der Blockzeit. Gerade für den Fortschritt der wichtigsten Projekte sind geblockte Zeiten, in denen nur an einem Unterpunkt des Projektes gearbeitet wird, essenziell.

Schritt 5: Machen – Delegieren/Outsourcen – Datieren – Entledigen

Der letzte Schritt in unserem Produktivitäts-Framework ist auf die genaue Beobachtung der täglichen Aktivitäten und der anfallenden Aufgaben, die wir zu erledigen haben, ausgerichtet. Dabei geht es darum zu analysieren, wo weitere Produktivitätskiller vorhanden sind und wie diese radikal eingeschränkt werden können. Anstatt stets den Fokus darauf zu richten, was alles zu tun ist und erledigt werden soll, ist es ebenso wichtig, danach zu fragen, was nicht getan werden sollte, um fokussierter und produktiver arbeiten zu können. Wir machen in den meisten Fällen über den Tag verteilt viel zu viele Dinge, die keinen Wert für uns schaffen und ebenso wenig unser Wohlbefinden steigern. Das können Handlungen sein wie ziellos im Internet surfen, immer wieder Apps im Smartphone durchstöbern, durch Fernsehkanäle zappen oder andere belanglose Aktivitäten. Diese fördern weder unseren Fokus noch unseren Progress in Richtung unserer Lebensvision und der Projekterledigung, und genauso wenig steigern sie unser inneres Gefühl von absoluter Lebensenergie. Damit aufzuhören, solche Dinge zu tun, ist unglaublich wertvoll für die eigene Produktivitätssteigerung.

Ein hilfreiches Verfahren, um zielorientierter und effektiver arbeiten und sich selbst managen zu können, besteht darin, sich alles zu notieren, was in den eigenen Aufgabenbereich fällt; nicht nur in beruflicher Hinsicht, sondern in jedem Lebensbereich und möglicherweise auch im Haushalt; einfach einmal alles niederzuschreiben, was im Alltag und wöchentlich bzw. monatlich zu erledigen ist. Anschließend können diese Punkte dann nämlich in vier Bereiche eingeteilt werden: Selbst machen – Delegieren – Datieren – Entledigen.

Beginnen wir damit, diesen Ansatz von hinten aufzurollen. Wann entledigen wir uns einer Sache? Wenn sie nicht notwendigerweise getan werden muss, keinen Wert für uns schafft und auch keine Rolle für den Fortschritt unserer Projekte oder Lebensvision spielt, dann können wir uns dieser Sache entledigen. Notwendig ist eine Sache dann, wenn sie im Zusammenhang mit der eigenen Lebensvision steht oder ein Mittel zu dessen Zweck ist. Dinge, derer wir uns entledigen können, variieren stark, hängen aber gerne mit gesellschaftlichen Erwartungen zusammen. Zeit mit bestimmten Personen zu verbringen könnte beispielsweise etwas sein, dessen wir uns entledigen können und möchten. Aber auch Banalitäten wie Radio hören, sinnfreie Artikel lesen und das Handy studieren fallen gerne in diese Kategorie. Mir geht es keineswegs darum, hier etwas schlecht zu machen oder vorzuschreiben, sondern vielmehr darum aufzuzeigen, wie viele bedeutungslose Aktivitäten sich in unseren Alltag einschleichen.

Datieren – wann trifft dieser Fall zu? Wenn wir eine Aufgabe zu erledigen haben, derer wir uns nicht entledigen können, sie aber dennoch nicht dringend zum jetzigen Zeitpunkt abgehakt werden muss, dann ist es sinnvoll, ihr eine Blockzeit mit einem genauen Datum zu verschreiben. Dabei darf jedoch nicht der Fehler begangen werden, alles vor sich her zu schieben. Der Sinn hierin ist es, zu jedem Zeitpunkt das bearbeiten zu können, was in dem Moment von höchster Priorität ist. Und indem wir eine Sache, die gerade nicht dringend notwendig ist, datieren und ihr eine Blockzeit zuschreiben, müssen wir nicht länger daran denken und schaffen Organisation in unserem Denken und Terminkalender. Denn wenn wir unzählig viele Dinge im Hinterkopf behalten müssen, die unbedingt zu bestimmten Zeitpunkten erledigt werden müssen, dann fühlen wir uns dadurch nur erschlagen und erlangen keine Klarheit in unserem Denken und Handeln. Beispiele für Dinge, die gerne und sinnvoll zu datieren sind, sind wichtige Telefongespräche und E-Mails, Meetings, sportliche und soziale Aktivitäten, Zeit für die persönliche Weiterbildung und finanzielle und steuerliche Angelegenheiten.

Wann delegiere/ outsource ich eine Aufgabe? Eine leicht zu merkende Daumenregel für die Delegation besteht darin sich zu fragen, ob man selbst durch eine andere Aufgabe mehr Wert schaffen kann, als wenn man die zu delegierende Aufgabe selbst erledigt. Dies kann im monetären Sinn gemeint sein, muss es jedoch nicht. Wert kann ebenso in einem Gefühl von Lebensqualität oder Wohlbefinden bestehen. Zu berücksichtigen ist dabei allerdings die Nachhaltigkeit eines solchen Modells. Alle zweckbedingten Prioritäten zu delegieren, um einen angestrebten Lifestyle führen zu können, ist zum Beispiel nur dann nachhaltig, wenn es langfristig finanziell gestemmt werden kann. Um es etwas plastischer zu machen, wollen wir uns ein Beispiel vor Augen führen. Wenn wir beispielsweise 5 Stunden in der Woche mit E-Mails verbringen, dann könnten wir diese Arbeitszeit für circa 50-60€ an eine andere Person outsourcen. Wenn wir nun in den gewonnen 5-Stunden einen höheren Wert schaffen können, mehr Gelegenheiten wahrnehmen können und mehr Einkommen generieren, dann ist es sinnvoll, diesen Bereich outzusourcen. Dinge zu delegieren und outzusourcen ist also dann sinnvoll, wenn wir die Aufgabe nicht notwendigerweise selbst erledigen müssen und durch die gewonnene Zeit mehr Nutzen schaffen, als wenn wir die Zeit mit der delegierten Aufgabe verbringen würden. Menschen, die sich schwer tun, Dinge zu delegieren, weil sie Angst haben, die Qualität würde leiden und sie deswegen lieber alles selbst machen, können mit kleinen Aufgabenbereichen beginnen. Wenn sie dann erst einmal feststellen, wie viel mehr sie erledigen können, das deutlich wichtiger und von höherem Wert ist, werden sie automatisch nach und nach mehr delegieren wollen. Dinge, die häufig delegiert werden, sind E-Mails, Terminvereinbarungen, Reiseplanungen, Reservierungen, technische Aufgaben, Designs, Internetauftritt, und sämtliche Aufgaben, die anfallen und getan werden müssen, aber auch durch andere Menschen/Experten erledigt werden können.

Die letzte Kategorie ist aus subjektiver Sicht auch die Wichtigste – das Machen. Dabei geht es um all die Aufgaben, die von hoher Priorität sind, eine akute

Handlung beanspruchen und nicht zu delegieren sind. Es sind die Aufgaben, die es unbedingt im unmittelbaren Zeitraum zu erledigen gilt. Dafür kann direkt eine Blockzeit einkalkuliert werden, und dann kann sofort mit der Umsetzung begonnen werden. Die Aufgaben in diesem Bereich sind größtenteils intrinsische Prioritäten oder hängen zumindest direkt mit der eigenen Lebensvision zusammen. Sie unterscheiden sich nur durch ihre zeitliche Komponente von den Aufgaben, die datiert werden. Von ihrer Natur her sind sie jedoch gleich.

Ideales Produktivverhalten

Wenn wir einen Blick auf unsere täglichen Aktivitäten werfen, dann können wir diese erneut in vier Kategorien staffeln. Aktivitäten, die wertlos oder gar schädlich sind, Aktivitäten von geringem Wert, Aktivitäten von hohem Wert, und Aktivitäten, die unmittelbar an der Produktion und dem Fortschritt der wichtigsten Projekte andocken. Wie wir bereits angesprochen haben ist eine schmerzfreie Selbstehrlichkeit wichtig für die Selbstführung. Und auch in diesem Bereich ist es erneut wichtig, dass wir ehrlich zu uns selbst sind und es uns eingestehen, wenn wir einen Großteil unserer Zeit mit den ersten beiden angesprochenen Kategorien verbringen. Wir wissen selbst am besten, was de facto wertlos für uns ist und uns nicht im Geringsten dabei hilft, jeglichen Fortschritt zu machen. Genauso wissen wir es, wenn eine Handlung nur von geringem Wert für uns ist und wir die zur Verfügung stehende Zeit mit deutlich höherem Wert nutzen könnten. Dennoch widmen wir häufig die geringste Zeit dem tatsächlichen Fortschreiten und der zielführenden Umsetzung von Aufgaben.

Das ideale Produktivverhalten sieht jedoch genau andersrum aus. Dabei widmen wir den Großteil unserer Zeit der Arbeit, die uns am meisten dabei hilft, in Richtung unserer Lebensvision und Projekterledigung fortzuschreiten, und die zweitmeiste Zeit widmen wir Aktivitäten von hohem Wert. Die wenigste Zeit geht dabei für Dinge von niedrigem Wert drauf und keine Zeit wird für wertlose oder schädliche Tätigkeiten verwendet. Aber ganz egal, womit die eigene Zeit gefüllt wird, dieser Sache wird der volle Fokus gewidmet und sämtliche Ablenkungen werden während der Blockzeit beseitigt. Der Alltag ist dabei so ausgerichtet, dass wir uns von Blockzeit zu Blockzeit entlanghangeln.

Kapitel-Highlights

- Schlüsselfrage: Was habe ich heute produziert, das mir dabei geholfen hat, Fortschritt in meinen Projekten oder meiner Lebensvision zu machen?

- Werde dir der wichtigsten 3-5 Projekte zum jetzigen Zeitpunkt bewusst.

- Wäge deine Gelegenheit solide ab, um nicht zu viele Dinge auf einmal handhaben zu wollen.

- Brich jedes Projekt in die elementaren 5-7 Unterpunkte herunter, um einen guten Überblick zu gewinnen.

- Plane und priorisiere deine täglichen Handlungen. So gewinnst du Struktur und Orientierung für den Tagesablauf.

- Schlüsselfrage: Was muss ich heute unbedingt erledigt haben, damit es ein gelungener und zielführender Tag war?

- Blocke dir Zeit für die Umsetzung deiner täglichen Aktivitäten. Ablenkungen sind unerwünscht – der volle Fokus ist auf eine Sache gerichtet.

- Notiere alle anfallenden Aufgaben monatlich auf einen Zettel und durchlaufe den Prozess „Machen – Delegieren – Datieren – Entledigen".

- Bemühe dich darum, den Großteil deiner Zeit für Dinge zu nutzen, die von hohem Wert sind und dir im Fortschritt zu deiner Lebensvision und deinen Projekten dienen.

Kapitel 7:
Die Kunst der effektiven Ziel(um)setzung

„Der Ziellose erleidet sein Schicksal - der Zielbewusste gestaltet es."

Immanuel Kant

Neben dem Produktivitätsfaktor gehört ebenfalls der effektive Umgang mit Zielen zu der Säule Selbstmanagement in unserem Konzept der Selbstführung. Es besteht ein großer Unterscheid dazwischen, Ziele zu haben und reflektiert sowie durchdacht auch tatsächlich in die Zielumsetzung einzusteigen. Eine gewisse Vorstellung von den eigenen Zielen haben die meisten Menschen. Sie haben eine vage Ahnung davon, was sie erreichen möchten. Schlussendlich genau dort anzukommen trifft jedoch auf deutlich weniger Menschen zu. Hierfür gibt es verschiedene Gründe. Ein Mangel an Willen, passenden und effektiven Strategien sowie konstanten Handlungsbegierden, sind nur Teil einer Menge an Motiven, warum die Zielumsetzung nicht gelingt wie erwartet.

Es gibt eine große Anzahl von Möglichkeiten, sich Ziele zu stecken und diese zu verwirklichen. Die meisten von diesen haben auch sehr sinnvolle Ansätze und weisen auf wichtige Aspekte hin. Sie sprechen von Zeitrahmen, verschiedenen Größen und Arten von Zielen, sowie Ziele in der Gegenwart zu niederzuschreiben – so als wären sie bereits erreicht. Manche bieten Techniken, sich selbst zu motivieren, die Genauigkeit eines Ziels wird oft hervorgehoben sowie, dass Ziele schriftlich festgehalten werden sollten. Ein Fortschritt sollte möglichst messbar sein dadurch, dass ein Ziel in Teilziele heruntergebrochen wird, und es sollte klar sein, wieso das Ziel angestrebt wird. All dies sind äußerst gängige Maßstäbe, wenn es darum geht, wie wir uns am besten Ziele setzen und diese auch erreichen. Die Frage, die mir dabei immer wieder in den Sinn kommt, ist, wieso eine große Menge von Menschen, die sich Ziele setzt, die eigenen Ziele nicht erreicht oder gar aufhört, das Ziel zu verfolgen. Es ist zwar mehr als lobenswert, sich wirklich hinzusetzen und Ziele zu formulieren, davor habe ich Hochachtung, allerdings ist doch das Ziel der Zielsetzung idealerweise diese Ziele auch zu erreichen. Sich ein Ziel zu setzen um des Zielsetzens willen wäre doch absurd und selbsttrügerisch, oder etwa nicht? Ich bin der festen Überzeugung, dass hinter unserem Scheitern, unsere Ziele zu erreichen, eine andere

Ursache liegt als die eigene Unfähigkeit oder ein Mangel des Willens. Entweder wir sind uns schlichtweg nicht im Klaren darüber, wie wir uns am besten Ziele setzen, um diese durchzuziehen. Oder wir haben aufgegeben, uns Ziele zu setzen, weil es zu viele Möglichkeiten gibt und wir frustriert darüber sind, dass es nicht klappt wie gewünscht. Oder es besteht ein klares Defizit im Punkte Kongruenz zwischen Zielen, dem eigenen Prioritätensystem und der Lebensvision. Der dritte Aspekt stellt für mich hierbei den Hauptfaktor für ineffektiven Umgang mit Zielen dar. Und das bezieht sich auf Ziele sämtlicher Art. Es können die Ziele eines Unternehmens sein, in dem sich die Mitarbeiter nicht mit der Vision und den Prioritäten des Unternehmens identifizieren können, weil ihnen der Bezug zum eigenen Prioritätensystem fehlt, das sie erfüllen möchten, aber genauso können es die Ziele innerhalb jedes Lebensbereiches sein.

Wir wollen innerhalb dieses Kapitels daran feilen, die Grundlagen der Zielsetzung aufzufrischen, genauso wie weiterführende und fortgeschrittene Konzepte dieses Themenbereichs untersuchen. Dadurch, dass wir im vierten Kapitel an der eigenen Lebensvision gebastelt haben und durch gezielte Fragestellungen reflektiert haben, wie die eigene Lebensreise aussehen soll, wird uns hier einiges leichter fallen und klarer sein. Auch das vorhergehende Kapitel, indem wir Produktivität behandelt haben, greift wie ein Zahnrad in die Ansätze der effektiven Zielumsetzung.

Die entscheidende Rolle der Zielsetzung kann nicht oft genug hervorgehoben werden. Ziele zu haben, für die es sich zu leben und zu kämpfen lohnt, zählt für einige Menschen als eine der größten Motivationsspritzen überhaupt. Ziele geben uns eine Richtung. Sie sind wie ein Leuchtturm, an dem wir uns orientieren können, während wir uns auf hoher See befinden. Ohne den Leuchtturm gehen wir unter. Gefahr besteht allerdings auch, wenn der Leuchtturm unerreichbar weit entfernt zu sein scheint. Auch dann gehen wir in vielen Fällen unter. Gleichzeitig ist ein zu naher und leicht erreichbarer Leuchtturm auch nicht unbedingt ein Anreiz, für den wir aus uns herausgehen und alles geben würden. Wir wollen uns strecken müssen, um den Leuchtturm zu erreichen. Dadurch haben wir bei der Ankunft ein überwältigendes Gefühl und wir sind während der Reise unwahrscheinlich gewachsen.

Wenn wir uns also Ziele setzen, die zu groß für den angepeilten Zeitrahmen sind, dann fühlen wir uns überwältigt und frustriert. Wir haben das Gefühl, bei der Zielumsetzung innerlich auszubrennen, da sie nicht zu gelingen scheint. Wenn wir uns jedoch zu kleine Ziele setzen für einen zu großen Zeitrahmen, dann fühlen wir uns gelangweilt. Wir werden nicht herausgefordert, verspüren keinen Wachstumsprozess und sind deswegen ebenfalls innerlich frustriert. Die Kunst besteht also darin, den goldenen Mittelweg zu finden. Die Ziele so zu setzen, dass wir uns strecken müssen, der Zeitrahmen uns herausfordert, aber dennoch machbar ist und wir am Ende das Gefühl haben, wie ein Gummiband gedehnt worden zu sein ohne in die ursprüngliche Größe zurück zu federn, ist unsere Richtlinie. Denn wachsen und verbessern wollen wir uns alle. Noch nie ist mir ein Mensch begegnet, der morgens aus dem Bett gestiegen ist und sich gedacht hat: „Heute ist ein großartiger Tag zu schrumpfen und schlechter zu sein als gestern."

Zwei Arten sich Ziele zu setzen

Bevor wir damit beginnen können, uns mit einer Strategie für sinnvolle Zielsetzung zu befassen, müssen wir zwei Schlüsselaspekte dieses Themas durchdenken. Diese werden gerne außer Acht gelassen und sind daher ein verdecktes Motiv der weniger erfolgreichen Zielumsetzung. Hier liegt auch für den Großteil der Fälle der Hund begraben, wieso Neujahrsvorsätze nicht langfristig umgesetzt werden. Ganz egal welche Art von Ziel wir uns setzen, es ist absolut entscheidend, dass wir uns für dieses Ziel innerlich begeistern können und es im Zusammenhang mit unseren intrinsischen Prioritäten steht. Bei kleineren Zielen kann eine Inkongruenz noch überwunden werden, aber wenn wir uns langfristige Ziele stecken, die viel Zeit und Energie beanspruchen, dann werden wir uns bei der Umsetzung extrem schwer tun, wenn kein Bezug zu den eigenen intrinsischen Prioritäten besteht. Wenn ich zu Jahresbeginn das Ziel setze, über das Jahr hinweg eine bestimmte Anzahl an Büchern, Studien und Artikeln zu lesen, dann kann ich dies nur durchziehen, weil Lernen und persönliche Weiterbildung für mich die höchste Priorität darstellen. Wenn ich mir plötzlich zu Jahresbeginn das Ziel setze, wöchentlich mehrere größere Laufeinheiten zu machen, dann werde ich mich schwerer tun, da der direkte Bezug zu meinen höheren intrinsischen Prioritäten fehlt.

Die erste Art, sich Ziele zu setzen, besteht also darin, die Ziele kompatibel mit den eigenen intrinsischen Prioritäten zu gestalten, die im Idealfall auf die eigene Lebensvision ausgerichtet sind. Wenn dies der Fall ist, dann ist die Grundlage für das erfolgreiche Zielumsetzen gelegt und es müssen nur noch die Feinheiten wie der zeitliche Rahmen und die Größe des Ziels stimmig sein. Wie ich es jedoch bereits im dritten und vierten Kapitel angesprochen habe, machen wir uns hier leider zu oft selbst etwas vor. Wir setzen uns Ziele, die nicht mit den eigenen intrinsischen Prioritäten zusammenhängen, und wundern uns darüber, warum wir diese Ziele nicht erreichen. Das Paradebeispiel hierfür ist und bleibt der Aufbau von materiellem Wohlstand. Aber auch der mentale Bereich fällt diesem Schema gerne zum Opfer. Wir haben das Ziel klar und strukturiert denken zu können sowie intellektuell sehr bewandert zu sein, aber dies entspricht keineswegs unseren intrinsischen Prioritäten. Und aus diesem Grund gibt es die zweite Art, sich Ziele zu setzen.

Bei dieser Art der Zielsetzung legen wir unsere Ziele fest und beeinflussen anschließend unser Prioritätensystem so, dass Ziele und intrinsische Prioritäten in Einklang stehen. Dabei ist es wichtig, dass wir uns über das Motiv unserer Ziele klar sind, bevor wir einen bewussten Eingriff in das Prioritätensystem vornehmen. Nachdem wir uns über die eigenen Ziele im Klaren sind, können wir uns fragen, welche Prioritäten für das Erreichen der Ziele entscheidend sind und demnach unser Prioritätensystem zunehmend so ausrichten. Die erste Art der Zielsetzung ist ohne Zweifel die reibungslosere und umsetzungsfreundlichere, allerdings ist die zweite Art äußerst hilfreich und in vielen Fällen notwendig, wenn es darum geht, die Ziele auch tatsächlich zu erreichen.

Der bewusste Wandel von Prioritäten

Wie gestalten wir also einen Eingriff in das eigene Prioritätensystem am geschicktesten? Voraussetzung hierfür ist die genaue Kenntnis des eigenen Prioritätensystems. Nur wenn wir genau wissen, wie unser Prioritätensystem aussieht, können wir es gezielt beeinflussen. Wenn die Voraussetzung gegeben ist, dann sind drei essenzielle Schritte zu tätigen. Im ersten Schritt ist es entscheidend, die Priorität zu identifizieren, die im eigenen Prioritätensystem aufgrund der gesetzten Ziele einen höheren Rang einnehmen soll. Um das Konzept des Prioritätenwandels plastisch zu machen, werde ich hier mit einem simplen Beispiel fortfahren. Nehmen wir an, unser Ziel ist es, einen rundum gesunden Körper zu bekommen, der dehnbar, gut durchtrainiert und fit ist und wir dadurch eine unheimliche Energie von Vitalität verspüren. Um das Ziel zu erreichen, wollen wir 10 Kilo abnehmen, indem wir unsere Ernährung umstellen, zweimal wöchentlich ins Yoga gehen, sowie zweimal wöchentlich einen längeren Spaziergang machen. Da wir ein ernstes Interesse an diesem Ziel besitzen und es langfristig aufrecht erhalten wollen, ist es notwendig, die physische Komponente und deren Einzelheiten zu einer hohen Priorität für uns zu machen. Wir kennen jetzt also unser klares Ziel und wissen auch, welche Priorität in unserer Hierarchie dafür nach oben befördert werden muss. Bevor wir zum zweiten Schritt kommen, ist es mir noch ein Anliegen, auf eine wichtige Sache aufmerksam zu machen. Wenn wir einen Eingriff in unser Prioritätensystem vornehmen und eine neue Priorität weiter nach oben befördern möchten, dann müssen zwangsläufig eine oder mehrere andere Prioritäten darunter leiden und werden automatisch weiter nach unten bewegt. Indem wir Ordnung, Fokus und Disziplin in einen Bereich bringen, werden dadurch notwendig auch Chaos bzw. weniger Ordnung, geringerer Fokus und weniger Disziplin in einen anderen Bereich gebracht. Der Grund hierfür ist der Mittelpunkt in Emersons großartigem Aufsatz Kompensation; es bewahrt uns in einem inneren Gleichgewicht, wie wir es im fünften Kapitel besprochen haben.

Der zweite Schritt des Prioritätenwandelprozesses besteht darin, den intrinsischen Wert der neuen Priorität an sich zu steigern. Dadurch machen wir uns bewusst, welche Vorteile die neue Priorität für uns mit sich bringt und welchen Nutzen wir dadurch verspüren werden. In unserem Beispiel würde das folgendermaßen aussehen: Wir stellen uns die Frage, wie unser Leben sich anfühlen wird, wenn wir den Prioritätenwandel vollzogen haben und dadurch unser Ziel erreichen. Was sind die Vorteile, wenn wir deutlich mehr Energie verspüren und uns um einiges wohler in unserem Körper fühlen? Beispielantworten wären: Wir fühlen uns selbstbewusster in unserer Haut; wir wirken anders auf andere Menschen; wir strahlen mehr Lebensfreude aus; wir haben besseren Sex usw. Für alle Antworten können wir dann auch noch die Vorteile der Vorteile erfragen, die stellenweise noch anspornender seien können.

Für diesen zweiten Schritt ist eine ausführliche, durchdachte und mit Überzeugung durchgeführte Arbeit in schriftlicher Form fundamental. Der Grund dafür ist auf die eigenen Schaltkreise im Gehirn zurückzuführen, die dadurch neue Impulse besser und stärker aufnehmen und verarbeiten. Zudem können zunehmend neue Synapsen gebildet werden. Eine Anzahl von mindestens 100 sinnvollen Antworten in Form von aufgelisteten Vorteilen und Vorteilen der Vorteile ist für den nachhaltigen Erfolg grundlegend. Es geht also darum, mindestens 100 generelle Vorteile und Nutzen, die durch die neue Priorität entstehen und erwartet werden, möglichst in schriftlicher Form festzuhalten.

Der dritte Schritt ist dem zweiten ziemlich ähnlich. Auch hier ist es das Ziel, durch eine große Anzahl an Antworten auf gezielte Fragestellungen neue Impulse für die Schaltkreise im Gehirn zu schaffen sowie solide Synapsenverknüpfungen zu bilden. Um den Prioritätenwandel abzuschließen, wollen wir die neue Priorität noch mit den bisher vorhandenen Prioritäten verbinden. Das bedeutet, wir stellen uns die Frage, wie die neue Priorität uns dabei hilft, unsere höchsten drei intrinsischen Prioritäten zu erfüllen. Nehmen wir hier zur Verdeutlichung erneut unser Beispiel des physischen Bereichs. Die drei höchsten intrinsischen Prioritäten der Person sind Finanzen, Familie und Musik. Wir suchen jetzt nach ganz spezifischen Vorteilen für diese drei Aspekte, die wir durch die neue Priorität erwarten können. Mögliche Beispiele dafür wären: Wenn ich deutlich mehr Energie besitze und somit meine Ausstrahlung grundlegend anders ist, dann ziehe ich auch unverkennbar mehr Geschäftsmöglichkeiten in meinem Leben an; wenn ich mich fitter fühle, dann kann ich mit meiner Familie ganz andere Dinge unternehmen und ihnen viel mehr Wärme und Lebensenergie entgegenbringen; um gut und etwas länger musizieren zu können, ist es notwendig, dass ich fit bin und eine Menge Energie besitze, usw. Auch hier können wir ohne Probleme jede Menge mehr Beispiele für spezifischen Nutzen finden. Und wir können ebenfalls nach den Vorteilen des jeweiligen Nutzen fragen. In diesem dritten Schritt wird sehr klar, wieso es entscheidend ist, das eigene Prioritätensystem ausgezeichnet zu kennen.

Von der Anzahl her sollten wir auch hier ein Minimum von 100 gut durchdachten und ehrlichen Antworten notieren. Es hilft wenig, einfach Antworten hinzukritzeln, um fertig zu werden. Wir müssen wirklich spüren, wie sich der Vorteil anfühlt und welche Auswirkungen er auf unser Leben hat. Ob wir die drei Schritte erfolgreiche durchlaufen sind, spüren wir daran, dass sich Veränderung in unserem Verhalten vorfinden lassen. Wenn alles beim Alten bleibt, dann müssen wir etwas nacharbeiten und mit mehr Zielstrebigkeit und Sorgfalt an die Sache heran gehen.

Zusammengefasst sieht der Prozess des Prioritätenwandels also folgendermaßen aus:

1. Priorität, die in der Hierarchie steigen soll, identifizieren. Dazu muss das Warum des Ziels klar sein.

2. Mindestens 100 generelle, schriftlich notierte Nutzen und Vorteile der Auswirkungen der Priorität.

3. Mindestens 100 spezifische, schriftliche notierte Nutzen und Vorteile der neuen Priorität für die bisherigen Top-3-intrinsischen-Prioritäten.

Wichtig ist zu beachten, dass ein nachhaltiger Prioritätenwandel nur gelingen kann, wenn die Stärke des Ziels sowie die intrinsische Begeisterung dafür größer ist als die Bequemlichkeit in alten Mustern zu verharren, was nicht unterschätzt werden darf.

Der Zielsetzungsprozess

Nachdem wir jetzt wissen, welche zwei fundamentalen Wege der Zielsetzung es gibt, und auch, wie wir den zweiten Weg effektiv und nachhaltig bewältigen können, ist es sinnvoll, mit dem tatsächlichen Prozess der Zielsetzung zu beginnen. Dabei wollen wir unser Augenmerk auf verschiedene Richtlinien legen sowie zwischen unterschiedlichen Arten von Zielen unterscheiden. Auf eine ganz besondere Art von Ziel sind wir bereits ausführlich im vierten Kapitel eingegangen: deine Lebensvision. Auch bei ihr handelt es sich um ein Ziel, dessen Kraft uns zieht und uns täglich anspornt, trotz des enormen zeitlichen Rahmens. Neben dem zeitlichen Rahmen werden wir auf die Erwartungen, die selbst festgelegten Spielregeln sowie die Größe des Ziels eingehen. Bill Gates hat zur Größe von Zielen einmal sehr treffend gesagt, dass wir häufig überschätzen, was wir innerhalb eines Jahres erreichen können, aber dafür in den meisten Fällen unterschätzen, was wir innerhalb eines Jahrzehnts schaffen können. Je nach den eigenen Spielregeln und dem Level, auf dem wir im Leben spielen möchten, ist die Größe des Ziels von unterschiedlicher Relevanz.

Bevor wir andere Faktoren des Prozesses in Betracht ziehen, wollen wir die Erwartungen, die wir an ein bestimmtes Ziel richten, klären. Dabei ist es für uns entscheidend herauszufinden, was wir uns von der Erfüllung des Ziels erhoffen und wieso wir das möchten. Ganz explizit gefragt: Welche Erwartungen bringen wir mit dem bestimmten Ziel in Verbindung? Indem wir unsere Erwartungen von vornherein geklärt haben, wissen wir genau, worauf es uns ankommt und wieso wir danach greifen. Wir erwarten uns jedoch in den meisten Fällen nicht nur etwas von der Erreichung eines Ziels, sondern ebenfalls von dem Prozess. Und das bringt mich zu den eigenfestgelegten Spielregeln des Zielsetzungsprozesses. Bei unseren persönlichen Zielen sind wir nicht nur der Spieler, sondern auch der Schiedsrichter und Trainer. Wir legen die Maßstäbe fest, nach denen wir uns richten möchten. Wir geben den Kurs vor und legen fest, wo wir ankommen möchten und auch, wie wir dort gedenken anzukommen. Spielregeln sind da, um uns selbst verantwortlich zu halten und uns Anhaltspunkte zu liefern. Sie sind nicht da, um uns das Leben schwer zu machen oder uns zurückzuschrecken zu lassen. Unter Spielregeln verstehe ich simple Ansätze, die wir uns bei der Zielumsetzung zu Herzen nehmen. Diese können beispielsweise wie folgt aussehen: Während ich mein Ziel verfolge, mache ich X, und nicht Y. X kann dabei etwas Banales sein wie abends einen Salat zu essen, während Y Pommes wären. Oder: Wenn X passiert, dann mache ich Y. X könnte dabei sein, dass ich nicht weiterkomme und Y wäre dann, dass ich eine Runde schwimmen gehe. Oder: Ich mache immer zuerst X, dann Y. Hier könnte X bedeuten, dass ich morgens meine wichtigste Priorität für das Ziel erledige, und Y könnte mein E-Mail-Posteingang sein. Oder: Ich entscheide mich stets für X, nicht Y. X kann hier der langfristige und anhaltende Erfolg sein, während Y, die kurzfristige Befriedigung darstellt. Uns solche Regeln zu überlegen, macht nicht nur Spaß, sondern konditioniert unser Denken in eine Richtung, die unseren Charakter entscheidend formt. Wir werden uns in einem späteren Schritt damit befassen, wie wir sicherstellen können, dass wir unsere selbst auferlegten Spielregeln auch einhalten.

Nachdem unsere Erwartungen sowie die eigenen Spielregeln stehen, können wir damit beginnen, unsere Ziele genau festzulegen und die letzten Feinheiten abzustimmen. Wir wollen dabei die Leuchtturm-Metapher im Hinterkopf behalten, sodass wir weder zu große Ziele für zu kleine Zeiträume stecken noch zu kleine Ziele für zu große Zeiträume. Ziele sind dazu da, uns zu treiben und anzuspornen, aber gleichzeitig auch, um uns zu strecken und wachsen zu lassen. Wie setzen wir Ziele demnach am geschicktesten in Bezug auf die Größe und den zeitlichen Rahmen? Wir können uns unsere Ziele wie ein riesiges Treppengebäude vorstellen. Auf der obersten Stufe der höchsten Etage befindet sich die eigene Lebensvision. Je nach Alter hat das Treppengebäude noch eine bestimmte Anzahl an Stockwerken und demnach auch Treppenstufen. Um dieses Gedankenspiel nicht zu kompliziert zu machen, wollen wir jedes Stockwerk einem Jahr gleichsetzen. Während der Eine sich jetzt ein Gebäude in Shanghai denken mag, hat der Andere möglicherweise ein etwas kleineres Hochhaus vor Augen. Jedes Stockwerk hat 12 Treppenstufen, die unsere Monate pro Jahr darstellen, wobei die einzelnen Stufen so groß sind, dass sie noch kleinere Bauklötze benötigen, um weiter klettern zu können. Diese symbolisieren unsere Wochen und Tage.

Unsere Ziele als Treppengebäude.
Auf der obersten Etage unsere eigene Lebensvision.

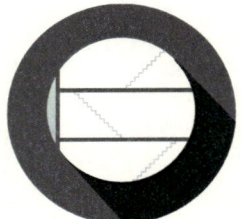

Jedes Stockwerk steht für ein Jahr,
jede Stufe für einen Monat.

Die Stufen des Monats sind jedoch so groß,
dass man weitere Stufen braucht, um sie zu
erklimmen. Sie symbolisieren die Wochen
und Tage.

Wir beginnen, im Gebäudeplan bis ganz nach oben zu gelangen, mit dem Gesamtkonzept im Vordergrund. An unserer Lebensvision haben wir bereits ausführlich im vierten Kapitel gefeilt und deswegen wollen wir mit der Dekoration der einzelnen Stockwerke fortfahren. Hier ist es wichtig, mit dem zu beginnen, was wir bereits mit innerer Überzeugung wissen. Die obersten Stockwerke mögen uns noch weit entfernt scheinen, während wir eine grobe Vorstellung davon haben, wie die mittlere Suite aussehen soll. Ganz gleich, wo wir uns jedoch zum jetzigen Zeitpunkt innerhalb unseres Gebäudes befinden und wie die Stockwerke unter uns aussehen, es ist entscheidend, immer weiter an der Vorstellung zu basteln, wie die höheren Stöcke aussehen sollen, sodass wir uns von dem Bild der verschiedenen Stockwerke beflügeln lassen können. Ein leeres Gebäude nimmt uns den Sinn und die Bedeutung, im Treppengebäude weiter nach oben zu steigen.

Wie wir bei der Einrichtung unserer Stockwerke vorgehen möchten, ist jedem von uns selbst überlassen. Eine sinnvolle Möglichkeit wäre folgende:

Wir wissen, was das Gesamtgebäude uns bieten soll und wie wir es gestalten möchten. Danach können wir uns fragen, wie es zehn Stockwerke über uns aussehen soll. Wir können die Dinge dort einrichten, die wir unbedingt dort vorfinden wollen. Es muss noch nicht alles dort sein, wie wir es anzutreffen planen, aber wir haben uns bereits Gedanken darüber gemacht. Tendenziell ist es wie mit den meisten Themen und Dingen in diesem Buch jedoch so, dass Spezifität und Details gern gesehene Elemente sind. Nachdem wir eine Vorstellung über das Stockwerk zehn Etagen über uns gewonnen haben, können wir einen Blick auf den Stock werfen, der sich fünf Etagen über uns befindet. Wir fragen uns, wie wir dieses Stockwerk antreffen möchten. Was darf dabei unter keinen Umständen fehlen? Und nachdem wir eine Vorstellung davon gewonnen haben, wie es fünf Stöcke über uns aussehen soll, wollen wir langsam aber sicher deutlich konkreter werden und auf den nächsten Stock blicken, ohne dabei das momentane Stockwerk außer Acht zu lassen.

Wir können uns beispielsweise fragen, welche drei Dinge wir im nächsten Stock vorfinden wollen, über die wir uns auf der jetzigen Etage noch nicht freuen können. Während wir bei der Vorstellung über den Stock, der sich zehn Etagen über uns befindet, sehr frei gestalten können, wollen wir für den nächsten Stock nur drei, bis maximal fünf, größere Ergänzungen oder Änderungen überlegen. Um hier etwas plastischer zu werden: Das können Dinge wie eine neue Sprache sprechen zu können, ein bestimmtes Projekt absolviert zu haben oder intensiviere Beziehungen zu führen sein. Je nachdem, wie der momentan vorzufindende Stock aussieht, wäre es möglicherweise selbstillusionierend, im nächsten Stock eine Yacht vorfinden zu wollen. Obwohl die höheren Stockwerke gerne mit viel Fantasie ausgefüllt werden dürfen, tun wir uns selbst keinen Gefallen damit, alles bereits in die nächste Etage packen zu wollen. Indem wir jedoch Stufe um Stufe strategisch planen, ist die einzige Grenze, wie unser Gebäude aussehen kann, das eigene Denken. Für die Dinge, die wir im nächsten Stockwerk vorfinden wollen, sind folgende Fragen zu beachten: Handelt es sich hierbei um eine Sache, der wir einen hohen intrinsischen Wert zuschreiben? Ist die Wahrscheinlichkeit hoch, dass wir uns auch in den weiteren Stockwerken noch darüber erfreuen können? Können wir weiterhin weitestgehend unsere intrinsischen Prioritäten ausführen und das Ziel trotzdem erreichen? Sind wir der Überzeugung, dass wir innerhalb von 12 Treppenstufen, also Monaten, diese Sache erreichen können? Spüren wir eine große Begeisterung bei der Vorstellung, diese Sache zu schaffen? Diese Fragen mit Ja zu beantworten stellt einen wichtigen Maßstab dar, ob wir es ernst meinen und wirklich planen durchzuziehen, oder ob wir auf halbem Wege abspringen werden.

Es wird hierdurch übrigens nicht ausgeschlossen, dass wir weitere Kleinigkeiten als Ergänzungen in den nächsten Stock mitnehmen können. Diese können wir zum Beispiel auf den einzelnen Treppenstufen aufsammeln. Die Treppenstufen spielen zwei wichtige Rollen für uns. Sie dienen uns als Reflexionspunkte, wie wir mit den Planungen für das nächste Stockwerk vorankommen, und sie lassen uns an den Feinheiten basteln. Sie bieten uns einigen Spielraum, Schwerpunkte zu setzen und den eigenen Fokus neu auszulegen. Die ersten drei Stufen könnten hauptsächlich einem größeren Ziel gewidmet sein, während die darauffolgenden Stufen einen anderen Nutzen darstellen. Vor jeder Stufe ist es wichtig zu fragen: Was soll sie für uns mit sich bringen? Wie wollen wir sie erleben? Was wollen wir auf dieser Stufe anders machen und wie stellen wir sicher, dies auch durchzuziehen? Wie wir wollen wir den unzähligen Passanten, die unseren Weg kreuzen, begegnen? Wie wollen wir die Stufe verlassen, um sagen zu können, es war eine der schönsten Stufen, die wir bislang erklimmen durften?

Auf jeder Stufe haben wir zudem noch Bauklötze, die uns ebenfalls ein Wegweiser sind und uns als kleiner Aussichtspunkt dienen können. Pro Stockwerk haben wir 52 Bauklötze zur Verfügung. Ihnen dürfen wir weder zu viel Erwartung und Größe zusprechen noch ihre Bedeutung unterschätzen. Durch jeden Bauklotz können wir ein oder mehrere Elemente für unsere größeren Ziele stemmen und hinzufügen. Ein Bauklotz alleine mag unbedeutend wirken, aber als Team betrachtet sind diese Bauklötze verantwortlich dafür, dass wir in der nächsten Etage so ankommen wie geplant. Für die Bauklötze jeder Stufe sind folgende Fragen zu berücksichtigen: Wie können wir diesen Bauklotz nutzen, um dem Etagenziel näher zu kommen? Hand in Hand damit geht die Frage, ob wir den letzten Bauklotz jeweils so genutzt haben, wie wir es uns vorgestellt haben und falls nicht, wieso das der Fall war. Wie dient uns dieser Bauklotz dabei, die Stufe so zu bewältigen, wie wir es wollten? Was wollen wir durch diesen Bauklotz bewirken? Was soll geschehen sein, bevor wir den nächsten Bauklotz in die Hand nehmen?

Es gibt allerdings noch ein kleineres Element als die Bauklötze, auf welches wir hier einen Blick werfen wollen, und das sind sieben Dominoblöcke, die zusammen einen Bauklotz bilden. Auf unser gesamtes Gebäude betrachtet wirkt der einzelne Dominoblock sehr unscheinbar und etwas bedeutungslos. Zusammengenommen ist unser Gebäude jedoch nichts anderes als eine enorme Menge von Dominoblöcken. Ihre Rolle besteht darin, für den langsamen, aber stetigen Fortschritt zu sorgen. Mit ihnen hängt aber auch eine Gefahr zusammen, der wir gelegentlich zum Opfer fallen. Wir sehen zu viele von ihnen als selbstverständlich an und nehmen ihre Rolle innerhalb des Gebäudes als automatisiert war, da sie scheinbar immer wieder auftauchen. Schnell kann dadurch ein Domino-Effekt geschehen. Es werden auf einmal Bauklötze, ganze Stufen und leider auch Stockwerke als gegeben gesehen und ihre wunderbare Rolle innerhalb des Gesamtkonstrukts wird vergessen. Es ist zwar zugegebenermaßen schwierig, jeden Dominoblock bedeutsamer als den vorherigen zu machen, aber folgende Fragen sollen dazu dienen, es immerhin weitestgehend zu versuchen und als Ziel zu nehmen: Was können wir heute tun, um von Herzen sagen zu können, dass dieser Dominoblock sich seinen Platz in diesem Gebäude mehr als verdient hat? Was muss während dieses Dominoblocks geschehen sein, dass wir ihn als guten Dominoblock beschreiben würden? Welche Handlungen und Dinge, die mit den eigenen intrinsischen Prioritäten zusammenhängen, können wir tätigen, um während des Dominoblocks einen Schritt nach vorne gemacht zu haben? Was wollen wir tun, um jedem Dominoblock mehr Bedeutung abzugewinnen?

Wir haben uns jetzt vom dem Gesamtgebäudeplan, unserer Lebensvision, über die einzelnen Stockwerke, ein Jahr, über jeweils 12 Stufen, die Monate, und 52 Bauklötze, die Wochen, sowie den Dominoblöcken, die einzelnen Tage, auf ein deutlich kleineres Element entlanggehangelt. Um vor Metaphorik nicht den Überblick zu verlieren, wollen wir noch ganz plastische und konkrete Richtlinien für die jeweiligen Stadien festhalten, so dass wir absolute Klarheit verspüren. Mir ist die Greifbarkeit und der Bezug zur Wirklichkeit der Konzepte äußerst wichtig, und deswegen will ich hier noch Beispiele zur Verdeutlichung aufführen. Ziele brauchen einen Rahmen, um an Kraft und Wirkung zu gewinnen. Wenn wir Ziele nicht schriftlich und präzise festhalten, dann bleiben sie oft nur Wünsche. Je nach Größenordnung müssen bei Zielen verschiedene Aspekte beachtet werden. Daran wollen wir jetzt arbeiten.

<u>Dominoblöcke – Tagesziele:</u> Idealerweise setzen wir uns jeden Abend vor dem Schlafengehen oder morgens direkt nach dem Aufstehen Ziele für den neuen Dominoblock. Ihr Zweck ist meist der konstante Fortschritt eines größeren Projektes oder Ziels. Sie sind von der Größe stets überschaubar, da sich der zeitliche Rahmen auf den einzelnen Tag bezieht. Ihrer Natur entsprechend sind sie messbar, so dass wir abends evaluieren können, ob wir die Ziele erreicht haben. Das spielt eine wichtige Rolle für uns. Denn wenn wir bei Dominoblöcken immer wieder ähnliche Dinge umsetzen und andere nicht, obwohl sie geplant waren, dann stellen wir leicht fest, dass eine Änderung nötig ist oder zumindest etwas nicht stimmig ist. Wenn wir uns 3-4 Mal pro Woche morgens das Ziel setzen laufen zu gehen und es nur selten durchziehen, dann können wir uns

hinterfragen, wieso Ziele dieser Art nicht wie gewünscht umgesetzt werden. Ist das Ziel zu groß? Fehlt die Kongruenz zu unserer Lebensvision oder unseren intrinsischen Prioritäten? Ist ein Prioritätenwandel sinnvoll? Dominoblöcke sind wichtig für die Selbstkontrolle und für den messbaren Fortschritt. 5-7 kleine Tagesziele sind eine gute Richtlinie. Und wie wir im letzten Kapitel gesehen haben, bietet es sich sehr stark an, sie zu priorisieren. Diese könnten wie folgt aussehen:

1. Zwei Seiten für ein Buch schreiben.
2. Eine Runde Sport machen – laufen, o. ä.
3. Für Projekt 1 mit drei Kollegen sprechen.
4. Telefonat mit XY führen.
5. 45 Minuten Musikinstrument/ Sprache üben.
6. Ein Kapitel lesen.
7. Qualitätszeit mit Partner/Kindern/Freunden verbringen.

Morgens 10-15 Minuten an der Planung des Dominoblocks zu verbringen und abends fünf Minuten darüber zu reflektieren kann sich als eine der besten Zeitinvestitionen überhaupt entpuppen. Es konditioniert uns nämlich darauf, die Tagesagenda zurückzugewinnen.

Bauklötze – Wochenziele: Sich jeden Sonntagnachmittag oder Montagmorgen, zum Beispiel, eine halbe Stunde Zeit im Kalender zu blocken, um den bevorstehenden Bauklotz zu durchdenken und zu planen, ist Gold wert. Außerdem hilft es uns dabei, die Planung der Dominoblöcke entsprechend ausrichten zu können. Der Zweck ähnelt dem der Dominoblöcke. Auch hierdurch können wir den eigenen Fortschritt festhalten und uns selbst kontrollieren. Lediglich die Größe und der Zeitrahmen der Ziele sind etwas breiter. Häufig arbeiten wir auch bei Bauklötzen den größeren Projekten und Zielen zu und versuchen, einen Unterpunkt von ihnen fertigzustellen. Wochenziele sind ihrer Art nach große Dominoblöcke, was bedeutet, dass sie demnach so aussehen würden: 1. Ein Kapitel schreiben 2. Vier Sporteinheiten/ Spaziergänge absolvieren 3. Für Projekt 1 den Gesamtplan fertigstellen. 4. Resultate der Telefongespräche evaluieren 5. Ein bestimmtes Stück spielen können/ eine kleine Konversation führen können. 6. Ein Buch lesen. 7. Die Beziehung zum Partner/ Kindern/Freunden intensivieren durch XY. Bei all diesen Punkten können wir am Ende der Woche den Fortschritt genau messen und demnach die Ziele für den folgenden Bauklotz anpassen. Wenn die Ziele zu klein waren, können wir mit dem nächsten Bauklotz ambitionierter umgehen und andersherum.

<u>Stufen – Monatsziele:</u> Wenn wir nun zu der Stufengestaltung kommen, können wir etwas großzügiger planen, ohne uns dabei zu überschätzen. Zwischen 30-45 Minuten zu Monatsbeginn zu blocken, um sich Gedanken über die nächste Stufe zu machen und uns an den Standpunkt im Gesamttreppenhaus zu erinnern, treibt uns an und bewegt uns dazu, noch bewusster zu leben. Monatsziele haben den Zweck, uns auf Trab zu halten, uns vor Augen zu führen wo wir zu Beginn der nächsten Stufe stehen wollen und welchen Fortschritt wir im Hinblick auf die Etage bewältigen wollen. Bei den Monatszielen können wir bereits anfangen, einen Blick auf jeden Lebensbereich zu werfen und uns zu fragen, welchen Progress wir im jeweiligen Bereich diesen Monat machen wollen.

Bei Stufen bietet es sich sehr gut an, auch einmal drei Stufen zusammen zu planen, da dies einen guten Zeitraum darstellt, um ein größeres Projekt zu stemmen. Drei Stufen könnten auch den Hauptfokus für 2-3 Lebensbereiche darstellen, so dass auf ein Jahr gesehen jeder Lebensbereich zumindest einmal in den Mittelpunkt gestellt wird. Dies ist jedoch stark von den eigenen intrinsischen Prioritäten abhängig, wobei es sich empfiehlt, nach Ausgeglichenheit der Lebensbereiche zu streben. Bei Stufen gilt der Blick auf: das Körperliche, das Berufliche, das Finanzielle, das Zwischenmenschliche und Soziale, das Mentale, (potenziell) das Spirituelle, und die Persönlichkeitsentwicklung. Die Ziele dabei so zu setzen, dass der Fortschritt und das Erreichen messbar sind, ist insofern sinnvoll, da es uns zeigt, wie groß wir den Rahmen stecken sollten. Wenn wir uns bei einer Stufen übernommen haben, können wir dies somit bei der Darauffolgenden im Angleichungsprozess im Hinterkopf behalten. Wie bereits erwähnt, Ziele sind da um uns zu strecken und herauszufordern. Die eigenen Grenzen und Maßstäbe kann sich jeder am besten selbst setzen, indem er den Ablauf der letzten Stufen durchgeht und sich fragt, ob er damit erfüllt und zufrieden war oder ob Änderungen notwendig sind.

<u>Etagen – Jahresziele:</u> Sich einmal im Jahr damit auseinanderzusetzen, wie die neue Etage gestaltet werden soll, ist sicherlich eine ratsame Angelegenheit, die einem den Kurs vorgibt und zeigt, ob wir uns in der Spur befinden. Neben den angesprochenen 3-5 größeren Jahresprojekten ist es auch hier sinnvoll, sich Ziele für jeden Lebensbereich zu stecken und sich zu fragen, wie genau jeder einzelne davon nach den 12 Stufen aussehen soll. Schlussendlich dienen die Dominoblöcke, Bauklötze und Stufen als Angestellte für die Umsetzung der Etagenplanung. Der Zweck der Jahresziele ist es somit, einen klaren Überblick zu gewinnen. Dabei können hier feste Termine für das Erreichen eines Ziels festgelegt werden, sodass wir auf einen exakten Zeitpunkt hinarbeiten können. Wenn wir uns das Ziel setzen, ein Buch zu schreiben, dann können wir den

31.3 festlegen als den Zeitpunkt, an dem die erste Fassung stehen wird. Denn dadurch beginnt das Parkinson´sche Gesetz zu greifen, welches besagt, dass wir eine Aufgabe und die anfallende Arbeit in dem zur Verfügung stehenden Zeitrahmen bewältigen werden und nicht der Komplexität der Sache nach. Daten festzulegen, wann Dinge abgeschlossen werden sollen, hält uns selbst verantwortlich. Ich werde noch zeigen, wie wir die innere Motivation der Einhaltung eines Zeitrahmens effektiv steigern können.

Es ist also entscheidend, sich einmal im Jahr alle 12 Stufen vor Augen zu führen und sich zu fragen was, wann geschehen soll und wie das Leben nach diesen Stufen aussehen soll. Je präziser wir dabei vorgehen, umso genauer können wir Resultate messen und erzielen. Die Art der Ziele könnte dabei folgendermaßen aussehen:

- Große Projekte: Buch bis 31.3, Instrument/ Sprache auf Level XY sprechen zu können bis 15.7, berufliches Großprojekt bis 30.9 und 5 Kilo weniger auf der Waage bis 15.12.

- Körperlich: Sport- und Ernährungsplan konsequent durchziehen, 10 Kilometer in 45 Minuten laufen können bis Oktober.

- Gleiches gilt für die Bereiche: beruflich, finanziell, zwischenmenschlich, mental, spirituell, und Persönlichkeitsentwicklung.

Multiple Etagen – Visionen: Alle 90 Tage oder jedes halbe Jahr einen Blick auf die weiteren Etagen zu werfen dient der Vorstellung, wo es hingehen soll, was äußerst beflügelnd, Mut machend und anspornend sein kann. Indem wir immer wieder darüber reflektieren und möglichst schriftlich festhalten, wie die höheren Stockwerke aussehen sollen, können wir uns täglich fragen, welche Handlungen notwendig sind, um dorthin zu gelangen und Entsprechendes zu tun. Außerdem zieht uns das Bild der oberen Stöcke und treibt uns an, jeden Dominoblock zu nutzen, um es Wirklichkeit werden zu lassen. Eine kristallklare Vision von den weiteren Etagen zu besitzen, und die eigenen Handlungen demnach ausrichten zu können ist einer der großen Unterschiede zwischen den Menschen, die das Leben führen, das sie sich vorgestellt haben, und den Menschen, die ein Leben lang darüber sprechen, wie schön es wäre, so leben zu dürfen.

<u>Gesamtgebäude – Lebensvision:</u> Hierüber haben wir bereits eine ausführliche Auseinandersetzung hinter uns. Die Lebensvision hat die größte Anziehungskraft unseres Lebens. Sie ist es, wofür wir morgens aufstehen und immer etwas mehr aus uns herausholen, als wir geglaubt haben, dass in uns steckt.

Generell ist die Zeit immer reif, sich Ziele zu stecken. Wir müssen nicht auf das Jahresende warten, um uns neue Jahresziele stecken zu können. Wir haben in jedem Augenblick die Möglichkeit, uns hinsetzen und über unseren Gebäudeplan zu reflektieren sowie ihn mit weiteren Details auszuschmücken. Wie Eleanor Roosevelt so schön sagte: „Die Zukunft gehört denen, die an die Wahrhaftigkeit ihrer Träume glauben."

Ziele zerstückeln

„Nichts ist besonders schwer, wenn du es in kleine Aufgaben teilst."
Henry Ford

Einer der Hauptfaktoren, warum wir Dinge aufschieben und nicht zum Handeln kommen, ist, dass wir uns von der Größe der Aufgabe überwältigt fühlen und nicht wissen, womit wir beginnen sollen. Und anstatt irgendwo anzusetzen schieben wir den ganzen Prozess lieber auf. Da dies jedoch nicht sonderlich befriedigend und noch weniger zielführend ist, wollen wir uns ansehen, was wir dagegen bewirken können. Wie wir im letzten Kapitel bereits gesehen haben ist es sinnvoll, ein großes Projekt in die verschiedenen Unterpunkte aufzuteilen, um einen besseren Überblick über die anfallenden Aufgaben zu erlangen. Hier geht es noch mehr darum, die genauen Handlungen zu unterteilen, so dass wir einen exakten Prozes- Fahrplan erhalten und wissen, was wann zu erledigen ist. Je größer das angestrebte Ziel ist, umso wichtiger ist es, das Ziel zu zerstückeln und in seine Einzelteile aufzubrechen.

Ich möchte einen solchen Prozess anhand eines gängigen Beispiels demonstrieren: ein Buch schreiben. Dieses Ziel teilen viele Menschen, genauso wie das doch etwas beängstigende Gefühl der scheinbaren Größe eines solchen Projekts. Wenn wir das Buch als Ganzes sehen und nicht die vielen Einzelteile, dann ist es tatsächlich etwas unüberschaubar. Hier wird klar, wieso wir nicht beginnen, sondern das Projekt lieber immer wieder vor uns herschieben und uns selbst einreden, wir würden es nächstes Jahr machen. Wer dieses Ziel jedoch strategisch in seine Einzelteile zerlegt, der sieht keinen Grund, wieso ein Buch nicht in maximal 90 Tagen geschrieben werden könnte; vorausgesetzt wir überwinden unsere perfektionistische Haltung und den Anspruch an uns selbst, dass die erste Fassung vom literarischen Stile her bereits die Werke Shakespeares übertrifft.

Woraus besteht also diese große Hürde Buch? Wir haben ein großes übergreifendes Thema. Hier: Selbstführung. Wenn wir das Thema identifiziert haben, über das wir schreiben möchten, können wir uns über 10-15 Schlüsselideen Gedanken machen und diese notieren. Wenn wir diese notiert haben, bringen wir sie in die Reihenfolge, die wir für schlüssig halten und einen flüssigen Aufbau darstellen. Dies gibt uns einen Überblick über unsere Kapitel. Für jedes Kapitelthema überlegen wir uns weitere 7-10 unterstützende Kerngedanken, bringen diese ebenfalls in eine stimmige Reihenfolge und erhalten somit einen ersten groben Aufbau unserer Kapitel. Im letzten Schritt, bevor wir zu schreiben beginnen, überlegen wir uns für jeden der 7-10 Kerngedanken des Kapitels 4-6 ausführende Elemente, wie eigene Geschichten und Lebenserfahrungen, Zitate, Argumente und Erläuterungen, Verweise auf Personen oder andere Bücher und so weiter. Jetzt haben wir unsere Kapitel, die genaue Kapitelstruktur und erste inhaltliche Elemente bereits zusammen. An diesen können wir uns während des gesamten Schreibprozesses immer orientieren. Denn ab diesem Zeitpunkt können wir damit beginnen, unsere erste Fassung zu schreiben. Wir setzen einfach beim ersten Kerngedanken des ersten Kapitels an und hangeln uns von Element zu Element. Wir schreiben durchschnittlich für jedes ausführende Element einen Paragraphen. (Das kann natürlich etwas abweichen und soll rein als Richtlinie dienen.) Wenn wir damit fertig sind, besitzen wir die erste Fassung unseres Buches. Ein durchschnittliches Sachbuch besteht aus etwas mehr als 200 Seiten und somit in etwa 65.000 Wörtern. Wenn wir uns das minimalistische Ziel setzen jeden Tag schlichte zwei DinA4-Seiten (ca. 1000 Wörter) zu schreiben, wären wir sogar innerhalb von fast zwei Monaten mit der ersten Fassung fertig. Wir fühlen uns weder von der Arbeitsmenge und dem Aufwand erschlagen, noch setzen wir uns unnötigem Druck aus. Schließlich wären die meisten bereits begeistert, innerhalb von vier Monaten die erste Fassung zu gestalten, was einer einzigen getippten DinA4-Seite pro Tag entspricht.

Wir sehen hieran sehr schön die Macht, ein großes Ziel zu zerstückeln und einen Überblick über seine Einzelteile zu gewinnen. Häufig ist der erste Schritt der entscheidende. Und genau deswegen dürfen wir die Hürde nicht sehr groß machen, sondern möglichst leicht zu überwinden. Wir haben ein Ziel dann erfolgreich in seine Einzelteile zerlegt, wenn wir problemlos und ohne große Überwindung mit der Handlung beginnen können. Gleichzeitig müssen der

Planungsprozess und die Zerstückelung des Ziels ebenfalls leicht zu erledigen sein, sodass wir uns nicht darum bemühen, ihn zu überspringen. Aber indem wir dem Zielsetzungsprozess folgen, sollten wir dabei keine Gefahr laufen.

Kongruenz zwischen Zielen, Lebensvision und dem Prioritätensystem

Wenn wir uns beim Zielsetzungsprozess Ziele stecken, bei denen wir unbewusst keinen Zusammenhang zu unseren intrinsischen Prioritäten feststellen, dann ziehen wir diese Ziele nur selten durch. Sie klingen zwar gut, aber wir haben schlichtweg kein inneres Feuer dafür entfacht. Indem wir bei den Dominoblöcken und Bauklötzen aufmerksam reflektieren, welche Ziele und Vorsätze immer wieder ungetan bleiben, können wir zügig die Ziele identifizieren, bei denen dies der Fall ist. Denn Ziele mit der höchsten Kongruenz sind die, die wir umsetzen und bei denen uns niemand abhalten kann, sie zu erreichen.

Auch der gesellschaftliche Einfluss kann bei der Zielsetzung eine maßgebliche Rolle spielen. Wir übernehmen gerne die Ziele anderer Personen, meistens aufgrund von minimaler Unterordnung, und versuchen diese zu unseren eigenen Zielen zu machen. Wir ertappen uns dann dabei, dass wir sagen „ich wollte schon immer mal XY machen." Die Ziele, die uns tatsächlich etwas bedeuten und uns stark am Herzen liegen, setzen wir auch um oder zumindest treten wir in den Handlungsakt über. Ziele, die wir immer wieder vor uns her schieben, sind entweder übernommene Ziele oder es besteht ein Mangel an Kongruenz.

Wenn uns ein Ziel jedoch wirklich am Herzen liegt und wir uns mit dem Handeln trotzdem schwer tun, dann ist es sinnvoll, das Ziel zu zerstückeln. Falls das nicht hilft ,kann ein Prioritätenwandel berücksichtigt werden, oder der folgende Unterpunkt (Hebelwirkung und Verpflichtung) in Betracht gezogen werden. Je breiter wir uns Ziele stecken und darum bemüht, sind sie auf die verschiedenen Lebensbereiche zu verteilen, umso mehr werden wir verstehen, dass sich gewisse Ziele leichter als andere umsetzen lassen. Hier bekommen wir die Kraft des eigenen Prioritätensystems, dem wir stets treu sind, zu spüren. Die Kunst der Ziel(um)setzung besteht insofern zu einem großen Ausmaß darin, einen Einklang zwischen den gesetzten Zielen, dem eigenen Prioritätensystem und demnach auch der Lebensvision zu schaffen. Die Richtlinien der Projektabwägung im letzten Kapitel können auch hierfür ein guter Maßstab sein, da sie testen, wie sehr wir uns mit der jeweiligen Sache anfreunden und begeistern können. Wichtig ist es, für jedes Ziel folgende Fragen zu stellen:

- Mache ich die nötigen Handlungen für die Umsetzung gerne?

- Bin ich rein am Ergebnis des Ziels interessiert oder kann ich mich auch am Prozess erfreuen?

- Kann ich es kaum erwarten, das Ziel in Angriff zu nehmen oder kämpfe ich immer wieder mit dem inneren Schweinehund?

- Mache ich konstanten und guten Fortschritt mit dem Ziel oder entsteht immer wieder Stillstand?

Wenn die eine oder andere Frage hier negativ ausgefallen ist, wird der nächste Punkt spannend sein. Aber wie mit den Prioritäten haben wir auch bei Zielen eine Hierarchie. Sofern wir die Ambition haben, all unsere Ziele umzusetzen, wird es vor allem bei den Zielen in der unteren Hälfte der Hierarchie gelegentlich notwendig sein, auf die folgenden Strategien zurückzugreifen.

Hebelwirkung und Verpflichtung

Bei einem Spaziergang mit meinem Opa meinte dieser einmal zu mir: „Joni, es gibt zwei Möglichkeiten wie du über den großen Zaun klettern kannst. Entweder du versuchst einfach darüber zu klettern oder du nimmst meinen Hut wirfst ihn rüber und kletterst anschließend." Obwohl es eine sehr lange Zeit her ist, habe ich seitdem häufiger darüber nachgedacht. Ich finde es stellt eine sehr gute Parallele zur Zielumsetzung dar und die Metaphorik hat mir nicht selten in meinen Bemühungen und Aspirationen eine helfende Hand geboten. Jahre später habe ich eine Geschichte mit ähnlicher Moral gehört. Dabei ging es um zwei Männer, die nebeneinander in einer Toilette standen, als dem Einen ein 5€-Schein in das Urinal fiel. Neugierig wartete der Andere ab, wie der Mann wohl darauf reagieren würde. Zu seiner Überraschung zückte der Mann einen 50€-Schein aus seiner Hosentasche und warf ihn ebenfalls in das Urinal. Da fragte der Andere leicht schockiert, wieso er noch deutlich mehr Geld in das mit Urin gefüllte Becken warf. Die Gegenfrage lautete: „Sie dachten doch nicht ernsthaft ich würde für 5€ da hineingreifen, oder?"

Ab und zu benötigen wir eine leichte Hebelwirkung, um aktiv zu werden. Bei der Zielsetzung kann dies ein sehr effektives Mittel sein. Obwohl ich kein Fan des Hedonismus bin, glaube ich dennoch, dass wir uns sehr stark von der Vermeidung von Schmerz bzw. von sämtlichen negativen Gefühlen oder dem

Gewinn von Vergnügen bzw. von sämtlichen positiven Gefühlen antreiben lassen. Es kann insofern nicht selten äußerst dienlich sein, sich für das Erreichen eines Ziels eine Belohnung zu versprechen, und im Gegenzug beim Scheitern eine leichte Bestrafung zu verhängen.

Bevor ich das weiter ausführe, wollen wir noch einen Blick auf die verschiedenen Grade von Verpflichtungen werfen, sodass wir ein besseres Gespür für dieses Konzept gewinnen. Wir können uns entweder selbst ein Ziel stecken und einfach daran arbeiten. Bei Zielen mit absoluter Kongruenz tun wir dies wahrscheinlich auch, weil wir felsenfest davon überzeugt sind, es durchzuziehen. Dieses erste Stadium ist die persönliche Verpflichtung. Wir können aber auch ein Ziel festlegen und unseren Freunden davon berichten, es auf Facebook publik machen und es mit der Welt teilen. Dadurch setzen wir uns etwas Druck aus, der uns bei der Umsetzung anspornen soll. Hierbei handelt es sich um soziale Verpflichtungen. Das dritte Stadium ist geschäftlicher Natur. Möglicherweise versprechen wir unseren Kunden, Mitarbeitern, oder unserem Chef etwas. Wir sagen beispielsweise, Ende des Jahres kommt ein neues Produkt heraus, und sind dadurch in der Bringschuld, es auch wirklich zu tun. In der Filmindustrie wird dies gerne angewandt. Es wird ein Datum für die Filmerscheinung publik gemacht und die Fans, also die Kunden, freuen sich bereits darauf. Apple ist sicherlich auch ein gutes Beispiel für diese Art der Verpflichtung. Darüber hinaus gibt es noch finanzielle Verpflichtungen. Wir investieren Geld in ein Ziel oder setzen Geld darauf, dass wir unser Ziel bis zu einem bestimmten Zeitpunkt erreichen werden. Ein finanzielles Commitment ist für viele Menschen der höchste und stärkste Verpflichtungsgrad.

Diese Ebenen der Verpflichtung können wir bei der Zielsetzung gut zu unseren Gunsten nutzen. Es bietet sich an, mit einer oder mehreren anderen Personen den Zielsetzungsprozess durchzusprechen, um sich gegenseitig auf Trab zu halten und eine leichte Hebelwirkung zu gestalten. Sofern wir etwas externe Motivation gebrauchen können, möglicherweise auch nur für bestimmte Ziele, kann dies den entscheidenden Unterschied machen. Dabei ist es wichtig, vorher die Daten auszutauschen, wann die Ziele erreicht werden sollen, und anschließend auszumachen, was die Belohnung der erfolgreichen Umsetzung ist, aber auch was die Konsequenz ist, wenn es nicht durchgezogen wird. (Es stehen jedoch ohne Zweifel der gemeinsame Spaß und die Herausforderung im Vordergrund, und nicht das Polizei-Spielen untereinander.) Bei Gruppen bietet es sich zum Beispiel immer an, dass, wenn von einer Person ein Ziel nicht erreicht wird, diese die gesamte Gruppe zu einem guten Essen einlädt, oder etwas anderes tut, wovon alle etwas haben, und es diese leicht schmerzt. Wenn alle Ziele umgesetzt werden, ist es allerdings ebenso wichtig, eine schöne Belohnung festzulegen. Ein gemeinsamer Kurztrip, der Besuch eines Events oder ein außergewöhnlicher gemeinsamer Abend sind hierfür gute Beispiele. Es muss allerdings beachtet werden, dass die Selbstehrlichkeit und das Vertrauen hier im Vordergrund stehen. Sich selbst zu betrügen ist kontraproduktiv. Auch bei den eigenen Spielregeln, die beim Zielsetzen festgelegt wurden, kann das Prinzip der Hebelwirkung angewandt werden.

Es ist in den wenigsten Fällen eine Frage des Könnens oder der Größe des Ziels, die uns die erfolgreiche Umsetzung ermöglicht. Es ist vielmehr eine Frage der inneren Motivation auf langfristiger Basis.

Kapitel-Highlights

- Zwei Wege sich Ziele zu setzen:

  1. Die Ziele hängen von vornherein mit den intrinsischen Prioritäten zusammen.

  2. Die Prioritäten werden so angepasst, dass ein Einklang zwischen Ziel, Prioritätensystem sowie Lebensvision besteht.

- Durch die gezielte Anwendung des Drei-Schritte-Prozesses können wir Prioritäten nachhaltig wandeln und unser Prioritätensystem beeinflussen.

- Der Zielsetzungsprozess zusammengefasst:

  1. Erwartungen: Was erhoffe ich mir durch das Ziel?

  2. Spielregeln: Wie will ich mein Treppenhaus durchlaufen?

  3. Zeitlicher Rahmen: Wann soll das Ziel umgesetzt sein?

  4. Größe des Ziels: Dominoblock, Bauklotz, Stufe, Etage, Gesamtgebäude – für jedes Element variiert der Maßstab des Ziels.

  5. Ziel zerstückeln: Wann tätige ich welchen Schritt? Wenn ich nicht mit der Handlung beginne, ist die Einstiegshürde womöglich zu hoch.

  6. Hebelwirkung: Wie belohne ich mich dafür, ein Ziel umgesetzt zu haben, und was erwartet mich, wenn ich ein Ziel nicht durchziehe?

- Schlüsselfrage: Was kann ich heute tun, um meinem Etagenziel einen Schritt näher zu kommen?

Kapitel 8:
Säule 4: Selbstdisziplin - Unser toter Winkel

„Ich bin kein junger Mann mehr voller Energie und Vitalität...
Ich gebe mich gern der Meditation und dem Gebet hin. Es würde mir gefallen,
im Schaukelstuhl zu sitzen, Tabletten und Pülverchen zu schlucken, mir sanfte
Musik anzuhören und über die Dinge des Universums nachzudenken. Doch
solche Aktivitäten bieten keine Herausforderung und leisten keinen Beitrag.
Ich möchte auf den Beinen sein und etwas tun. Ich möchte jedem Tag mit
Entschlossenheit und einem Zweck entgegentreten. Ich möchte jede wache
Stunde nutzen, um andere zu ermutigen, um jene zu segnen, deren Last
schwer ist, um den Glauben und die Stärke des Zeugnisses aufzubauen.
Die Anwesenheit wunderbarer Menschen stimuliert das Adrenalin. Was mir
Energie verleiht, ist der Ausdruck der Liebe in ihren Augen."

Gordon B. Hinckley (im Alter von 92 Jahre)

Nach der Selbstkenntnis, der Selbstkontrolle, und dem Selbstmanagement wollen wir nun die Selbstdisziplin unserem Selbstführungsansatz hinzufügen. Sie stellt eine essenzielle Komponente dafür dar, schrittweise unserer Lebensvision näher zu kommen und das selbstbestimmte Leben zu führen, das wir führen möchten. Allerdings handelt es sich dabei um ein schwieriges Thema, über das wir auch nicht unbedingt gerne sprechen. Denn das Paradoxe ist, dass wir häufig das nötige Wissen besitzen, um so zu handeln, wie es unserer Vorstellung eines guten Lebens entspricht, allerdings uns dazu verleiten lassen, genau das Gegenteil zu tun. Wir machen etwas, obwohl wir selbst wissen, dass es uns nicht gut tut, sondern vielmehr schadet. Wir sind zu oft willig im Geiste, aber schwach im Fleisch.

Ich sehe Selbstdisziplin gerne als die innere Tugend das zu tun, was nötig ist, um dort anzukommen, wo wir es geplant haben. Dass dabei nicht alles aus Sonnenschein und Zuckerschlecken besteht, ist Teil des Spiels des Lebens. Wie wir jedoch damit umzugehen wissen ist der Knackpunkt. Bei einem Vortrag von Darren Hardy, dem Herausgeber des Success-Magazins, wurde diesem die Frage gestellt, was der Hauptunterschied zwischen den Menschen, die ihren Traum leben, und dem Rest sei. Seine Antwort war trocken und simpel, aber präzise und auf den Punkt. Er meinte, dass beide mit Dingen in ihrem Leben konfrontiert werden, die sie nicht gerne machen und die sie gerne machen würden, aber wissen, dass sie ihnen selbst schaden. Laut Darren Hardy besteht der Unterschied lediglich darin, dass die Gruppe von Menschen, die ihr Traumleben führt, immer wieder bereit ist, dass zu tun, was sie nicht unbedingt gerne macht und die Dinge unterlässt, die ihnen schadet.

Hier stellt sich nun allerdings schnell die Frage, um welchen Preis wir zu dem Leben gelangen, das wir führen möchten. Sämtlichen Genuss dafür aufzuschieben und rein zweckorientiert zu leben, mag für viele abschreckend klingen. Schließlich führt Darren Hardy in seinem Vortrag genau die Beispiele der Ernährung, des Schlafrhythmus, des strikten Fitnessplans, und weitere auf. Es ist mir diesbezüglich wichtig hervorzuheben, dass es weder Mr. Hardy noch mir in den weiteren und bisherigen Ausführungen darum geht, die eigenen Vorstellungen und Werte zu projizieren. Es darf sich hier niemand in seiner eigenen Autonomie, durch die angesprochenen Konzepte und Ideen, auch nur ansatzweise eingeschränkt fühlen. Für wen es zum guten Leben gehört das zu essen, worauf auch immer gerade Lust besteht, der kann dies sein Leben lang tun. Wer jedoch nach grenzenloser Energie, Vitalität und beachtlicher Gesundheit strebt, und wenn dies ein essenzieller Teil der eigenen Lebensvision ist, dann besteht hier ein gravierender Spalt zwischen Handlung und Ziel, der durch einen leicht aufgefrischten Grad an Selbstdisziplin zunehmend überbrückt werden kann.

Der Begriff der Selbstdisziplin hat für viele eine leicht negative Konnotation. Es entsteht schnell das Gefühl, nach Regeln handeln zu müssen und sich selbst etwas vorzuschreiben, was die eigene Handlungsfreiheit einschränken könnte. Wenn dann auch noch von außen über Selbstdisziplin gesprochen wird, besteht die Gefahr, dass wir zumachen und uns verschließen. In welchen Bereichen unseren Lebens wir die größte Selbstdisziplin aufweisen, ist sehr stark von dem eigenen Prioritätensystem abhängig. Und da wir alle unterschiedliche Prioritätensysteme haben, unterscheidet sich auch bei jedem von uns die Auffassung und die Umsetzung der eigenen Selbstdisziplin. Anstatt hier also Vorschläge zu machen, wo es sinnvoll wäre selbstdiszipliniert zu handeln, geht es mir um etwas anderes. Ich will einen Ansatz schaffen, wie wir unsere Selbstdisziplin genau in den Bereichen stärken können, in denen wir es anstreben, weil wir der Überzeugung sind, dass es uns dabei hilft, unsere Ziele besser umsetzen zu können und der eigenen Lebensvision somit näher zu kommen.

Obwohl es mir als ein unlösbares Anliegen erscheint, den Begriff der Selbstdisziplin wirklich greifen zu können, was nicht dadurch getan werden kann, ihn lediglich mit Beispielen zu umschreiben, so will ich dennoch etwas expliziter auf ihn eingehen. Der Grund dafür ist, dass wir somit ein klareres Verständnis gewinnen, wovon hier tatsächlich die Rede ist. Wenn wir in unserer Alltagssprache von Selbstdisziplin sprechen, dann tun wir dies in den meisten Fällen um eine andere Person zu beschreiben. Nur selten benutzen wir es in unserem Sprachgebrauch im Bezug auf uns selbst. Der Grund dafür ist, dass wir unsere Schwachpunkte genau kennen, und wissen, wo wir uns immer wieder verführen lassen und in der eigenen Selbstdisziplin schwach werden. Im Bezug auf eine andere Person sehen wir die Bereiche, in denen die Person selbstdiszipliniert ist, und blenden aus, dass es auch die gegenüberliegende Seite dieser Person gibt, wie wir im fünften Kapitel bereits gesehen haben. Um also Vergleichen aus dem Weg zu gehen, können wir uns fragen, wo wir bereits selbstdiszipliniert sind und handeln. Indem wir uns dies präzise vor Augen führen und feststellen, dass wir gerne mit uns selbst sehr hart ins Gericht gehen, bilden wir eine Grundlage, die uns dabei hilft, Selbstdisziplin auch in die erwünschten Bereiche zu bringen.

Dies ist ein Prozess, aber die eigene Selbstdisziplin kann wie ein Muskel trainiert werden. Was dann für uns zur Normalität wird und als schlichte Alltagsroutine wahrgenommen wird, bezeichnen unsere Mitmenschen gerne als bewundernswerte Selbstdisziplin. Sobald wir uns den beschreibenden Charakterzug selbstdiszipliniert sein angeeignet haben, werden wir bei genauer Beobachtung merken, dass sich auch der eigene Sprachgebrauch des Wortes etwas ändert. Wir hausieren zwar höchstwahrscheinlich nicht damit eine starke Selbstdisziplin zu besitzen, aber in unserem Denken hat ein Wandel stattgefunden.

Bevor wir uns jetzt praktischen Prinzipien der Steigerung von Selbstdisziplin in gewünschten Bereichen zuwenden, will ich noch einen kleinen Mythos brechen, der uns ebenfalls etwas negativ der Selbstdisziplin gegenüber stimmen mag.

Der Mythos des disziplinierten Lebens

Wer Angst hat, dass ein diszipliniertes Leben ausschließlich aus Regeln besteht und wenig Freude machen kann, der unterliegt sehr stark dem Disziplin-Mythos. Norbert von Xanten hat diesen in folgender Aussage schön auf den Punkt gebracht: „Ein strenges Leben ist reich an Freuden: das glaubt niemand, außer, wer es erprobt." Selbstdisziplin ist etwas, das uns dabei hilft, in unserem Gebäude Stufe für Stufe so zu klettern, wie wir es uns vorgenommen haben. Es bringt eine enorme innere Zufriedenheit mit sich, da es uns hilft, nach den eigenen Standards zu leben. Selbstdisziplin ist die essenzielle Säule dafür, in Einklang mit uns selbst zu sein, da wir uns selbst treu bleiben können. Und der ironische Aspekt an ihr ist, dass sie sich für den Menschen, der sich ihrer bedient, überhaupt nicht als Regelwerk oder Last anfühlt, sondern als Freiheit schaffendes Instrument. Nur der scheinbar Undisziplinierte scheut sich vor der Selbstdisziplin, und glaubt, dass sie ihn einschränken würde.

Ein diszipliniertes Leben ist insofern genau das Gegenteil von dem, was wir darüber denken. Die Früchte davon trägt aber nur derjenige, der das disziplinierte Leben führt. Der Außenstehende urteilt meist trotz Bewunderung negativ darüber und könnte sich sein eigenes Leben nicht derartig vorstellen.

Der ehemalige American-Football-Spieler Jerry Rice stellt hierfür ein ideales Beispiel dar. Abgesehen von seiner glorreichen Karriere, seinen außergewöhnlichen privaten Trainingseinheiten in der Nebensaison und seiner inspirierenden Konstanz, geht es mir dabei um die Art und Weise, wie er seine Mannschafts-Trainingseinheiten absolviert hat. Er war nicht nur der Erste, der den Trainingsplatz betrat und der Letzte, der ihn verließ, sondern er hat während des Trainings auch einen wahnsinnigen Fokus an den Tag gelegt. Bei den Aufwärmübungen, bei denen es darum ging, den Ball zu fangen, sich kurz wegzudrehen und einen kleinen Sprint zu machen, hat er sich bereits von seinen Mitspielern in seiner Art abgesetzt. Während die anderen locker zum Fangen des Balls antrabten und anschließend ein entspannten Sprint über ein paar Meter ablegten, ging Jerry Rice anders an die Sache heran. Hochkonzentriert und in fokussierter Erwartung des Balles, fing er ihn und sprintete anschließend in allerhöchstem Tempo bis in die Finishing Zone – dorthin, wo beim Football gepunktet wird. Dabei war es ihm egal wie weit diese entfernt lag. Er sprintete jedes Mal in vollem Tempo, bis er dort angekommen war. Als er einmal von einem neuen Mitspieler auf seine Trainingsmethodik angesprochen und gefragt wurde, wieso er denn sogar beim Aufwärmen ohne Ausnahme in den Finishing Bereich sprintete, antwortete er, dass er sich und seine Muskeln zu 100% darauf konditioniert, dass jedes Mal, wenn der Ball seine Hände berührt, sein Körper darauf fixiert ist, bis in die Zone zu laufen, in der er für sein Team punkten konnte. Auf manche seiner Mitspieler wirkte er besessen und übermotiviert, für ihn war es Normalität. Jene Normalität, die es ihm ermöglichte, für 20 Jahre Profi-Football zu spielen, was eine außergewöhnlich lange Zeit ist, vor allem aufgrund der Position, die er spielte, und 38-Liga-Rekorde aufzustellen. Sein ungebrochener Wille sowie seine irrsinnige Disziplin in allem, was mit Football zusammenhing, haben ihm ermöglicht seine Ziele zu erreichen, sein Leben so zu leben, wie er es sich vorgestellt hat, und Stufe um Stufe seinen eigenen Standards entsprechend zu klettern. Er hat das getan, was notwendig war, um seinen Ansprüchen und Vorsätzen gerecht zu werden und dort anzukommen, wo er es wollte. Für ihn war sicherlich nicht alles purer Genuss, aber es war ihm stets klar, wofür er es tat und dies hat überwiegt.

Hat er Opfer gebracht? Ohne Zweifel. Die entscheidende Frage für uns alle ist jedoch, ob wir lieber dort ankommen möchten, wo wir es uns im Herzen wünschen und dafür das tun, was nötig ist, oder ob wir unsere Ziele und die eigene Lebensvision unserer Bequemlichkeit unterordnen. Ganz egal, für welche Option wir uns entscheiden, wir werden unsere Gründe und Motive haben. Der Schmerz, auf die vergangene Zeit zurückzublicken und sich zu denken „hätte ich doch nur", ist jedoch häufig größer als das Vergnügen der Bequemlichkeit. Und der Mythos besteht darin, dass ein diszipliniertes Leben wenig Spaß und Freude bringt, obwohl diejenigen, die es leben, darin aufgehen. Für sie ist es eine der größten Stärken, worüber sie erfreut sind, und genau deswegen ein aus ihrer Sicht großartiges Leben führen. Dass wir uns darüber zwar im Klaren sind, aber es dennoch so häufig nicht schaffen, dort selbstdiszipliniert zu handeln, wo wir es brauchen und auch wollen, macht die Angelegenheit noch verzwickter, aber auch spannender. Und genau darauf wollen wir in den weiteren Ausführungen genauer blicken.

<u>Zwei Arten von Vergnügen</u>

Eine Sache, die uns sicherlich antreibt, ist die Aussicht auf Vergnügen. Damit meine ich die Dinge, die uns ein gutes Gefühl verschaffen. Obwohl dies von Person zu Person unterschiedlich ist, verbindet uns dennoch die Tendenz, gute Gefühle erfahren zu wollen und schlechte zu vermeiden. Es gibt zwar Situationen, in denen wir bewusst schlechtere Gefühle in Kauf nehmen, weil wir uns dadurch auf langfristige Sicht mehr Vergnügen erhoffen, aber die Motivation bleibt dabei dieselbe. Nun könnten wir zwar argumentieren, dass es kein gutes Gefühl an sich gibt, genauso wenig wie es ein schlechtes Gefühl an sich gibt, und dass wir die eine Seite nur gemeinsam mit der anderen Seite erfahren können. Damit wären wir wieder bei der Ausgeglichenheit und dem inneren Gleichgewicht, das sich gegen Polarisierungen sträubt. Da wir hier jedoch die Ursachen für Selbstdisziplin und den Mangel davon untersuchen, würden wir dadurch etwas am Ziel vorbeischießen.

Wir wollen hier zwischen zwei Arten von Vergnügen und guten Gefühlen unterscheiden. Die erste Art verspüren wir beispielsweise wenn wir eine Schokolade essen, uns in der Sonne bräunen, ins Kino gehen, Brettspiele spielen, und all die Dinge tun, die uns Spaß machen. Die Dauer des Vergnügens ist dabei temporär und kann sogar, wenn wir zu viel davon tun, nach hinten losgehen. Zu viel Schokolade oder Sonne und wir fühlen uns schlecht. Es gibt sogar Fälle, in denen sind wir uns dessen genau bewusst, aber machen dennoch weiter, obwohl wir wissen, dass wir für das temporäre gute Gefühl leiden müssen. Wir glauben zum Beispiel ab und zu, dass ein Bier mehr am Abend uns mehr Freude bereiten wird als das Leid des Katers am nächsten Tag.

Neben dieser Art des Vergnügens wollen wir noch eine zweite betrachten. Die zweite Art des Vergnügens verspüren wir, wenn wir es übers Herz bringen, die erste Art des Vergnügens abzulehnen, weil wir uns vorgenommen haben, den kurzfristigen Genuss dem langfristigen guten Gefühl unterzuordnen. Oder weil wir dadurch einen Vorsatz einhalten und selbstdiszipliniert handeln. Oder weil wir etwas tun, was uns an sich überhaupt kein Vergnügen bringt, aber wir uns danach deutlich besser fühlen bzw. weil wir wissen, dass wir dadurch unseren Zielen und Standards entsprechend gehandelt haben.

Dies will ich anhand einiger Beispiele verdeutlichen: Wir stehen beim Bäcker, und obwohl uns die Torte anlacht, greifen wir zum frischen Obstsalat oder bestellen nur für den Rest der Familie. Wir werden gefragt, abends auszugehen, aber lesen noch etwas oder gehen noch eine Runde spazieren, weil wir mehr Wert auf den Körper und die Persönlichkeitsentwicklung legen wollten. Wir gehen abends noch ins Fitnesstraining, obwohl uns die Couch und das Bier im Kühlschrank so verlockend erscheinen. Wir stehen am Samstagmorgen mit der Sonne auf und beginnen den Tag mit zwei produktiven Blockzeiten, weil wir eine neue Schlafroutine bilden möchten. Diese Art des Vergnügens baut uns mit jedem Mal mehr auf. Wir fühlen uns zunehmend stärker, weil wir immer wieder das tun, was wir im Herzen für richtig empfinden und unseren vorgenommenen Standards entspricht. Die Dauer des Vergnügens sowie die Intensität davon nimmt auch stets zu, weil wir merken, dass wir unseren Charakter mehr und mehr in dem Maße formen, das wir anstreben. Wenn wir nämlich die Torte essen, dann fühlen wir uns währenddessen womöglich hervorragend, spüren anschließend allerdings die Gewissensbisse, weil wir dem eigenen Standard nicht gerecht geworden sind.

Es hängt hier eine Menge von den eigenen Zielen, den eigenen Ansprüchen und den eigenen angestrebten Lebensstandards ab, dennoch greifen die beiden Arten von Vergnügen in den verschiedenen Fällen zu. Das innere Gefühl, das Richtige getan zu haben, überwiegt in langfristiger Sicht stets dem Gefühl, das getan zu haben, was in dem Moment das größte Vergnügen mit sich bringen mag. Darüber hinaus können wir viel besser mit uns selbst leben, tragen weniger innere Spannungen und Konflikte mit uns herum, wenn wir keine Gewissensbisse unterdrücken müssen, da wir unseren Prinzipien treu geblieben sind und dementsprechend gehandelt haben. Da stellt sich die Frage, warum wir trotzdem die erste Art des Vergnügens so häufig wählen, obwohl wir im Inneren die Zweite bevorzugen wollen.

Wieso wir von der Selbstdisziplin abweichen

Es gibt mehrere Gründe, die ausschlaggebend dafür sind, dass wir immer wieder von unseren Standards und der eigenen Selbstdisziplin abweichen. Wir wollen etwas ändern, aber bleiben unserem Plan und dem neuen Vorsatz nicht treu. Abgesehen vom eigenen Prioritätensystem gibt es noch weitere Motive für dieses Verhalten. Ein Hauptfaktor ist die Wahrnehmung der Zeit. Etwas jetzt sofort haben zu können, das uns gut tut, macht einen attraktiveren Eindruck, als etwas in der Zukunft zu erhalten, was wir rein rational als noch besser erachten. Wirtschaftsnobelpreisträger Daniel Kahneman und ehemaliger Harvard-Professor Daniel Goleman haben spannende Studien hierzu durchgeführt (Ursprung: Marshmallow Experiment von Walter Mischel). Eine davon testet dieses Verhalten bei Kindern. Es wird ihnen die Möglichkeit gegeben, entweder sofort eine Süßigkeit essen zu dürfen, oder eine Viertelstunde zu warten und dafür zwei Süßigkeiten zu erhalten. Nur wenige der Kinder konnten dem Angebot widerstehen, sofort die eine Süßigkeit haben zu dürfen. Im übertragenen Sinne handeln wir nicht selten in ähnlicher Art und Weise. Wir ziehen den unmittelbaren Genuss, dem etwas entfernter liegenden größeren Genuss vor. Die Studien von Kahneman und Goleman haben ein äußerst interessantes Resultat ergeben. Die Kinder, die die Geduld und den Willen besaßen, das sofortige Vergnügen aufzuschieben, um ein noch größeres zu erlangen, haben in ihrem weiteren Lebensverlauf deutlich besser abgeschnitten – ob in akademischer, wirtschaftlicher, oder sozialer Hinsicht. Die Tugend, die hier angesprochen wird, den sofortigen Genuss aufschieben zu können, ist jedoch erlernbar. In den meisten Fällen ist es so, dass, je weiter das angestrebte Ziel in der Zukunft liegt und je ungewisser das Erreichen davon ist, wir umso stärker dazu tendieren, es für das sofortige Vergnügen aufzugeben. Hand in Hand mit dem zeitlichen Aspekt geht ein weiterer Faktor für die Abweichung der eigenen Selbstdisziplin.

Wenn wir zwar Ziele haben, aber diese nicht besonders kräftig sind und ihre Anziehungskraft nicht stark genug ist, dann laufen wir ebenfalls Gefahr, in unserer Disziplin schwach zu werden und einzuknicken. Es ist notwendig, dass wir das Ziel so sehr wollen und es uns so viel bedeutet, dass wir die innere Stärke besitzen, die sofortige Befriedigung aufzuschieben. Wenn wir ein Ziel haben und dies nur halbherzig verfolgen und die mögliche Erreichung davon uns nicht jeden Tag aufs Neue antreibt, dann besteht eben die Gefahr, dass wir schwach werden und den jetzigen schnellen Genuss über die entfernte Genugtuung der Zielumsetzung stellen. In unserer gelegentlichen Kurzsichtigkeit lassen wir einen entscheidenden Faktor oft außer Acht. Wir wollen die Anstrengung auf dem Weg zu unserem Ziel, da wir dadurch ein noch besseres Gefühl verspüren, wenn wir schlussendlich ankommen. Eine Sache, die zu einfach geht, bringt uns nicht dieselbe innere Zufriedenheit, die wir verspüren, wenn wir hart für die Zielumsetzung arbeiten und kämpfen mussten. Wir wissen dadurch nämlich, was dahinter steckt. Und die tiefen Wurzeln, die wir dadurch schaffen, haben deutlich mehr Beständigkeit und langfristigere innere Auswirkungen. Wir können von ihnen noch eine ganze Weile zehren, während die schnelle Genugtuung in der Geschwindigkeit verfliegt, in der sie kam. Um also die eigene Selbstdisziplin solide zu erhalten, ist es wichtig, dass die Ziele klar und kräftig sind.

Ein weiterer Faktor, der schädlich für die eigene Selbstdisziplin sein kann, sind unsere Gewohnheiten. Die Gefahr an ihnen ist, dass wir sie uns sehr schnell aneignen und es schwer ist, sie zu ändern. Wenn wir uns daran gewöhnt haben, die erste Art des Vergnügens zu suchen und die zweite Art eher scheuen, dann hält uns dieses Muster davon ab, selbstdiszipliniert zu handeln. Das innere Gefühl der Zufriedenheit, nachdem eine Sache, die sofortige Befriedigung mit sich bringt, aufgeschoben wurde, um sich selbst und den eigenen Ansprüchen treu zu bleiben, wurde dadurch zu einem Ausmaß unterdrückt, dass wir immer wieder den schnellen Genuss aufspüren wollen. Die Form des eigenen Charakters wurde so sehr abgestumpft, dass er nicht mehr nach dem Ansatz handelt, den er für richtig hält, sondern der ihm die schnellste Art von gutem Gefühl bringt. Das Schwerwiegende daran ist, dass es mit jedem Male gestärkt wird, und die eigenen Standards zunehmend aus den Augen verloren werden. Durch diese Gewohnheit werden wir zu Hedonismus-Monstern, die blindlings von Vergnügen gesteuert werden. Es steht außer Frage, dass wir nicht damit aufhören sollen, gute Gefühle verspüren zu wollen. Die eigene Lebensqualität und das Wohlbefinden hängen nicht wenig davon ab, wie wir uns fühlen. Und das Gefühl zu haben, das Leben heute für den Erfolg von morgen aufzuschieben, hilft da wohl kaum. Aber darum geht es bei der Selbstdisziplin auch nicht. Schließlich verspüren wir durch sie täglich die zweite Art des Vergnügens und die Freude, den eigenen Charakter zu bilden und so zu formen, wie wir ihn uns vorstellen. Gewohnheiten können also gravierende Konsequenzen für die eigene Selbstdisziplin haben. Deswegen werden wir auch noch ausführlicher darauf eingehen.

Ein letzter entscheidender Punkt hier ist der äußere Einfluss, der gerne auch Gruppenzwang genannt wird. Die eigenen Standards werden nicht selten durch die Ansprüche unseres Umfeldes angepasst. Wenn es uns an der nötigen inneren Stärke und Festigkeit fehlt, dann geben wir schnell die angestrebte Selbstdisziplin und Standards auf, weil wir uns den Maßstäben anderer anzupassen versuchen. Auch hier greift wieder das Konzept der zwei Arten von Vergnügen. Die erste Art verspüren wir dadurch, dem Anderen zu gefallen und möglicherweise auch durch dessen hedonistische Triebe, von denen wir uns verführen lassen. Die zweite Art merken wir jedoch dadurch, dass wir unseren eigenen Ansprüchen treu bleiben und innere Stärke beweisen. Äußere Einflüsse stellen die eigene Selbstdisziplin immer wieder auf die Probe. Und die Wahrscheinlichkeit ist hoch, dass, wenn wir ihnen einmal nachgeben, wir es immer wieder tun werden. Hier kommen die Gewohnheit sowie der Faktor der Unterordnung ins Spiel. Die eigenen Standards zu verneinen, um jemand anderem gerecht zu werden oder zu gefallen, würden wir nicht für jemanden tun, dem wir uns übergeordnet sehen. Indem wir die Prinzipien des fünften Kapitels anwenden und uns immer mehr verleugnete Teile aneignen, können wir die nötige innere Stärke bilden, damit sich äußere Einflüsse nicht auf die eigenen Standards und das vorgenommene selbstdisziplinierte Handeln auswirken.

Die Kunst, neue Gewohnheiten und Routinen zu bilden

*„Das, was wir kontinuierlich tun, wird mit der Zeit einfacher.
Die Natur der Sache hat sich nicht verändert, aber unsere Willenskraft
entsprechend zu handeln hat zugenommen."*
Ralph Waldo Emerson

Wo genau wollen wir also selbstdisziplinierter vorgehen und den eigenen Willen stärken? Wo sind wir der Überzeugung, dass die eigene Undiszipliniertheit den Zielen im Weg steht, und wir es ändern wollen? Wo lassen wir uns selbst und die eigenen Standards immer wieder hängen, obwohl wir uns dafür selbst nicht so gut leiden können?

Wenn wir neue Gewohnheiten bilden wollen, und dadurch alte überwinden, brauchen wir neben der Selbstdisziplin auch ein starkes Warum. Wenn wir dies nicht haben, dann ist es sehr schwierig, eine Veränderung zu schaffen.

Eine neue Gewohnheit bilden wir vereinfacht gesagt in ähnlicher Manier wie eine Tugend: Wir handeln immer wieder entsprechend, bis es zur Normalität wird. Dies ist allerdings deutlich leichter geschrieben oder gesagt, als es sich umsetzen lässt. Denn das Bilden einer neuen Gewohnheit lässt sich gut mit dem Start einer Rakete vergleichen: Die meiste Energie wird dafür gebraucht, aus den Startlöchern zu kommen und das starke Gravitationsfeld zu verlassen. Anfangs mag die Euphorie, etwas Neues zu beginnen, zwar noch groß sein, wenn diese jedoch verflogen ist, sehen wir uns einem ziemlichen Berg gegenüber, den es zu erklimmen gilt. Und dazu ist eine Menge Konstanz notwendig.

Die neuesten Studien über Gewohnheitsbildung, von der Universität London, haben gezeigt, dass wir, um absolut sicherzugehen, eine neue Gewohnheit zu implementieren, im Durchschnitt zwei Monate kontinuierlicher Handlung bedürfen. Der Haken daran ist, dass die anfängliche Euphorie meist nicht länger als eine Woche anhält. Und der Gipfel des Berges kann dadurch noch sehr weit entfernt wirken. Die Aussicht den Gipfel zu erklimmen, muss also in jedem Fall lohnenswert und motivierend sein. Je nach der Gewohnheit, die wir bilden möchten, ist er dies auch häufig von alleine. Eine neue Gewohnheit, die uns dabei hilft, deutlich mehr Energie zu besitzen, besser lernen zu können, einen immensen Fokus zu besitzen, die eigene Zeit produktiver zu nutzen, eine neue Schlafroutine zu bilden, und so weiter, zahlt sich schon nach kurzer Zeit aus. Doch sie muss erst geschaffen werden.

Beim Aufstieg durchzuhalten ist der Schlüssel. Eine Veränderung ist vor allem nach der Phase der Euphorie besonders herausfordernd. Wir sträuben uns gerne gegen sie. Ein Grund dafür ist unser Gehirn, das gerne wie ein Computer auf Energiesparmodus schaltet. Da eine Veränderung mehr von uns abverlangt als die Bequemlichkeit der gewohnten Routinen, versucht es uns einzureden, zurück in diese Muster verfallen zu müssen. Eine neue Gewohnheit hat noch eine weitere tückische Seite. Anfangs haben wir durch sie oft das Gefühl, Rückschritte zu machen und uns in die entgegengesetzte Richtung des gewünschten Resultats zu entwickeln. Dieses kurze Tief zu überwinden stellt einen echten Charaktertest dar. Und obwohl es danach aufwärts geht, sind wir noch nicht über den Berg. Es bedarf immer noch zielstrebiger, konstanter und disziplinierter Handlung, um die gewünschte Gewohnheit zu bilden. Tag für Tag am Ball zu bleiben lautet hier die Devise. Dass das nicht immer einfach ist, ist unbestritten. Am Gipfel wartet allerdings eine enorme Menge der zweiten Art von Vergnügen. Bevor wir einen Blick darauf werfen können, wie wir den Berg am geschicktesten hinaufklettern, ist es wichtig noch einmal hervorzuheben, dass es mindestens genauso entscheidend ist, eine klare Vorstellung davon zu haben, warum wir den Gipfel erreichen wollen.

Wie wir den Berg besteigen, will ich an einem Beispiel verdeutlichen. Nehmen wir an, die Gewohnheit, die wir bilden möchten, ist konstantes frühes Aufstehen. Morgenstund hat bekanntlich Gold im Mund und der frühe Vogel fängt den Wurm. Wir wollen früh aufstehen, um die morgendlichen Stunden des Tages gut zu nutzen und einen gelungenen Start in den Tag zu schaffen. Dass es im Bett gemütlich und schön warm sein kann, macht die Aufgabe für uns nicht leichter. Und so diszipliniert wie der deutsche Physiker Georg Christoph Lichtenberg vorzugehen, der sagte: „Ich hab mir's zur Regel gemacht, daß mich die aufgehende Sonne nie im Bett finden soll, solange ich gesund bin. Es kostet mich nichts als das Machen; denn ich habe es bei Gesetzen, die ich mir selbst gab, immer so gehalten, daß ich sie nicht eher festsetzte, als bis mir die Übertretung fast unmöglich war.", entspricht auch nicht unbedingt der Norm. Ein Schlüsselelement können wir seiner Aussage jedoch trotzdem entnehmen: eine neue Gewohnheit kostet uns nichts als das Machen. Das ist der Ausgangspunkt. Wir müssen den Entschluss fassen, mit der neuen Gewohnheit durch unser zielgerichtetes Tun zu beginnen; am besten sofort. Doch dann gilt es, am Ball zu bleiben. Um immer wieder zur selben Zeit frühmorgens aus den Federn zu kommen, müssen wir gewieft an die Sache herangehen und uns selbst etwas austricksen. Die Routine ist in dem Prozess einer unserer wichtigsten Gehilfen. Und sie bringt unser Gehirn zunehmend auf unsere Seite, da dieses dadurch vermehrt auf Energiesparmodus schalten kann.

Nachdem wir den ersten Schritt getätigt haben, wie kommen wir über den gesamten Berg? Wir brauchen ein klares Motiv und einen Anreiz für das weitere Durchhaltevermögen. Wir kommen definitiv deutlich leichter morgens aus dem Bett, wenn wir unmittelbar nach dem Aufstehen wissen, was zu tun ist und wir uns darauf freuen können. Eine kleine Morgenroutine, die uns auf einen guten Tag einstimmt, ist äußerst hilfreich. Diese kann aus einem kleinen Spaziergang, einem inspirierenden Video oder Audio-Tape, und der gezielten Tagesplanung bestehen. Gleich morgens etwas zu machen, das den Körper in Gang bringt, steigert unsere Energie und das eigene Wohlgefühl, da durch die Bewegung bestimmte Neurotransmitter ausgeschüttet werden, die uns ein gutes Gefühl bringen. Die eigene Morgenroutine muss unbedingt aus Elementen bestehen, die uns Freude bringen. Frühes Aufstehen und das Gefühl haben, die Morgenstunden bereits gut genutzt zu haben, bringt uns einen psychologischen Vorteil unseren Mitmenschen gegenüber. Wir haben nämlich dadurch eine enorme innere Gelassenheit und unseren Tag so eingestimmt, dass er uns erfüllt. Um die Hürde des Aufstehens an sich täglich zu überwinden, ist es von Vorteil, den Wecker so zu positionieren, dass wir nicht im Bett bleiben können, um ihn auszuschalten. Wenn wir einmal aus unserem Bett draußen sind, fällt es uns leichter den Zustand auch beizubehalten. Am besten wir haben gleich den nächsten Schritt auch noch so vorbeireitet, dass er besonders einfach abläuft. Unsere Kleidung liegt beispielsweise schon mit den Schuhen zusammen bereit, so dass wir nur noch rein schlüpfen müssen, und dann sofort nach draußen gehen können. Wir wollen es uns so reibungslos wie möglich machen, wenn es darum geht, eine neue Gewohnheit zu schaffen. Der Prozess ist nämlich bereits schwierig genug, dass wir auf weitere Herausforderungen verzichten können. Je mehr wir am Ball bleiben, umso stärker wird unser Wille. Und mit jedem Tag, an dem wir das Battle des Betts, wie Robin Sharma es so schön nennt, gewinnen, haben wir bereits gleich in der Früh den ersten Gewinn des Tages zu verzeichnen. Je mehr wir in den Rhythmus kommen und je mehr es zur Routine wird, umso beschleunigter wird unser Aufstieg, bis wir an den Gipfel kommen. Von dort aus können wir die Früchte unseres Durchhaltevermögens ernten. Wir stehen dann zwar weiterhin früh morgens auf, fühlen uns aber hervorragend und gehen mit deutlich mehr Lebensenergie durch den Tag.

Die eine oder andere Rahmenbedingung sollte beim Gewohnheitsbilden nicht außer Acht gelassen werden. Es hilft ohne Zweifel, wenn die Personen, die uns im Leben am nächsten stehen, die Gewohnheit gutheißen und uns in dem Prozess zur Seite stehen. Um zusätzlichem Widerstand im eigenen Umfeld Stand halten zu können, muss die Kraft des Ziels schon ziemlich stark sein. Ebenfalls ist es wichtig, die Dinge, die mit der neuen Gewohnheit zusammenhängen, im Hinterkopf zu haben. Auf das frühe Aufstehen bezogen bedeutet das zum Beispiel, dass uns eine größere Mahlzeit vor dem Schlafengehen das Leben eher schwer macht, während es uns hilft, in einem Notizbuch abends noch drei Dinge festzuhalten, für die wir tagsüber dankbar waren. Ersteres hindert uns am ruhigen und entspannenden Schlaf, während letzteres uns glücklich stimmt, bevor wir einschlafen, und dadurch positive Auswirkungen auf unsere Physiologie hat. Frühes Aufstehen bedeutet allerdings nicht, den Schlaf zu kürzen, sondern eine neue Routine zu schaffen, was auch die Zeit des Zubettgehens verändern kann.

Wie die neue Gewohnheit auch aussehen mag, die Kontinuität ist von allerhöchster Bedeutung. Es wird nicht immer einfach sein und unsere innere Stimme wird uns darauf hinweisen, dass es viele Vorteile für uns hat, den Prozess abzubrechen. Darauf müssen wir vorbereitet sein. Uns immer wieder ganz klar vor Augen zu halten, wieso wir es machen, hilft uns hier gehörig. Auch die Grade der Verpflichtung können sehr hilfreich sein. Bereits eine soziale Verpflichtung kann einen großen Unterschied in der Umsetzung und auf das eigene Durchhaltevermögen bewirken. Am Ende ist es jedoch entscheidend, dass wir die Gewohnheit bilden, weil wir davon überzeugt sind, dass es das Richtige für uns ist, und uns dabei hilft, unsere Lebensqualität und unsere Lebensvision stückchenweise zu verwirklichen.

Dinge unterlassen & Dinge durchziehen

„Der Edle verlangt alles von sich selbst, der Primitive stellt nur Forderungen an andere."
Konfuzius

Neben der Gewohnheitsbildung ist es allerdings auch eine Kunst, Gewohnheiten zu verwerfen. Eine alte durch eine neue Gewohnheit zu ersetzen ist dabei entscheidend. Wir geben nicht einfach etwas auf, ohne einen Ersatz dafür zu finden. Im ersten Schritt wollen wir identifizieren, welche Gewohnheiten uns nicht guttun bzw. uns davon abhalten, unsere Ziele zu erreichen. Somit wissen wir, welche Dinge wir unterlassen möchten, und wo wir neue Gewohnheiten bilden sollten. Nachdem wir die Aspekte identifiziert haben, die wir unterlassen wollen, zum Beispiel regelmäßig am Smartphone unsere Apps zu durchstöbern, stellen wir uns die Frage, was wir denn von dieser Gewohnheit haben? Was erhoffen wir uns dadurch oder welches Vergnügen hängt damit zusammen? Nachdem wir dies herausgefunden haben, können wir die neue Gewohnheit, die die Alte ersetzen soll, so auswählen, dass sie ein ähnliches Vergnügen mit sich bringt. Das bedeutet, wenn wir die Gewohnheit haben, nach dem Essen eine Süßigkeit zu verspeisen, dann haben wir einen bestimmten Grund dafür. Um diese Gewohnheit nun zu unterlassen, können wir uns ein simples Vorgehen notieren: Immer wenn ich dazu neige eine Süßigkeit essen zu wollen, dann mache ich stattdessen X. X könnte dabei möglicherweise ein Löffel Kokosnussöl, eine Hand voll Trauben oder Nüsse sein. Ein anderes Beispiel: Immer wenn ich dazu neige ein extrem zuckerhaltiges Getränk zu mir nehmen zu wollen, dann trinke ich stattdessen Wasser mit Orangen und Minze gefüllt. Wichtig ist, dass wir sofort eine Alternative parat haben, die unsere alte Gewohnheit ersetzt. Für alle Dinge, die wir unterlassen möchten, ist es also wichtig einen ähnlichen Satz zu formulieren. „Immer wenn ich dazu tendiere, Y machen zu wollen, mache ich stattdessen Z."

Wenn es darum geht, Dinge tatsächlich nachhaltig durchziehen zu wollen, dann können wir uns eines bereits vertrauten Geschicks bedienen. Dieses haben wir während des Prioritätenwandel-Prozesses kennengelernt. Dabei geht es darum, die neue Angewohnheit mit den eigenen intrinsischen Prioritäten zu verknüpfen. Sobald wir sehen können, wie eine Sache uns dabei hilft, die eigenen Prioritäten zu erfüllen, sind wir nämlich viel mehr dazu geneigt, diese auch aufrechtzuerhalten. Es stellt sich uns also die Frage, wie uns die neue Gewohnheit dabei hilft, die Dinge zu erfüllen, die uns am allerwichtigsten im Leben sind. Und auf diese Frage wollen wir eine möglichst große Menge an Antworten finden, so dass sich in unserem Gehirn wieder neue Schaltkreise aktivieren, und die Verbindung zwischen den Synapsen verstärkt wird. Je stärker diese Verbindung ist, umso größer ist die eigene Neigung dazu, die Sache mit Konstanz durchzuziehen. Ebenfalls zu berücksichtigen ist die Rolle von Belohnungen. Das Leben soll schließlich schon heute viel Spaß mit sich bringen und nicht erst an Tag X, an dem wir ein bestimmtes Ziel erreicht haben wollen. Wenn wir eine Woche lang konstant früh morgens aus den Federn gekommen sind, dann können wir uns eine Belohnung gönnen, die wir vorher festgelegt haben. Es besteht hier eine gewisse Ähnlichkeit zum Zielumsetzungsprozess.

Im Endeffekt geht es bei der Selbstdisziplin vorwiegend darum, den Berg einmal geklettert zu sein. Die eigene Willensstärke wird dadurch extrem gefestigt. Je mehr wir uns ihrer bedienen, umso leichter fällt es uns. Sie ist wie ein Muskel: Wenn wir ihn strategisch gut aufbauen und konstant an ihm arbeiten, dann bleibt er nicht nur gut erhalten, sondern lässt sich auch schneller wieder zur alten Stärke zurückführen.

Abschließend will ich noch eine Gewohnheit ansprechen, die große Selbstdisziplin erfordert, und von unmessbarem Wert ist. Dabei geht es um die Tugend, die Dinge, die wir hören und wissen auch anzuwenden und nicht nur aufzunehmen. Wenn wir in unserem Leben anwenden würden, was wir wüssten, dann wäre die Auswirkung auf unser Leben unvorstellbar. Zu häufig entspricht unser gesunder Menschenverstand jedoch leider nicht unserer Handlungen. Die Kunst zu beherrschen, Dinge anzuwenden und nicht nur aufzunehmen, würde die gesamte Selbsthilfe-Branche ausradieren. Alleine nur zu testen, ob etwas für uns funktioniert oder nicht und demnach zu urteilen und Dinge weiter auszuführen oder zu verwerfen würde uns als Kollektiv einen gewaltigen Schritt nach vorne katapultieren. Wir wissen so unglaublich viel und der Großteil von uns wendet so erschreckend wenig davon an. Hier anzusetzen und sich zu fragen: „Wovon weiß ich denn alles, wie ich es besser machen kann und tue es trotzdem nicht?", und Schritt für Schritt diese Dinge zu testen und, wenn sie uns nützlich erscheinen, zu Gewohnheiten zu machen, ist ein sehr sinnvolles Vorgehen. Ein Bewusstsein dafür zu entwickeln, wo wir Dinge nicht anwenden, die wir genau wissen, oder wo wir gegen unseren gesunden Menschenverstand vorgehen, bietet das ideale Trainingsgebiet, um die eigene Selbstdisziplin enorm zu stärken.

Kapitel-Highlights

- Selbstdisziplin dient uns dazu, konsequent bei den Dingen vorzugehen, von denen wir wissen, dass sie uns dabei dienlich sind, die eigene Lebensvision umzusetzen.

- Nur für denjenigen, der den Selbstdisziplinierten beurteilt, wirkt dessen Lebensart rigide und ohne Spaß. Der Disziplinierte geht darin auf und erfreut sich an ihr.

- Wir unterscheiden zwischen zwei Arten von Vergnügen:

  1. Die schnelle Befriedigung, die ebenso schnell verfliegt.

  2. Das Vergnügen daran, den eigenen Standards und Prinzipien treu geblieben zu sein, und so gehandelt zu haben, wie wir es für richtig erachten.

- Die sofortige Genugtuung dem langfristigen Ziel unterzuordnen, benötigt Klarheit und Kraft des Ziels.

- Der Prozess der Gewohnheitsbildung:

  1. Warum will ich das?

  2. Was ist der erste Schritt?

  3. Wie kann ich mir den Berganstieg vereinfachen und mich dazu motivieren durchzuhalten?

  4. Was erwartet mich am Gipfel?

- Dinge zu unterlassen funktioniert am besten, wenn wir eine sofortige Alternative dafür parat haben.

- Schlüsselfrage: Wie hilft mir die neue Angewohnheit dabei, meine höchsten Prioritäten zu erfüllen?

- Schlüsselgedanke: Ich wende das an, was ich weiß, und nehme es nicht nur auf.

Kapitel 9:
Das Prinzip der persönlichen Lebensgestaltung

„Ich bin der Meister meines Schicksals.
Ich bin der Kapitän meiner Seele."

Invictus - William Ernest Henley

In den vorhergehenden Kapiteln haben wir uns vier Säulen der Selbstführung erarbeitet: Selbstkenntnis, Selbstkontrolle, Selbstmanagement und Selbstdisziplin. Wir haben Zusammenhänge zwischen ihnen hergestellt und nach Konzepten für ihre alltägliche Umsetzung gefragt. Jede einzelne Säule spielt eine wichtige Rolle innerhalb des Gesamtkonzeptes. Jedoch fällt die Selbstführung an sich ebenfalls in ein viel breiteres Spektrum, nämlich unser Leben als Ganzes. Und dieses ist definitiv noch deutlich facettenreicher. Die Selbstführung ist allerdings eine essenzielle Grundlage dafür, dass wir ein rundum erfülltes und gelungenes Leben führen können. Ohne sie treiben wir einfach wie ein Floß auf einem riesigen Fluss ohne Paddel und somit ohne Möglichkeit, die Richtung zu bestimmen. Wir wollen alles, was wir bisher gemeinsam erarbeitet haben, nun in das große Gesamtbild unseres Lebens platzieren und dadurch ein Prinzip der persönlichen Lebensgestaltung schaffen.

Es war nicht selten die Rede von der unbeschreiblichen Kraft, unsere Gedanken immer wieder selbst wählen und stets neu ausrichten zu können. In unseren uneingeschränkten Gedankenfreiheit ruht die Quelle dafür, unser Leben vollkommen in die eigene Hand zu nehmen. Wir legen fest, nach welchen Standards und Prinzipien wir unser Leben gestalten wollen. Wir entscheiden darüber, welche Perspektive wir für unser Leben wählen möchten. Wollen wir dieses Spiel auf kleiner Ebene oder einem höheren Level spielen? Nehmen wir uns dabei fürchterlich ernst oder sehen wir uns als einen winzigen Teil eines wunderbaren Universums, das wir noch nicht begreifen können, aber das es uns ermöglicht, darüber zu schmunzeln, wie wichtig wir uns und unsere Probleme doch gelegentlich nehmen? Es ist nicht so, dass wir nicht wichtig wären, allerdings ist es immer eine Frage der Perspektive, die wir selbst einnehmen. Worauf ist unser Fokus im Leben gerichtet? Wollen wir Tag für Tag ein leuchtendes Beispiel der Dankbarkeit und Lebensfreude für unsere Mitmenschen sein oder reden wir gerne über unsere Leiden und sehen den schwarzen Peter in jeder Situation?

Uns selbst herauszufordern, jeden Tag der Beste zu sein, der wir sein können, in unserem Handeln und Denken, darin liegt der Ursprung der wahren Charaktergröße. Dass das Leben auch aus schweren Zeiten, in Form von Krisen, Chaos, Trauer, Rückschlägen, Niederlagen und Selbstfindungsprozessen besteht, soll hier gar nicht angefochten werden. Aber es ist nicht, was uns widerfährt, was andere tun, oder eigene Fehler, die uns wirklich wehtun, sondern es ist die Art und Weise, wie wir damit umgehen. Unsere Reaktionen auf Ereignisse sind verantwortlich für unser inneres Wohlbefinden, nicht die Ereignisse an sich. Ob wir uns in einer Krise oder schwierigen Phase befinden, und vor allem wie lange wir uns dort tummeln, ist abhängig davon, wie wir unsere Umstände und die scheinbaren Gründe, die uns in eine solche Situation gebracht haben, einzuordnen wissen. Den versteckten Segen, den jede Krise mit sich bringt, zu erkennen, hilft uns enorm dabei, zurück in unsere innere Mitte zu finden.

Wenn wir also damit beginnen, unsere persönliche Lebensgestaltung in die Hand zu nehmen, dann ist es entscheidend, dass wir genau wissen, wie der Charakter in unserem Lebensskript geformt sein soll, um das eigene Leben demnach auszurichten und damit anzufangen, entsprechend zu handeln und zu denken. Wie wählt es unser Charakter an jeden Tag heranzugehen? Wie geht er mit bestimmten Situationen um? Wie handelt er, wenn er sich in einer schwierigen Phase befindet? Zieht er Dinge durch oder fängt er immer wieder mit neuen Sachen an, um diese dann doch nicht konsequent zu verfolgen? Wie steht er im Zusammenhang mit seinen Mitmenschen? Wie gestaltet er sein Leben?

Vision und Lebensgestaltung

Unsere Lebensvision und die Konsequenz unserer Handlungen in dem Streben danach, sie Tag für Tag umzusetzen, spielen eine große Rolle in unserer Lebensentfaltung und auch dafür, auf welchem Level wir uns in diesem Leben bewegen. Je größer die Lebensvision und je mehr wir sie zur eigenen Realität machen können, umso umfangreicher werden die Herausforderungen, denen wir uns im Leben zu stellen haben. Mit Herausforderung kommt jedoch auch gleichermaßen Unterstützung ins eigene Leben. Wir haben dann eine Großzahl an Befürwortern, aber auch eine Menge Kritiker. Wenn wir uns dazu entschließen ein ruhiges Leben in Zurückgezogenheit zu führen und keine größeren Ansprüche stellen, dann bleibt das Ausmaß von Kritik oder auch Herausforderung relativ gering. Wählen wir jedoch, nach den Sternen zu greifen und auf einem hohen Level zu spielen, was unvermeidbar eine größere Menge an Menschen anzieht und dadurch auch den Grad der Verantwortung, nicht nur uns selbst gegenüber, wachsen lässt, dann müssen wir auf Konfrontation und Herausforderung gefasst sein. Wir können unsere Vision nur zu dem Ausmaß zur Realität machen, zu dem wir die innere Stärke besitzen, der wachsenden Kritik, Widerständen und der Herausforderung standzuhalten. Auch hier handelt es sich um eine Frage der Perspektive. Sehen wir Kritik als einen Angriff auf unsere Person oder entscheiden wir uns dafür, sie als ein notwendiges Instrument zu betrachten, das dazu dient, uns im Gleichgewicht zu erhalten? Schließlich werden wir durch sie nicht abgehoben und verfallen nicht der Illusion, dass alles und jeder uns unterstützen wird.

Das Ausmaß unserer Vision spielt eine entscheidende Rolle dabei, wie das eigene Ausmaß des Einflusses aussieht, aber auch, wie viel Verantwortung wir auf unseren Schultern tragen können. Mit der eigenen Vision steht und fällt auch der Zeithorizont unseres Denkens. Wenn wir Großunternehmer werden wollen, dann wird der Blick in die Zukunft deutlich weiter ausfallen, als wenn wir Taxi-Fahrer in Afrika sind, und uns darum bemühen Tag für Tag genügend Geld zum Leben einzutreiben. Ein Sir Richard Branson, ein Barack Obama oder auch eine Frau Merkel benötigen deutlich mehr Weitblick, als es für einen Schullehrer der Fall ist. Ihr Ausmaß an Verantwortung ist deutlich größer, sowie die Kritiker und Herausforderungen, aber auch die Unterstützer und Privilegien. Der eine Ansatz ist nicht besser oder schlechter als der andere, aber die eigene Rolle variiert sehr stark. Wo auch immer wir im Leben stehen und wo wir hinkommen, es liegt in unserer Verantwortung. Demnach sind wir auch verantwortlich für das Level, auf dem wir uns bewegen.

Bekannt zu sein, viel Geld zu besitzen, gesellschaftlichen Einfluss zu haben und es in dieser Hinsicht weit gebracht zu haben, bringt auch eine Menge Schattenseiten mit sich. Genauso hat das ganz normale Leben, ohne großen Luxus, Einfluss und Aufmerksamkeit auch eine Menge Vorteile. Da wir aber gerne das sehen, was wir nicht zu haben scheinen, spielen wir immer mal wieder mit dem Gedanken, wie schön es wäre, wenn wir unser Leben tauschen könnten oder doch etwas mehr aus dem Leben einer anderen Person hätten. Die Leute, von denen wir so häufig in den Medien hören und die wir so sehr bewundern, zahlen ohne Frage ihren Preis, dort zu stehen, wo sie sind, und haben bereits einiges dafür gezahlt, um dorthin zu kommen. Sie haben Stück für Stück gelernt, mit der wachsenden Herausforderung und Kritik umzugehen, und gleichzeitig auch die Sonnenseiten ihres Lebens einordnen zu können. Jene, die daran zu Grunde gegangen sind, haben die Grenzen ihrer Vision und der eigenen Standards zu spüren bekommen. Es liegt an uns, und niemand anderem, zu welcher Ebene im Leben wir gelangen möchten. Wenn wir kritikunfähig sind und Kritik deswegen vermeiden möchten, dann müssen wir auch davon ausgehen, dass wir auf einem anderen Level spielen werden, als wir es uns möglicherweise wünschen. Wenn unsere Lebensvision jedoch so stark ist, dass wir alles dafür in Kauf nehmen, um sie durchzusetzen, dann hält uns auch keine Kritik, kein Widerstand und keine Herausforderung auf: siehe Nelson Mandela oder Mahatma Gandhi. Es ist an der Zeit, dass wir Dinge schaffen, die uns so sehr am Herzen liegen und so viel bedeuten, dass wir gewillt sind, die damit verbundene Kritik auf uns zu nehmen und darüber zu stehen.

Ich will hier allerdings gar kein Werturteil fällen und beurteilen, welches Level besser oder schlechter ist, weil das jeder für sich entscheidet und jedes Level Vorteile und Nachteile mit sich bringt. Mir geht es vielmehr darum aufzuzeigen und anzusprechen, wie die Lebensvision im Verhältnis zur persönlichen Lebensgestaltung steht, und vor allem welche Auswirkungen damit zusammenhängen. Die Beispiele von Persönlichkeiten mögen etwas überdimensional wirken, allerdings zeigt der Blick in die Biographien dieser Menschen, dass auch sie nur Personen sind und waren, die eine Vision hatten, aber im Unterschied zu den meisten, diese auch gelebt haben und den Preis dafür in Kauf genommen haben. Sie sind genauso selbst verantwortlich dafür, wo sie stehen, wie wir es auch sind. Und indem sie wachsen, genauso wie bei uns, wachsen die Herausforderung und die Unterstützung. Dadurch wird die Kraft der Vision immer wieder auf Probe gestellt, aber auch die Möglichkeit gegeben, geerdet zu bleiben und die innere Mitte nicht zu verlieren. Was wir daraus machen, bleibt uns überlassen.

Die Macht der inneren Stimme

Jeder von uns ist sein eigener Chef. Auch wenn wir nicht unbedingt selbstständig sind, so entscheiden wir darüber, welche Karriere wir verfolgen, wie wir unsere Tage gestalten, wie wir uns selbst verkaufen, welche Bildung wir besitzen und wie wir uns weiterbilden, was wir zu anderen sagen, und vor allem auch was wir zu uns selbst sagen. Interessanterweise sind viele von uns ziemlich schlechte Chefs unseres Selbst. Wenn wir ehrlich zu uns sind, dann können wir das auch kaum abstreiten. Schließlich würden wir unserem Chef kündigen, wenn er mit uns so reden würde, wie wir es mit uns selbst tun. Und er würde uns feuern, wenn er sehen würde, wie viel Zeit wir aus dem Fenster schmeißen. Wenn sich uns die Möglichkeit bietet, uns selbst komplett managen zu können, unsere eigene Agenda zu setzen und nur wir selbst für uns verantwortlich sind, dann passiert es nicht selten, dass wir stolpern.

Vieles hängt dabei von unserer inneren Stimme ab und dem, was wir zu uns selbst sagen. Indem wir uns als unseren eigenen Chef anerkennen, können wir beginnen, so mit uns selbst zu sprechen, wie wir es von unserem Chef auch erwarten bzw. es uns wünschen würden.

Dabei ist es wichtig eine klare Differenzierung vorzunehmen. Unsere innere Stimme kann uns brillieren lassen, uns aber auch das Genick brechen. Es gibt zwei Arten der inneren Stimme. Eine von ihnen ist weise und mit unserem Geist direkt verbunden. Die andere ist vom Lärm um uns herum konditioniert. Sie polarisiert, lässt uns zweifeln, nimmt uns Klarheit, macht uns selbst nieder, redet uns geringen Selbstwert ein und steht uns im Weg. Die Klarheit und Ausgeglichenheit in unserem Denken ist ausschlaggebend dafür, wie stark welche Stimme vorhanden ist. Je polarisierter wir in unserem Denken sind, umso mehr Macht hat die zweite Art der inneren Stimme. Indem wir innere Ruhe besitzen, Klarheit in unserem Denken durch die Ausgeglichenheit unserer Wahrnehmung und Perspektive, wird die erste Art der inneren Stimme zunehmend kraftvoller. Sie dient mehr und mehr als unser Wegweiser. Wir können uns auf sie verlassen und sie sich auf uns. Sie geht mit uns besser um, als wir es jemals von einer anderen Person erträumen können. Sie leitet uns, zu dem zu werden, der wir in unserem Wesen sind. Wir sind sie, und sie ist wir.

Je mehr Lärm und Gedankenflut in uns herrscht, umso mehr betäuben wir diese Stimme und werden taub ihr gegenüber. Dadurch entfernen wir uns von uns selbst, und unseren Prinzipien, Standards und unserer wirklichen Lebensvision. Wir nehmen so viel von außen auf und lassen uns dadurch beeinträchtigen, dass wir vergessen, die Weisheit der eigenen unvoreingenommenen inneren Stimme zu berücksichtigen. Und das, obwohl sie unser treuester Gefährte ist und niemals von unserer Seite weichen wird.

In dem Prinzip der persönlichen Lebensgestaltung ist es ein Kernaspekt, dass wir während unserer Lebensreise unserer inneren Stimme die Ketten abnehmen, die wir ihr selbst durch polarisiertes Denken und von äußeren Stimmen her auferlegt haben. Durch sie finden wir zu uns. Und sie kann dadurch zu der größten Kraft unseres Lebens werden. Sie hilft uns dabei, die Dinge auch nur ansatzweise so zu sehen, wie sie sind, und nicht wie wir sind oder sie zu sehen meinen. Ihr Gehör zu schenken gibt uns mehr Zuversicht, Orientierung und mehr von allen angesprochenen Säulen der Selbstführung als uns äußere

Stimmen geben können. Und wenn diese Art der inneren Stimme die Oberhand über die zweite Art, und somit auch über die äußeren Stimmen, gewonnen hat, dann beginnt das Gesamtkonstrukt der Selbstführung, und noch mehr, in uns zu gedeihen. Wir dürfen nie unterschätzen, welche Auswirkung und Kraft das besitzt, was wir zu uns selbst sagen. Und wir dürfen ebenfalls nie vergessen, dass die Stimme in uns, die uns verführen will, die uns spaltet und uns davon abhält, so zu leben, wie wir es uns vornehmen, indem sie uns sagt, wir wären es nicht wert, die uns minimiert und uns hin und wieder verrückt macht, die uns temporär davon stoppt, nach unserer Vision zu handeln nicht wir ist. Diese Stimme ist eine Projektion unserer Außenwelt, die wir versuchen zu verarbeiten, was uns aber nur schwer gelingt. In den ruhigen Momenten, in denen wir ganz bei uns sind und alles andere ausgeblendet haben, und wir uns öffnen für die Weisheit unserer inneren Stimme, da beginnen wir zu verstehen; nicht nur unsere Außenwelt, sondern vielmehr uns selbst. Die Kraft dieser inneren Stimme ist von solchem Ausmaß, dass wir uns häufig davor fürchten, mit ihr alleine zu sein und deswegen in die Gesellschaft fliehen. Sie ist unser einzig wahrer innerer Kompass, dessen Nadel uns die Richtung vorgibt. Dieser Kompass liegt in uns. Nur wir können ihn dort finden.

Unsere innere Stimme lässt uns unser Leben so gestalten und entfalten, wie es am allerbesten für uns ist und uns im eigenen persönlichen Wachstum nach vorne bringt. Die Grenzen ihrer Weisheit sind für uns ungreifbar. Auch wenn wir allem und jedem gerne Aufmerksamkeit schenken, wäre es gravierend, diesen Teil von uns weitestgehend unbeachtet zu lassen. Denn nur durch ihn können wir von persönlicher Lebensgestaltung sprechen. Ohne ihn macht uns die zweite Art der inneren Stimme etwas vor und lässt uns glauben, wir seien selbstbestimmt, obwohl wir uns kaum weiter davon entfernt befinden könnten. Selbsttäuschung ist keine Säule der Selbstführung.

Das Konzept - Es fehlt nichts

Die innere Stimme spielt eine wichtige Rolle innerhalb dieses Konzepts. Denn durch sie können wir es deutlich greifbarer machen und besser verstehen. Es geht hierbei darum, die Perspektive zu gewinnen, dass das eigene Leben stets in perfekter Ordnung ist. Alles ist so, wie es sein soll, und Dinge, die uns wiederfahren, passieren nicht zufällig. Allerdings ist es uns häufig erst möglich, wie Steve Jobs in seiner inspirierenden und bekannten Rede bei der Stanford Universität angemerkt hat, die Zusammenhänge rückblickend zu erschließen und zu verstehen, welche Rolle die Ereignisse in unserem Leben gespielt haben.

Darüber hinaus befindet sich unser Leben in perfekter Ordnung, weil uns nie etwas fehlt. Um diese Aussage etwas seriöser und griffiger zu machen, will ich etwas weiter ausholen. Wir haben im ersten Kapitel bereits das Konzept der Mangelerscheinungen angesprochen und diskutiert, ob und inwieweit wir von dem getrieben werden, das uns aus unserer Sicht am meisten fehlt. Der Schlüsselaspekt dabei ist, dass es sich um unsere subjektive Wahrnehmung handelt, in der wir Mängel wahrnehmen. Und diese ist sehr stark vorbelastet und geprägt durch Lebensumstände und äußere Einflüsse. In Wirklichkeit fehlt uns zu keinem Zeitpunkt etwas in unserem Leben. Die Wahrnehmung von Mängeln entsteht dadurch, dass wir eine ganz bestimmte Form einer Sache als fehlend empfinden und dadurch den Blick auf das große Ganze verlieren. Wir sehen das, was wir sehen wollen, und vergessen dadurch, dass lediglich die Form der Sache eine andere ist, als wir sie gerne hätten. Das bedeutet, in unserem Leben fehlt nichts, aber die Form der Dinge, die wir als fehlend betrachten, stimmt gelegentlich nicht mit der Form der Dinge in unserer Wunschvorstellung überein. Nehmen wir als Beispiel dafür Wohlstand. Weil wir unseren Blick dabei häufig sehr stark auf die materielle Form richten, nehmen wir die anderen Formen unseres Wohlstands nicht wahr. Dadurch entsteht ein Gefühl von Mangel in uns. Oder wir beginnen zu vergleichen und sehen, dass jemand anderer mehr Wohlstand in der Form besitzt, die wir in den Himmel heben. Wir glauben deswegen, dass erst dann nichts mehr in unserem Leben fehlt, wenn wir diesen Mangel gefüllt haben und so viel besitzen wie unser Gegenüber. Dabei übersehen wir schnell, dass wir möglicherweise mehr Wohlstand in einer anderen Form besitzen; unserem Intellekt, unserem Wissen, unserem Wohlbefinden, unseren persönlichen Beziehungen.

Die Empfindung von Mängeln ist allerdings keineswegs rein negativ. Schließlich treibt sie uns auch an und motiviert uns, unsere empfundenen Mängel zu füllen. Mir geht es hierbei darum, zwei Punkte hervorzuheben. Der erste bezieht sich auf unsere Fragestellungen, die unsere Sichtweisen bestimmen. Wir können uns dazu entschließen, die Welt so zu sehen, dass sie unvollkommen ist und uns unzählige Dinge zu fehlen scheinen. Wir können aber auch fragen, in welcher Form sich die fehlende Sache momentan befindet. Dadurch gewinnen wir eine innere Ruhe von unschätzbarem Wert. Wir fühlen uns nicht mehr dauerhaft getrieben und dazu gedrängt, unser Leben vollkommen zu machen. Die Lage, in der wir uns jetzt befinden, ermöglicht es uns, einen Schritt zurück zu machen und uns die Dinge von einem anderen Standpunkt aus zu sehen. Wir stellen zwar immer noch fest, dass wir die Form der Dinge gerne ändern würden, aber das Gefühl einer inneren Leere verfliegt, weil wir uns in dem Wissen geborgen fühlen können, dass wir von einer perfekten Ordnung umgeben sind.

Dies soll jedoch keineswegs den vorherigen Ansatz der Mängel, die gefüllt werden wollen, verwerfen. Und wer sich fürchtet, dass dadurch seine innere Motivation verloren geht, der kann sich beruhigen. Der Ansporn besteht nun darin, die Form der Dinge in die Wunschvorstellung zu transformieren. Die persönliche Lebensgestaltung beinhaltet das Geschenk, dass wir unseren Standpunkt wählen und bestimmen können. Und indem wir uns vor Augen halten, dass in unserem Leben nichts fehlt, können wir eine enorme innere Dankbarkeit für unser Leben gewinnen, anstatt frustriert darüber zu sein, dass die Welt nicht der Projektion unserer Erwartungen entspricht.

Der zweite Punkt, der mir innerhalb dieses Ansatzes wichtig erscheint, ist folgender: Er mag etwas abstrakt wirken, aber ich werde mich darum bemühen, ihn trotzdem greifbar zu machen. Wie bereits erwähnt, entstehen Mängel in unserer subjektiven Wahrnehmung. Diese spielt ohne Frage eine große Rolle in unserem Leben und auch in dem Grad der inneren Erfüllung. Denn sie ist dafür verantwortlich, wie wir die Welt sehen. Neben unseren subjektiven Wahrnehmungen gibt es noch eine objektive Wirklichkeit, an der wir jedoch nur immer wieder teilhaben können. Damit ist gemeint, dass wir in unserem Alltagsleben und unserem Beschäftigtsein die meiste Zeit von unseren subjektiven Wahrnehmungen bestimmt werden. Nur in Momenten der absoluten Ausgeglichenheit und im Einklang mit unserer wegweisenden inneren Stimme erleben wir für kurze Augenblicke einen Teil der objektiven Wirklichkeit. Insofern ist der Einfluss auf das Alltagsleben sehr gering, denn wir können nur augenblicklich an ihr teilhaben. Während wir mit unserem Körper verbunden sind, ist es uns nicht möglich, ein permanenter Teil davon zu sein. Die objektive Wirklichkeit befindet sich in ähnlicher Art um uns herum, wie Fische von Wasser umgeben werden. Und in ihr gibt es keine Mängel, sondern reine Perfektion.

Wie wir dieses Konzept für uns einordnen, müssen wir mit uns selbst ausmachen. Es ist auch nicht notwendig, dass wir eine Spaltung von subjektiver Wahrnehmung und objektiver Wirklichkeit in unser Denken integrieren. Vielmehr steht es im Vordergrund, den Bezug zur persönlichen Lebensgestaltung herzustellen. Und dazu können wir uns fragen, welchen Standpunkt wir einnehmen möchten, der uns dabei hilft, in Einklang mit unserer inneren Stimme und in Dankbarkeit und Gelassenheit anstatt in Frust und Verzweiflung zu leben und diese Reise zu gestalten.

Das Perfekter-Tag-Prinzip

Dazu hilft uns auch dieses Prinzip. Denn mit dessen Hilfe bilden wir das Fundament einer gelungenen persönlichen Lebensgestaltung. Im siebten Kapitel, in dem wir uns mit Ziel(um)setzung befasst haben, habe ich dieses Prinzip bereits einführend angesprochen. Dabei war die Rede von Etagen, Stufen, Bauklötzen sowie Dominosteinen. Auf den Ansatz des Dominoeffekts wollen wir hier nun vertiefend eingehen. Denn schlussendlich besteht unser Leben aus einer Vielzahl an Dominosteinen. Charles Darwin meinte zwar einmal, dass die Person, die auch nur eine Stunde ihrer Zeit vergeudet den Wert des Lebens noch nicht erkannt hat, aber wir wollen zunächst etwas entspannter an die Sache heran gehen und uns auf jeden einzelnen Tag konzentrieren. Indem wir den Fokus auf die kleinen Elemente in unserem Leben richten, kann das große Ganze funktionieren. Wenn unsere Dominosteine wie erwünscht fallen, dann greifen auch die Zahnräder der persönlichen Lebensgestaltung perfekt ineinander.

Um dies jedoch umsetzen zu können, ist es wichtig, dass wir eine erst einmal eine Vorstellung davon haben, wie ein perfekt gelungener Tag für uns aussehen würde. Was würden wir an so einem Tag tun? Mit wem würden ihn verbringen? Was würden wir essen? Wie würden uns dabei fühlen? Was wären unsere Gedanken am Ende dieses Tages? Und wie würden wir morgens aus dem Bett kommen, wenn wir wüssten, dieser Tag steht uns bevor? Der erste Schritt des Perfekter-Tag-Prinzips besteht darin, dass wir uns klar werden, wie genau dieser Tag aussehen würde. Wann würden wir was machen? Je klarer unsere Vorstellung davon ist, umso reibungsloser lässt sie sich umsetzen. Unser Ziel ist es zu Beginn, diesen Tag einmal im Monat zu leben. Es ist unser Tag, und wir alleine bestimmen dessen Agenda. Diesen Tag im Kalender festzuhalten hilft uns dabei, dieses Konzept in die Tat umzusetzen. Das nahezu perfekt gelungene Leben ist nichts anderes als ein Resultat der Aneinanderreihung von perfekten Tagen.

Ein Jahr lang jeden Monat einen Tag nach unserer uneingeschränkten Wunschvorstellung zu leben und ihn so zu füllen, wie er uns am meisten erfüllt, ist der zweite Schritt. Um dabei nicht enttäuscht zu werden, ist es wichtig, keine unrealistischen Erwartungen an diesen Tag zu richten. Andere Leute werden weiterhin nach ihrem Prioritätensystem leben und nicht nach unserer Pfeife tanzen. Es geht ausschließlich darum, ihn zu genießen und in vollen Zügen auszukosten.

Im dritten Schritt können wir etwas ambitionierter vorgehen und uns vornehmen, alle zwei Wochen, wenn nicht sogar einmal pro Woche, einen perfekten Tag zu erleben. Und unser Ziel dieses Prinzips sieht wie folgt aus: jeden

Morgen, oder auch jeden Abend vor dem Schlafengehen, während der Rest der Welt schläft oder fernsieht, schreiben wir auf, wie dieser Tag aussieht, wenn er sich in Perfektion entfalten würde. Indem wir dies umsetzen, trainieren wir unser Gehirn, nach den Gelegenheiten Ausschau zu halten, die unsere tägliche Vision wahr werden lässt. Unsere Wahrnehmung, die sowieso selektiv ist, wird dadurch darauf gepolt, die Dinge zu sehen, die unserer Tagesvision entsprechen. Und unsere Muskeln des mentalen Fokus werden zunehmend gestärkt. Jeder Tag entspricht unserem Leben in Miniaturform. Und deswegen lässt uns die Gewohnheit dieses Prinzips nicht nur unsere Tage großartiger werden, sondern unser gesamtes Leben. Unsere persönliche Lebensgestaltung besteht zu einem Großteil darin, Tag für Tag selbst zu gestalten. Wir können dabei mit kleinen Dingen beginnen und das Prinzip schrittweise wachsen lassen.

Jeden Tag aufzuschreiben, wofür wir dankbar sind in unserem Leben, wäre eine Kleinigkeit, die große Auswirkungen hat. Wir alle haben so viel, für das wir dankbar sein können, und wenn wir beginnen, täglich für die kleinen Dinge Dankbarkeit zu empfinden, dann werden wir auch bereit sein, für größere Dinge dankbar sein zu dürfen. Es gibt so viele Möglichkeiten, mit einer Kleinigkeit zu beginnen und das Konzept daraus gedeihen zu lassen. Der allerwichtigste Punkt besteht lediglich darin, dass wir mit etwas beginnen; wie im letzten Kapitel angesprochen: Die Kunst besteht darin, die Dinge, die wir aufnehmen und somit wissen, auch zu praktizieren oder zumindest auszuprobieren. Jeder Tag ist ein Geschenk, das wir immer wieder auspacken dürfen. Das Faszinierende an der Sache ist, dass wir den Inhalt selbst mitbestimmen.

Lass es uns lebenswert machen

Während du da sitzt und liest nimm dir einen ganz kurzen Moment und strecke deine rechte Hand so weit du kannst nach oben. Und jetzt, strecke sie noch ein bisschen höher. Du wirst merken: etwas mehr geht immer noch.

Dies zeigt uns eine Sache: Wir tendieren gerne dazu, uns ein bisschen zurück zu halten. Wir meinen, unser Bestes zu geben, täuschen uns dabei allerdings nur selbst. In unserem Leben stecken so viele Möglichkeiten und jeder Einzelne von uns hat das Zeug dazu, diese im vollen Ausmaß auszukosten. Ein Blick auf die scheinbar banalen Tatsachen des Lebens lehrt uns die größten Erkenntnisse. Und aus diesen können wir so viel Lebensfreude und Zuversicht schöpfen. Alleine die Feststellung, dass wir niemals zwei gleiche Personen treffen, ist unglaublich faszinierend. Jeder von uns ist sein eigenes

Individuum. Und zusätzlich sind wir bei jeder Begegnung alle lebendig – nur unterschiedlich präsent. Wir sind immer in der richtigen Position, unser Leben auch lebenswert zu gestalten.

Die Frage nach dem Sinn hat sich auf die ein oder andere Art und Weise sicherlich jeder von uns schon einmal gestellt. Aber anstatt daran zu verzweifeln, keine befriedige Antwort darauf zu finden, können wir damit beginnen, Sinn und Bedeutung in unsere täglichen Interaktionen zu bringen. Wir können uns dazu entschließen, den Begegnungen mit unseren Mitmenschen mehr Bedeutung entgegenzubringen. Wir können uns dazu entschließen, unserem Handeln mehr Bedeutung entgegenzubringen. Und wir können uns dadurch dazu entschließen, unserer Existenz mehr Bedeutung entgegenzubringen. Wir setzen schlichtweg bei den kleinen Dingen, die unbedeutend wirken mögen, an und schenken ihnen mehr Bedeutung. Und dadurch gewinnen wir schrittweise mehr Bedeutung in unserem Leben als Ganzes. Fast nach dem Ansatz von Mutter Teresa, die meinte, dass wir zwar keine großen Dinge tun können, aber viele kleine Dinge mit großer Liebe.

Mit dem Sinn und der Bedeutung in unserem Leben ist es wie mit der Dankbarkeit. Wir haben so viele Ansatzpunkte, dankbar zu sein, und genauso können wir an so vielen Punkten ansetzen, wo wir mehr Bedeutung schaffen möchten und können. Manche von diesen Aussagen mögen wie altbekannte Floskeln klingen. Das tun sie nur so lange, bis wir sie zu einem Teil von unserem Sein machen.

Der etwas ältere Film The Closer, in dem Danny Aiello (im Film Chester Grant) die Hauptrolle besitzt, beginnt mit einer eindrucksvollen und zum Nachdenken anregenden Rede. Chester Grant wird zum Mann des Jahres gekürt und spricht darin darüber, was ihn dorthin geführt hat. Sein Appell ist folgender: „Hör auf dir etwas vor zu machen. Es steht nichts zwischen dir und deinen Visionen. Der Mensch strebt nicht nach Kompromissen und Mittelmäßigkeit. Es gibt keine Kompromisse in der eigenen Zielvorstellung. Ein Kompromiss ist die Ausrede nicht da zu sein, wo man gern wäre, während man vorm Fernseher sitzend ein Bier trinkt und eine andere Person die eigene Zielvorstellung und Vision leben sieht. Die eigene Vision. Also tu mir einen Gefallen: Wach nicht eines Morgens mit grauen Haaren auf, wenn die Beweglichkeit aus deiner Hüfte verschwunden ist und du mit Rasierschaum im Gesicht in den Spiegel blickst und dich fragst: Was zum Teufel habe ich mit den letzten 30 Jahren meines Lebens gemacht? Das ist nicht mein Leben. Hier liegt nicht meine Leidenschaft Mach etwas! Bevor genau das passiert. Hab keine Angst vor deinen Ambitio·

Wenn andere Menschen dich zurückhalten können, willst du es nicht zwingend genug. Und erzähl mir nicht, dass du es tust, weil andere Menschen dich nicht vom Träumen stoppen, sondern nur du selbst. Du stehst dir im eigenen Weg, aus Angst vor dem, was aus dir werden kann. Auch wenn das eine wundervolle, wundervolle Sache ist."

In diesem Appell spricht er mir aus der Seele. Lass uns das eigene Leben so angehen, dass wir gegen Ende sagen können, wir haben alles aus dem gemacht, was uns gegeben war. Lass uns die Tätigkeit verfolgen, bei der wir das Gefühl haben, es spielt eine Rolle und ist das, was wir in unserem Herzen als richtig empfinden. Lass uns willig sein, auch einmal falsch zu liegen, denn ansonsten werden wir nie etwas Originelles gestalten können.

Wir sind der persönliche Gestalter unseres Lebens. Und wir haben es verdient selbstbestimmt zu leben. Deswegen: Führ dich selbst – für dich selbst!

„Ich ging in die Wälder, denn ich wollte wohlüberlegt leben;
intensiv leben wollte ich. Das Mark des Lebens in mich aufsaugen, um
alles auszurotten, was nicht Leben war. Damit ich nicht in der Todesstunde inne
würde, daß ich gar nicht gelebt hatte."
Henry David Thoreau

Kapitel-Highlights

- Charaktergröße besteht unter anderem darin, uns jeden Tag aufs Neue herauszufordern der Beste zu sein, der wir in unserem Denken und Handeln sein können.

- Vision und Lebensgestaltung stehen in einem direkten Verhältnis zueinander. Wenn wir eine große Vision umsetzen möchten, dann müssen wir mit zunehmenden Herausforderungen rechnen.

- Kritik ermöglicht uns inneres Gleichgewicht zu behalten.

- Unsere wahre innere Stimme gibt uns Orientierung und dient als Kompass in unserem Leben. Sie gibt uns die Möglichkeit selbstbestimmt zu leben.

- Unser Leben befindet sich in perfekter Ordnung. Es fehlt uns gar nichts, nur die Form der Dinge entspricht nicht immer unserer Wunschvorstellung.

- Der Dominoeffekt von vielen aneinandergereihten gelungenen Tagen kann zu einer rundum erfüllenden persönlichen Lebensgestaltung führen.

- Es liegt an uns, Sinn und Bedeutung in die täglichen Momente zu bringen.

- Schlüsselgedanke: Lass uns das eigene Leben auch lebenswert machen.

Epilog:
Drei Dinge, die ich jedem Menschen mitgeben würde

Nachdem wir uns in den vorhergehenden Kapiteln intensiv mit einem Ansatz über Selbstführung und deren vier essenziellen Säulen auseinandergesetzt haben, ist es mir abschließend noch ein Anliegen, dir drei wertvolle Ideen und Gedankenanstöße mit auf den Weg zu geben. Diese haben in meinem Leben einen enormen Wert gehabt und mir dabei geholfen, mein Leben in mehr Fülle und Zufriedenheit leben zu können. Es sind die drei Ideen, die ich auf Nachfrage mit jedem Menschen teilen würde, wenn ich mich auf drei Ansätze zu beschränken hätte.

Die Inspiration zu diesem Konzept stammt aus zwei Quellen. Die erste davon ist Randy Pausch, den ich bereits erwähnt habe. Er war ein unglaublich beliebter und mitreißender Professor der Carnegie Mellon Universität. Im September 2006 wurde ihm die Diagnose Pankreastumor mitgeteilt und im August 2007 wurde ihm gesagt er habe noch 3-6 Monate in relativ gutem Gesundheitszustand vor sich. Nachdem er wusste, dass er seiner Tätigkeit nicht mehr viel länger nachkommen konnte, hielt er seine berühmte letzte Vorlesung, in der er über die Umsetzung von Kindheitsträumen sprach. Diese letzte Vorlesung habe ich mehrmals gehört und sie hat mich tief berührt. Ich hab mir des Öfteren die Frage gestellt: Wenn ich nur noch einen Vortrag halten könnte, was würde ich meinen Zuhörern unbedingt mitgeben wollen? Die drei Ideen, die ich hier mit dir teilen werde, wären auf jeden Fall ein essenzieller Aspekt dieses Vortrags.

Die zweite Quelle, die mir als Inspiration für dieses Konzept gedient hat, ist das wunderschöne, wenn auch dramatische, Buch Dienstags bei Morrie von Mitch Albom. Darin geht es um eine wahre Begebenheit. Es wird das Verhältnis zwischen Mitch Albom und seinem ehemaligen Soziologie- und Lieblingsprofessor Morrie Schwartz geschildert, der an amyotropher Lateralsklerose erkrankt ist. Während des Studiums bildet sich eine gute Beziehung zwischen den beiden, und Mitch genießt die Vorlesungen von Morrie am meisten während seiner Studienzeit. Sie sprechen über die grundlegenden und existenziellen Fragen des Lebens und tauschen ihre Gedanken aus. Als Mitch das Studium beendet, verspricht er Morrie, er würde ihn in Erinnerung behalten, sowie die Ansätze, die sie diskutiert haben, anwenden und nie vergessen, was die wesentlichen Dinge im Leben sind. Er versprach, diese stets im Auge zu behalten.

Einige Zeit vergeht und das Versprechen gerät zunehmend in Mitchs Hinterkopf. Er macht Karriere und ist auf Erfolg aus. Bis er durch Zufall eine Reportage über Morrie im Fernseher sieht und dadurch von dessen Erkrankung erfährt. Über all die Jahre hatte er sich nicht bei ihm gemeldet, und obwohl er ein schlechtes Gewissen und beruflich eine Menge um die Ohren hat, macht er sich umgehend auf den Weg zu seinem ehemaligen Professor. Morrie weiß, dass er nicht mehr lange zu leben haben wird, und Mitch möchte nun die verlorene Zeit aufholen und noch möglichst viel Zeit mit ihm verbringen. Daraufhin treffen sich die beiden jeden Dienstag und sprechen über die Lektionen, die einem dabei helfen, ein glückliches Leben zu führen.

Auch das hat mich zum Nachdenken gebracht. Ich habe mir auch hier die Frage gestellt: Welche Lektionen würde ich womöglich teilen, wenn ich wüsste, die Zeit ist sehr begrenzt und ich möchte trotzdem noch die wichtigsten Ansätze für ein glückliches Leben weitergeben? Nun, da ich, genauso wie wir alle, nicht weiß, wie viel Zeit mir noch gegeben ist, habe ich bereits über das Buch verteilt Lektionen geteilt und will hier zum Ende hin noch die drei Schlüsselideen aus meiner Sicht mitgeben.

Schlüsselidee 1: Achte auf deine eigene Präsenz

Es wäre meines Erachtens viel zu schade, das eigene Leben auf Autopilot zu durchlaufen. Dennoch ist es nicht einfach, genau dies zu vermeiden. Wir sind häufig mit unseren Gedanken überall außer bei der momentanen Angelegenheit. Wir verbringen Zeit mit anderen Menschen, aber schenken elektronischen Geräten mehr Aufmerksamkeit. Wir unterhalten uns mit jemandem, aber unsere Gedanken schenken wir nicht dem Gegenüber. Wir arbeiten an den Dingen, die uns scheinbar am allerwichtigsten in unserem Leben sind, aber lassen uns durch etwaige Störungen ablenken und unsere Aufmerksamkeit wird wieder etwas anderem gewidmet, als dem, was uns am Herzen liegt. Die eigene Präsenz ist ein Geschenk von so großem Wert, das wir leider viel zu selten auspacken. Und unsere Mitmenschen spüren dies. Wir merken sofort, wenn jemand gedanklich nicht bei uns ist, sondern weit entfernt. Die Freude, die wir einem anderen Menschen machen können, indem wir ihm unsere uneingeschränkte Aufmerksamkeit schenken, wird viel zu häufig unterschätzt. In der heutigen Zeit, in der alles und jeder um unsere Aufmerksamkeit zu buhlen scheint, ist dies eine Tugend, die mehr und mehr verloren geht. Multi-Tasking ist die neue Normalität, obwohl sie uns mehr schadet als Nutzen erbringt.

Über die eigene Präsenz zu sprechen ist keine leichte Angelegenheit, aber sie zu erkennen und sie zu spüren ist ein Kinderspiel. Voll und ganz hier zu sein und die eigene Präsenz der vorliegenden Sache oder Person zu widmen ist ein Gedankenanstoß, dessen Wichtigkeit ich nicht genug betonen kann. Emerson hat es in einer kurzen und prägnanten Aussage am besten auf den Punkt gebracht, indem er uns den Ratschlag gab, dass wo auch immer wir sind, dort auch sein sollen. Wir schweifen gerne mit den Gedanken von einer Sache ab und denken an Gott und die Welt. Und weil dies normal ist, gilt es für uns, immer wieder darauf zu achten, wo wir denn mit unseren Gedanken gerade sind. Ich persönlich nutze zwei Hilfestellungen, die mir dabei helfen, meine eigene Präsenz niemals aus den Augen zu verlieren. Zum einen habe ich einen Zettel an meinem Schreibtisch und eine Erinnerung in meinem Handy, die mir Folgendes sagen: „Wach auf. Fokus. Du bist hier. Jetzt." Und zum anderen stelle ich mir mindestens drei Mal pro Stunde die Frage: Auf einer Skala von 1-10 – wie sieht es mit meiner eigenen Präsenz im Moment aus? Und wenn ich mir eingestehen muss, dass diese niedriger als eine 8 ist, dann weiß ich, dass es Zeit ist, etwas zu verändern. Durch diese beiden Hilfestellungen verbessere ich Tag für Tag das Ausmaß meiner eigenen Präsenz. Das ist nicht nur für mich von enormem Vorteil, sondern meine Mitmenschen bekommen die Aufmerksamkeit von mir, die sie verdient haben.

Schlüsselidee 2: Mach es dir zu Gewohnheit, mehr zu geben, als es von dir erwartet werden kann

Wir tendieren gerne dazu, Minimalisten zu sein. Wir wollen möglichst wenig geben, und das Maximum dafür erhalten. Dies ist sicherlich kein schlechtes Konzept in mancher Hinsicht, aber als Lebensphilosophie ist es nicht nachhaltig. Denn wir Menschen sind so gestrickt, dass es aus dem Wald schallt, wie wir hineingerufen haben. Wenn uns gegeben wird, verspüren wir das Bedürfnis zurückzugeben. Ein simples Beispiel zur Verdeutlichung: Wenn der Nachbar oder ein guter Freund an Weihnachten bei uns vor der Tür steht und uns unvorbereitet Geschenke vorbeibringt, dann verspüren wir eine innere Unruhe, bis wir ihm nicht ebenfalls etwas Gutes tun können und den Gefallen erwidern dürfen. Ebenfalls ist es so, dass, wenn ein anderer Mensch aufrichtig und nicht vorheuchelnd gut über uns spricht, wir uns schwer tun, keine Sympathie für diese Person zu hegen. (Und hier über die wenigen Menschen zu sprechen, die dieses Prinzip ausnutzen wollen und glauben, nur nehmen zu können, ist es nicht Wert.)

Ich bin der festen Überzeugung, dass ein Mensch, der es sich von Herzen und mit ehrlicher Einstellung zum Vorsatz macht, mehr zu geben, in seiner Aufmerksamkeit, seinem Einsatz, seinem Willen, seiner Herzlichkeit, seinem Wissen und seiner Dankbarkeit, im Leben nicht auf die schiefe Bahn geraten kann. Mehr noch, er kann das Leben führen, das sein Herz begehrt und gewinnt dadurch die Herzen anderer. Ein Arbeitgeber reißt sich um einen solchen Menschen. Und Kunden reißen sich um die Dienstleistung dieser Person, sofern sie wertschaffend ist, denn sie können sich darauf verlassen, dass diese Person die extra Meile für sie gehen wird.

Ein Schüler, der seinen Lehrern mehr Interesse, mehr Respekt und mehr Lernbereitschaft entgegenbringt, als diese es von ihm erwarten können, wird während seiner Schullaufbahn keine Schwierigkeiten haben und gleichzeitig das Wohlwollen derer gewinnen, die während dieser Zeit am längeren Hebel sitzen. Die Welt ist ein Spiegel. Und wir werden ohne Zweifel dafür kompensiert werden, wenn wir von Herzen mehr Wert für andere schaffen, als diese es sich erträumen können. Denn wir lieben die Menschen, die eine extra Meile gehen, um uns zufrieden zu machen. Und wir vergessen es niemals. Darüber hinaus wollen wir ihnen den Gefallen auf die eine oder andere Weise erwidern. Wer mehr gibt, als es von ihm erwartet wird, und Menschen dadurch dabei hilft, mehr Zufriedenheit in ihrem Leben zu erlangen, der wird dafür mehr in seinem Leben haben, als er sich erträumen kann, und das ist nicht in rein materieller Sicht gemeint.

Probiere es einfach mal aus. Ganz egal, in welcher Position du dich befindest, teste eine Woche lang dieses Prinzip. Versuche jeden Tag, mindestens für einen Menschen etwas zu tun, wodurch du ihnen etwas gibst, das für sie von Wert ist, und sie es nicht erwartet haben. Wichtig ist es jedoch, dabei die aufrichtige Haltung nicht zu vergessen, und die Handlung nicht deswegen zu tun, weil du dadurch erwartest, dass dir sofort etwas zurückgeben wird. Dies geschieht von alleine, sobald die andere Person spürt, dass du es von Herzen getan hast. Nach einer Woche wirst du merken wie sich die Welt dir gegenüber verändert hat. Aber nicht nur das, in dir wird sich auch etwas verändern. Du wirst die unvorstellbare Freude und innere Erfüllung des aufrichtigen Gebens verspüren. Du wirst feststellen, wie du durch dein Geben unermessliche Auswirkungen auf dein Umfeld hast.

Gib mehr als von dir erwartet wird, und dir wird mehr gegeben, als du jemals erwarten konntest.

Schlüsselidee 3: Sei dir über die Kraft von Entscheidungen bewusst

Zu der dritten Schlüsselidee hat mich Viktor Frankl inspiriert. Denn er sprach davon, dass wir zwischen jedem Reiz, den wir verspüren, und jeder Reaktion darauf einen schmalen Grad besitzen. Und in diesem schmalen Grad können wir wählen und darüber entscheiden, wie wir auf den Reiz reagieren möchten. Für Viktor Frankl liegt darin der größte Grad der menschlichen Freiheit. Wenn wir uns die Lebensgeschichte dieser bewegenden Person vor Augen führen, dann können wir nicht anders, als ihm absolute Hochachtung dafür zu zollen, dass er dieses Konzept trotz der widrigsten Umstände innerhalb des Vernichtungslagers in Auschwitz, gelebt hat. Und wenn er dazu in der Lage ist, dann kann es auch ein jeder von uns.

Wir haben stets die Wahl, wie wir auf die Dinge und Personen reagieren wollen, die uns im Leben unseren Weg kreuzen. Wir können entscheiden, wie wir mit allem, was uns im Leben widerfährt, umgehen möchten. Und wenn wir nichts tun, dann war dies ebenfalls unsere Wahl. Es steht in unserer Macht, wie wir unser Leben weiter führen werden, nachdem wir in wenigen Augenblicken dieses Buch zur Seite legen. Es steht in unserer Macht, wie und ob wir die Ideen und Konzepte umsetzen, oder ob wir sie, wie die meisten Dinge, lediglich zur Kenntnis nehmen. Wir haben die Macht, darüber zu entscheiden, ob wir endlich die Dinge in unserem Leben ändern, die wir schon zu lange ändern wollten, und damit beginnen, ein selbstbestimmtes Leben zu führen. Niemals zu vergessen, welcher Grad von Freiheit uns durch die Kraft von Entscheidungen geschenkt wurde, gibt uns eine enorme innere Gelassenheit. Auch wenn alles gegen uns zu laufen scheint, können wir uns daran hochziehen und Kraft finden, dass wir immer noch die Freiheit besitzen zu wählen, wie wir auf diesen Reiz reagieren wollen.

Es war mir eine große Freude, dich mit meinen Gedanken ein Stück deiner Lebensreise begleiten zu dürfen, und ich hoffe, dass die Ideen und Inhalte wertschaffend für dein eigenes Leben sind und du dich nun zunehmend selbst führst. Bis sich unsere Wege ein weiteres Mal kreuzen, lebe deine Präsenz, gib von Herzen und genieße jeden Augenblick.

Dein Jonathan

Psst. Schicke mir doch eine E-Mail (an jonathan@inspired-world.com) und erzähle mir von deinen drei Schlüsselideen, die du jedem Menschen mitgeben würdest. Ich würde liebend gerne davon erfahren.

Dank

Hinter einem Buch steht nie nur eine Person. Ohne die Unterstützung, das Interesse und den Rückhalt einiger Freunde, Arbeitskollegen, Partner und andere Experten, wäre dieses Buchprojekt nicht in dieser Form möglich gewesen.

Dank gilt zuallererst den unzähligen Autoren, aus dessen Werken ich so viel lernen und mitnehmen durfte. Ihre Gedanken haben mein eigenes Denken stark geprägt und ohne ihr Wissen und ihre Arbeit, hätte es dieses Buch nicht geben können (einige von ihnen sind im Literaturverzeichnis aufgelistet). Ich bin ihnen für immer dankbar, dass sie ihr wertvolles Wissen mit der Welt geteilt haben und viele Leute dadurch inspirieren.

Mein Dank geht an meinen Mentor und meine größte Inspirationsquelle: Dr. John Demartini. John hat ohne Zweifel den größten Einfluss auf mein persönliches Denken, mein persönliches Wachstum und meine Entwicklung über die letzten Jahre gehabt. Er hat mir Möglichkeiten aufgezeigt, die ich bevor ich ihn kennenlernen durfte, niemals für denkbar und realistisch gehalten habe. Und er hat mir immer wieder den Glauben und das Vertrauen geschenkt, dass ich mein Leben selbstbestimmt und großartig führen kann. John, ich bin dir auf ewig dankbar dafür.

Dank

Besonders bedanken möchte ich mich auch bei meinem Team von Inspired World, das nie auch nur eine Sekunde daran gezweifelt hat, dass wir dieses Projekt plangemäß und erfolgreich stemmen werden. Nils-Claudio, Mattis und Chris, ich danke euch von ganzem Herzen für eure Unterstützung!

Ebenfalls bedanken möchte ich mich bei den folgenden Personen dafür, dass sie Inhalte mit mir reflektiert und durchgesprochen haben, dass sie mir Feedback gegeben haben und mir stets zur Seite standen - ihr seid hervorragend:

Georg Starke, Viet Le, Jörg Stahlbock, Ramin Waraghai, Esther Jansen, David Hompes, Valentin Kamm, Laura Rinberger und Marcel Hagmann.

Dank geht an meinen Freund Zac aus Südafrika, der mich früh an die Hand genommen hat und mir neue Wege aufgezeigt hat.

Und abschließend bedanke ich mich sehr herzlich bei dem tollen Team der Octopus GmbH & Co. KG, die dieses Buchprojekt gestützt, begleitet und ermöglicht haben. Annika Gedaschke und Marco Miocic – euch gilt besonderer Dank!

Und wenn du es, als Leser, bis hierher geschafft und das Buch durchgelesen hast, dann gilt dir natürlich auch ein rießen Dank dafür, dass du am Ball geblieben bist und die Sache durchgezogen hast.

Literaturverzeichnis:

- Mitch Albom, Tuesdays with Morrie, New York: Broadway Books, 1997.

- Aristoteles, Nikomachische Ethik, Chicago: Great Books of the Western World, Second Edition, Volume 8, 1990.

- Aristoteles, Physik, Chicago: Great Books of the Western World, Second Edition, Volume 7, 1990.

- Thomas von Aquin, Summa Theologiea, Chicago: Great Books of the Western World, Second Edition, Volume 17-18, 1990.

- Marc Aurel, Selbstbetrachtungen, Wiesbaden: marxiverlag, 2011.

- Neue Jerusalemer Bibel (Deutsche Übersetzung: Ulrich Schütz), Freiburg: Herder Verlag, 1985.

- Michael Bordt, Die Kunst sich selbst auszuhalten, Pößneck: Zabert Sandmann Verlag, 2013.

- David Breashears, Bis zum Äußersten, München: Heyne Verlag, 2001.

- Robert Browning, Selected Poems, London: Penguin Books, 2001.

- Jorge Bucay, Komm, ich erzähl dir eine Geschichte, Frankfurt am Main: Fischer Verlag, 2008.

- Stephen Covey, Die 7 Wege zur Effektivität – Prinzipien für persönlichen und beruflichen Erfolg, Offenbach: GABAL Verlag, 2005.

- Daniel Coyle, Die Talent Lüge – Warum wir (fast) alles erreichen können, Zürich: Mohrbooks AG, 2009.

- Terrence W. Deacon, Incomplete Nature – How Mind emerged from Matter, New York: W. W. Norton & Company, 2012.

- Rolf Dobelli, Die Kunst des klaren Denkens, München: Carl Hanser Verlag, 2011.

- Peter Drucker, The Effective Executive – Effektivität und Handlungsfähigkeit in der Führungsrolle gewinnen, München: Franz Vahlen Verlag, 2014.

- Ralph Waldo Emerson, Essays, Zürich: Diogenes Verlag, 1983.

- Epiktet, Das Buch vom geglückten Leben, München: dtv, 2012.

- Timothy Ferris, Die 4-Stunden Woche – Mehr Zeit, Mehr Geld, Mehr Leben, Berlin: Ullstein Buchverlage, 2011.

- Henry Ford, My Life and Work – An Autobiography, Thousand Oaks: BN Publishing, 2008.

- Viktor Frankl, Man´s Search for Meaning, Boston: Beacon Press, 2006.

- Balthasar Gracian, Handorakel und Kunst der Weltklugheit, München: dtv, 2005.

- Robert Greene, The 48 Laws of Power, London: Profile Books, 2002.

- Robert Greene, Mastery, London: Profile Books, 2012.

- Daniel Goleman, Focus – The Hidden Driver of Excellence, New York: HarperCollins Publishers, 2013.

- Napoleon Hill, The Law of Success - The Master Wealth-Builder's Complete and Original Lesson Plan forAchieving Your Dreams, New York: Penguin Group, 2008.

- Napoleon Hill, Think and Grow rich, Radford: Wilder Publication, 2007.

- Laotse, Tao te king – Das Buch vom Sinn und Leben, Köln: Anaconda, 2010.

- Niccolo Machiavelli, Der Fürst, Neuenkirchen: RaBaKa Publishing, 2007.

- Alec Mackenzie, The Time Trap, New York: Amacom, 2009.

- Friedrich Nietzsche, Also sprach Zarathustra, Hamburg: Nikol, 2011.

- Randy Pausch, The Last Lecture – Lehren Meines Lebens, München: Goldmann Verlag, 2009.

- Arthur Schopenhauer, Die Welt als Wille und Vorstellung, München: dtv, 1998.

- Seneca, Vom glücklichen Leben, Köln: Anaconda, 2010.

- Robin Sharma, Der Mönch, der seinen Ferrari verkaufte: Eine Parabel vom Glück, München: Knaur Verlagsgruppe, 2008.

- Richard Stengl, Mandela´s Way – Lessons on Life, London: Random House Group, 2010.

- David Henry Thoreau, Walden, New York: Bantam Books, 1962.

- Leo Tolstoi, Der Tod des Iwan Iljitsch, Köln: Anaconda, 2008.

- Susan Wolf, Glück und Sinn: Zwei Aspekte des guten Lebens, Frankfurt am Main: Suhrkamp Verlag (in Steinfarth: Was ist ein gutes Leben?), 1998.

Über den Autor

Jonathan Sierck ist bekannt als Keynote-Speaker, Workshop-Referent und internationaler Trainer. Er gilt als Selbstoptimierungs- und Mindsetexperte und hilft seinen Clienten und Kursteilnehmern dabei sich selbst noch besser zu managen, effizienter zu arbeiten und mehr von ihrer mentalen Leistungsfähigkeit abzurufen.

Der Co-Gründer von Inspired World kann für Vorträge und Seminare gebucht werden *(Kontakt unter info@jonathansierck.de)*.

Kostenfreie Updates, Artikel und Videos teilt er mit seiner E-Mail Liste, in die man sich auf *www.jonathansierck.de* eintragen kann.

Auf Facebook ist er unter *www.facebook.com/iljonathansierck* zu finden und sein YouTube Kanal kann unter Jonathan Sierck abonniert werden.